도둑같이 오시는   주님을 만나려면

도둑같이 오시는 주님을 만나려면

임영임 지음

예찬사

감사의 글

　오늘 이 책을 출간 할 수 있게 해주신 주님께 먼저 감사를 드립니다. 주 성령님의 도우심이 없이는 이 일을 할 수가 없었다는 것을 누구보다 제가 잘 알기에 이 사명을 맡겨주시고 인도해주신 주님 앞에 감사를 드립니다.

　지금까지 사십 여 년을 한 번도 홀로 두지 않으시고 지키시고 인도하시며 성장시키셔서 알곡 추수에 사명을 감당하게 하신 주님께 모든 영광을 돌립니다.

　지금 이 글을 정리하면서 제자훈련 중인 성도들을 통해서 사람의 육의 상태를 확인하는 계기가 되었고 믿음의 사람으로 성장해가는 과정들을 지켜볼 수가 있었기에 이 길을 확신하며 소개를 드릴 수가 있음을 감사드립니다.

　신앙의 초창기에 많은 연단으로 정말 어려운 시기에 신앙에 동역해주신 강금선 집사님께도 감사를 드립니다.

　또 주의 길을 가는데 두 딸을 동역자로 세워주셔서 함께 고난 가운데서도 늘 힘이 되게 해주신 주님께 감사를 드립니다.

　오늘 이 글을 출간할 수 있도록 힘이 되어주며 지금까지 함께 동역하며 이 책을 발간 할 수 있도록 도움을 주신 우리 성도님들께 감사를 드립니다. 끝으로 이 책을 출간할 수 있도록 많은 도움을 주신 예찬사 이환호 목사님께도 깊은 감사를 드립니다.

들어가는 글

하나님을 찾고 사모하는 사람들이라면 모두가 하나같이 도둑같이 오시는 주님을 만나고 싶은 마음이 있어야 합니다.

이 글을 쓰기까지는 사십여 년 동안 성령님의 도우심과 인도하심이 있었습니다.

먼저 믿음의 사람은 하나님의 뜻이 무엇인지를 알고 그분의 뜻을 순종하는 것이 신앙생활이며 창조의 목적에 이르는 일임을 잊어서는 안 됩니다. 그러기 위해서는 자기 자신의 소원을 이루는 것이 먼저가 아니라 하나님의 뜻을 알게 해달라는 기도를 드리는 것이 먼저임을 명심해야 합니다. 대부분 사람들이 주님을 만나기 전에 자신의 문제를 해결해주시는 주님으로 착각하고 자신의 소원을 들어주시라고 기도하는 것을 보면 참으로 하나님께서 무척이나 답답해하실 것입니다.

지금 이 시대는 복음이 땅 끝까지 전파되어 외적 성장은 이뤄졌습니다. 이제는 바울 선생님처럼 주님을 만나 성령 충만해서 신부단장을 하므로 주님의 택함을 받아야 합니다. 그리고 하나님의 말씀인 성경은 정확하게 두 시대로 나눠져 있는데 첫 번째 구약의 율법으로써 유월절 양을 잡아서 제사를 드리는 예식을 따라야 만이 하나님을 섬기는 방법으로 알고 4천 년 동안 그렇게 예수님을 기다린 것입니다. 하나님 앞에는 제물이 없는 제사가 없는 것이지요.

두 번째 복음시대 곧 은혜와 진리시대에는 예수님께서 죄인들의 구원을 위해 십자가를 지시고 죽어주셨다는 소식이 전파되면서부터 추수가 시작이 되었는데 주님의 택함을 입은 자들만이 주님께서 구원해 주십니다. 그 수는 아주 극소수로써 이 세상 것보다 주님을 더 사랑하고 주님을 만난 자들만이 구원받는다는 것입니다. 이 두 번째 하나님을 섬기는 예배에는 죄 없으신 예수님께서 죄인을 구원하시기 위해서 십자가를 지셨다는 것이 설교에 포함되어야 합니다. 예수님께서 십자가에서 죽으신 사실을 기념하기 위해서 성찬 예식을 행하라고 하신 것입니다.

히 7:27 그는 저 대제사장들이 먼저 자기 죄를 위하고 다음에 백성의 죄를 위하여 날마다 제사 드리는 것과 같이 할 필요가 없으니 이는 그가 단번에 자기를 드려 이루셨음이라.

복음시대의 예배에는 십자가를 지셨던 예수님을 믿고 기념하는 것이 진정한 예배입니다. 그러나 예수님의 이름이 땅 끝까지 전파가 되면서 추수 작업은 시작이 되었습니다.

마 24:14 이 천국 복음이 모든 민족에게 증언되기 위하여 온 세상에 전파되리니 그제야 끝이 오리라.
계 3:20 볼지어다. 내가 문 밖에 서서 두드리노니 누구든지 내 음성을 듣고 문을 열면 내가 그에게로 들어가 그와 더불어 먹고 그는 나와 더불어 먹으리라.
막 13:29 이와 같이 너희가 이런 일이 일어나는 것을 보거든 인자가 가까이 곧 문 앞에 이른 줄 알라.

예수님의 복음이 전파되면서부터 예수를 영접한 자들에게는 예수님과 한 몸을 이루어 주신다는 말씀입니다. 이때부터 믿는 자들의 몸은 성령이 거하시는 성전이 되고 주님과 한 몸을 이루어 가게 되며, 땅 끝까지 예수님의 이름을 전파하게 하십니다, 주님은 하나님을 찾고 찾는 자들을 만나주시고 택하십니다. 주님을 만나지 못한 사람들에게는 예수님이 도둑같이 오셔서 양과 염소를 가르는 심판을 하시며 예수님을 찾고 찾는 양과 같은 자들과 혼인 잔치를 하시는 것입니다. 은혜와 진리시대에는 하나님을 섬기는 방법이 산 제물로 영적 예배를 드리는 것입니다.

롬 12:1-2 그러므로 형제들아 내가 하나님의 모든 자비하심으로 너희를 권하노니 너희 몸을 하나님이 기뻐하시는 거룩한 산 제물로 드리라. 이는 너희가 드릴 영적 예배니라. 너희는 이 세대를 본받지 말고 오직 마음을 새롭게 함으로 변화를 받아 하나님의 선하시고 기뻐하시고 온전하신 뜻이 무엇인지 분별하도록 하라.

이 영적 예배의 시작은 주님을 영접하고 성령의 인도를 받아야 합니다. 주님을 영접하지 못한 사람은 죽기까지 순종할 믿음을 가질 수가 없으므로 주님 저를 만나 주세요. 라고 간구해야 합니다.

눅 18:1-7 예수께서 그들에게 항상 기도하고 낙심하지 말아야 할 것을 비유로 말씀하여, 이르시되 어떤 도시에 하나님을 두려워하지 않고 사람을 무시하는 한 재판장이 있는데, 그 도시에 한 과부가 있어 자주 그에게 가서 내 원수에 대한 나의 원한을 풀어 주소서 하되, 그가 얼마 동안 듣지 아니하다가 후에 속으로 생각하되 내가 하나님을 두려워하지 않고 사람을 무시하나, 이 과부가 나를 번거롭게 하니 내가 그 원한을 풀어 주리라 그렇지 않으면 늘 와서 나를 괴롭게 하리라 하였느니라. 주께서 또 이르시되 불의한 재판장이 말한 것을 들으라. 하물며 하나님께서 그 밤낮 부르짖는 택하신 자들의 원한을 풀어 주지 아니하시겠느냐? 그들에게 오래 참으시겠느냐?

주님을 만날 때까지 밤낮으로 간구해야 합니다. 야곱이 얍복강 나루터에서 천사와 씨름하듯이, 끝까지 기도의 줄을 놓지 않고 히스기야가 벽을 향하고 눈물을 흘리며 간구하듯이 주님 저를 좀 만나주시라고 간청하라는 말씀입니다.
 영적인 예배는 산 제물로 드리는 산제사인데 죽기까지 순종하는 삶이 참 예배이며 산 제물임을 아셔야 합니다. 내가 죽어야 제물이 될 수 있습니다.

고전 15:31 형제들아 내가 그리스도 예수 우리 주 안에서 가진 바 너희에 대한 나의 자랑을 두고 단언하노니 나는 날마다 죽노라.

성령으로 거듭나지 못하고 주님을 만나지 못하면 죽기까지 순종하고 싶은 믿음을 가질 수가 없습니다. 이 글을 읽으실 때에는 나는 예수님과 함께 죽었으며 날마다 말씀으로 일용할 양식을 먹고 행함으로 하나님께 산제사로 예배를 드리는 영적인 예배가 되어야 합니다.
 그러므로 매일 주님께 기도를 드리는 과정에서 이글 속에는 주님을 만나야 한다는 말씀과 죽기까지 순종할 믿음을 갖기 위하여 기도를 드릴 수 있도록 하기 위함입니다. 이 두 가지가 빠지면 영적인 예배가 되지 못함을 명심하시고 글을 읽고 실천하는 것이 중요합니다. 날마다 주님께 이 두 가지 목표를 가지고 간구하고 응답받아서 하나님의 택함을 받고 신부단장을 하여서 하나님께서 보시기에 점도 없고 흠도 없는 하나님의 기뻐하시는 아들로 성화되고 하나님 나라의 유업을 이을 자가 되시기를 원합니다.

또 이글은 마지막 은혜와 진리시대를 목적으로 기록한 내용입니다. 사복음서에서 주님의 공생애 동안에 중요한 말씀이 반복되었듯이 성경은 신구약 전체가 단 한 가지 거룩한 아들이 되는 방법을 수만 가지 표현으로 아주 오랜 동안 시대와 환경이 바뀌면서도 반복해서 기록된 것이 성경말씀의 핵심임을 아셔야 합니다.

날마다 산제사를 드리는 영적인 예배를 통해서 주님의 택함을 받으시고 거룩한 하나님의 아들이 되시기를 바랍니다. 이 땅에서 사는 동안에 그리스도 안에 들어간 사람이 천국을 소유한 사람이며 에덴동산이 회복된 사람입니다.

요 14:20 **그 날에는 내가 아버지 안에, 너희가 내 안에, 내가 너희 안에 있는 것을 너희가 알리라.**

이글은 자기 자신이 직접 주님께 간구하여 주님을 만나고 인도를 받아서 하나님의 거룩한 아들로 거듭나기를 바랍니다.

히 2:11 **거룩하게 하시는 이와 거룩하게 함을 입은 자들이 다 한 근원에서 난지라. 그러므로 형제라 부르시기를 부끄러워하지 아니하시고.**

도둑같이 오시는 주님을 어떻게 만날 수 있는지 생각은 해 보셨는지요?

주님께서 나의 죄를 대속하시기 위해 십자가를 져 주심이 믿어진 사람으로서 자기 자신에게 죽기까지 순종할 믿음이 없음을 깨닫고 죽기까지 순종할 믿음을 주실 때까지 간구하고 간청해서 주님을 만나야 합니다. 이 기도는 자신의 소원이 되어야 하며 때를 얻든지 못 얻든지 간구하는 사람을 주님께서는 만나주시는 것입니다. 그러므로 주님은 그런 사람들만 신부단장을 시키고 계시므로 주님을 만나지 못한 사람들에게는 아무도 모르게 도둑같이 오시는 주님이라고 하시는 것입니다.

계 16:15 **보라 내가 도둑 같이 오리니 누구든지 깨어 자기 옷을 지켜 벌거벗고 다니지 아니하며 자기의 부끄러움을 보이지 아니하는 자는 복이 있도다.**
살전 5:4-5 **형제들아 너희는 어둠에 있지 아니하매 그 날이 도둑 같아 너희에게 임하지 못하리니, 너희는 다 빛의 아들이요 낮의 아들이라. 우리가 밤이나 어둠에 속하지 아니하나니.**

이글은 도둑같이 오시는 주님을 만나는 방법을 소개하고 주님을 찾고 만난 자들이 택함 받은 백성으로 인도되며 매일 산제사를 드리는 방법입니다. 이 글을 통해서 힘을 얻으시고 주님을 오시는 날까지 간구하여서 주님을 만나시길 바랍니다.

차례

- 감사의 글　　5
- 들어가는 글　　6

1. 하나님의 창조의 목적　　15
2. 주님께서 만나주신 사람들　　27
3. 택함을 받은 자　　38
4. 하나님께서 기뻐하시는 자　　44
5. 특별한 사랑　　52
6. 세상에 속한 사람들　　58
7. 이 세상에서 살면서　　63
8. 성경에서 도(道)의 의미는 길(호도스)이다　　66
9. 바울화가 되려면　　68
10. 십자가의 대속함이 믿어진 후 나의 기도　　80
11. 나의 자랑은 연약함뿐이다　　84
12. 예수의 좋은 병사로　　94
13. 아들이 되는 연단　　99
14. 그 날에는 내가 아버지 안에 너희가 내안에　　115
15. 당신이 양인지 염소인지 아십니까?　　120
16. 말씀이 곧 하나님이시다　　133
17. 청함 받은 자와 택함 입은 자　　135

18. 나를 본받으라 148
19. 하나님의 성전과 귀신의 집 155
20. 주님이 도둑같이 오실지라도 163
21. 종교인과 신앙인 166
22. 성경은 구원의 약속이다 181
23. 주여 보기를 원하나이다 186
24. 주님은 죄인을 부르러 오셨다 190
25. . 그 날과 그 때를 알지 못하느니라 197
26. 두 여자가 맷돌을 갈고 있으매 202
27. 보지 않고 믿는 자는 복이 있다 207
28. 거듭남이란? 211
29. 물과 성령으로 거듭나지 아니하면 217
30. 깨닫는 자도 없고 227
31. 사람의 의지와 하나님의 뜻 235
32. 누가 맹인인가? 244
33. 수고하고 무거운 짐 진 자들아 251
34. 깨어있으라 264
35. 믿는 자를 보겠느냐? 276
36. 하나님만을 사랑하는 법 285
37. 하나님만을 사랑하는 자 290

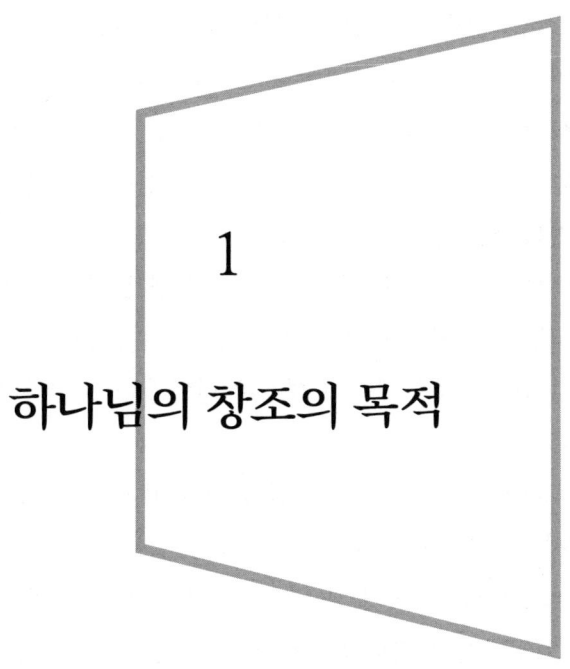

1
하나님의 창조의 목적

하나님께서는 인간을 창조하신 목적이 거룩한 자녀를 얻기 위하여 인간을 창조하셨습니다. 거룩하신 분은 오직 하나님 한분이신데 인간을 창조하신 목적이 거룩하신 그리스도를 본받아서 거룩하게 변화된 아들을 얻기 위함인 것입니다.

레 19:2 **너는 이스라엘 자손의 온 회중에게 말하여 이르라 너희는 거룩하라. 이는 나 여호와 너희 하나님이 거룩함이니라.**
벧전 1:15~16 **오직 너희를 부르신 거룩한 이처럼 너희도 모든 행실에 거룩한 자가 되라. 기록되었으되 내가 거룩하니 너희도 거룩할지어다 하셨느니라.**

성경에서 사람들이 예수를 믿는다고 다 거룩한 것이 아니고 그리스도화가 되지 못하면 절대 하나님의 아들이 될 수가 없다는 말씀을 드립니다. 어느 정도로 변화되어야 하나요? 하나님의 거룩한 아들은 바울을 보는 것 같아야 그 사람이 하나님의 창조의 목적에 부합한 사람이라는 말씀을 드립니다. 그러니 인간 스스로는 아무도 하나님의 거룩한 아들이 될 수 없다는 말씀을 드리는 것입니다. 하나님의 거룩한 아들은 결국 하나님만이 하실 수 있는 영역으로써 성령의 능력으로 만이 가능한 일이지요. 그런데 교회를 다니는 것만으로는 하나님의 거룩한 아들이 절대 될 수가 없습니다. 그저 교회는 학교로 말하면 초등학교라고 성경은 말씀을 하고 계시는 것입니다.

> 갈 4:3 **이와 같이 우리도 어렸을 때에 이 세상의 초등학문 아래에 있어서 종노릇 하였더니.**
> 갈 4:9 **이제는 너희가 하나님을 알 뿐 아니라 더욱이 하나님이 아신 바 되었거늘 어찌하여 다시 약하고 천박한 초등학문으로 돌아가서 다시 그들에게 종노릇 하려 하느냐?**
> 골 2:8 **누가 철학과 헛된 속임수로 너희를 사로잡을까 주의하라. 이것은 사람의 전통과 세상의 초등학문을 따름이요 그리스도를 따름이 아니니라.**
> 골 2:20 **너희가 세상의 초등학문에서 그리스도와 함께 죽었거든 어찌하여 세상에 사는 것과 같이 규례에 순종하느냐?**

초등학문이라 함은 우리가 초등학교에서 배운 것만을 가지고 세상을 살아간다면 어찌 될 것인지 말하지 않아도 알 수 있습니다. 하지만 초등학문이 없이는 하나님을 알 수도 없지요. 초등학문을 가르치는 교회를 통해서 하나님을 알았고 기도를 하는 것을 배웠지만 어느 시기가 되면 주님과의 관계가 주님과 동행하는 삶으로 바뀌어야 합니다. 아이가 자라면 젖을 떼고 밥을 먹고 성장을 해 가듯이 신앙이 성장해야 합니다. 그러나 신앙생활 자체가 성장하지 않으면 평생을 젖을 먹고 사는 어린아이가 되는 것입니다. 사람을 통해서만이 종교생활을 한다면 그런 성도는 하나님 보시기에 장성한 사람이 아닌 믿음의 어린아이가 되는 것입니다.

히 5:12-13 **때가 오래 되었으므로 너희가 마땅히 선생이 되었을 터인데 너희가 다시 하나님의 말씀의 초보에 대하여 누구에게서 가르침을 받아야 할 처지이니 단단한 음식은 못 먹고 젖이나 먹어야 할 자가 되었도다. 이는 젖을 먹는 자마다 어린 아이니 의의 말씀을 경험하지 못한 자요.**

본문 말씀을 보면 주님과 동행을 하지 못하고 직접 주님과 기도와 간구를 통하여 대화하지 못한다면 그 성도는 아직 젖을 떼지 못한 어린 성도입니다. 마땅히 장성한 사람이라면 밥을 손수 지어서도 먹고 다른 사람을 위해 나누어 주기도 하며 아버지의 일을 돕는 자가 되어야 하는데 아직도 사람의 말만 듣고 그것이 전부가 되어 있다면 장성한 성도가 아니라는 것입니다. 성도가 어릴 때에는 마땅히 젖을 먹으며 자라서 장성한 자들이 되는 것입니다.

고전 3:2 **내가 너희를 젖으로 먹이고 밥으로 아니하였노니 이는 너희가 감당하지 못하였음이거니와 지금도 못하리라.**

장성한 자의 말씀을 한번 읽어보세요.

빌 4:11-14 **내가 궁핍하므로 말하는 것이 아니니라. 어떠한 형편에 든지 나는 자족하기를 배웠노니, 나는 비천에 처할 줄도 알고 풍부에 처할 줄도 알아 모든 일 곧 배부름과 배고픔과 풍부와 궁핍에도 처할 줄 아는 일체의 비결을 배웠노라. 내게 능력 주시는 자 안에**

서 내가 모든 것을 할 수 있느니라. 그러나 너희가 내 괴로움에 함께 참여하였으니 잘하였도다.

믿음이 장성한 사람이라면 부요하신 주님과 동행을 하는데 가난하면 어떻고 또 잠깐이나마 괴로우면 어떠하겠는지요? 지금 현실은 성도님 자신이 장성한 자인지 아니면 젖을 먹고 있는지를 자기 자신 스스로가 아셔야 한다는 말씀입니다. 만약 젖을 먹고 있다면 오늘부터 젖을 떼고 걸음마를 시작해야 한다는 말씀입니다. 걸음마를 시작하시는 것은 다른 사람을 통해서 말씀을 듣고서 위로나 위안을 삼는 것이 아니라 자기 자신이 직접 주님께 기도하고 대화하는 삶이 되어야 한다는 말씀입니다.

우리 주님께서는 이미 십자가의 대속으로 하나님과 우리와의 관계를 아바 아버지라 부를 수 있도록 자녀로 회복해 놓으셨는데 아직도 다른 사람의 설교로만 위안을 삼고 그것이 신앙생활의 전부라고 생각한다면 천국에 들어가기가 어렵습니다.

구약에는 제사장의 제사로 인하여 죄를 사함을 받았지만 신약에는 예수 그리스도의 대속의 은혜를 믿는 믿음이 없이는 죄 사함이 없고, 죄 사함이 없이는 성령님의 인치심도 없고 주님과 한 몸을 이룰 수 없는 것입니다.

나에게 일만 가지의 죄가 있다면 그 모든 죄를 주님 앞에 회개하고 주님의 용서가 있어야 만이 주님께서 그 사람 안에 들어오시고 성전을 삼는 것입니다. 예수님을 믿는 사람들이 살아계신 하나님을 경험하는 것은 주님이 성도의 몸을 성전 삼고 그 성도 안에 들어오신 것이고 예수 그리스도께로 인도하기 위한 은혜를 경험한 것이라고도 할 수 있는 것입니다. 다시 말씀을 드리면 마지막 때에 믿는 자들 속에 들어오신 성령님이 성도의 몸을 성전삼고 점도 없고 흠도 없는 깨끗한 자가 되도록 일하신다는 것입니다.

우리 인간이 생각한 깨끗함이 아니라 회개를 통해서 십자가의 피로 깨끗하게 씻음을 받고 인간의 몸속에 들어 있는 욕심이나 세상적인 생각과 온갖 죄성들과 머리털의 수만큼 다양한 잡념들이 모두 버려지고 오로지 주님의 뜻을 이루기 위한 중심 하나가 남아 있을 때 그 성도 안에 들어오신 성령께서 성전을 삼으시고 충만하게 거하시며 영원히 함께 하시는 것입니다.

그런데 사람의 힘으로는 그런 일을 할 수가 있을까요? 사람의 힘으로는 도저히 불가능한 일입니다. 사람의 능력으로 하나님의 거룩한 아들이 될 수 있다면 주님은 인간의 육신을 입고 이 세상에 오시지도 않았을 것이며 십자가를 지지도 않으셨을 것입니다. 처음부터 인간의 힘으로 하나님의 거룩한 아들이 될 수가 없다는 것을 알아야 하나님의 뜻을 구할 것인데 사람이 하려고 하니까 하나님을 만나지도 못하는 것입니다.

가장 쉬운 예로써 예수님의 조상 서열을 한번 보십시다.

유다의 며느리 다말, 보아스의 아내가 된 모압 여인 룻, 우리야의 아내이자 솔로몬의 어머니 밧세바, 기생 라합, 등 이 모든 사람들의 신분을 보게 되면 이 세상에서의 윤리와 도덕을 부인하였고 혈통을 따르지 아니하였지만 하나님의 말씀에 순종하는 믿음으로 예수가 이 세상에 오실 수 있도록 믿음의 통로가 되어준 사람들입니다.

이들은 하나같이 목숨을 내어놓은 사람들입니다.

예수님의 조상 서열에 이들을 올려놓으신 의미를 생각해 보면 이 세상 그 어떤 법이라도 제쳐놓고 하나님을 향한 마음이 제 1순위로 정한 신앙인이라면 날마다의 삶 자체가 가족이나 친척이나 전토를 버리는 사람이 되어야 하나님의 아들이 되는 것이며 이런 각오와 믿음이 되지 못한 사람은 거룩한 아들이 될 수 없다는 말씀입니다.

하나님을 아는 성도라면 마땅히 주님의 십자가 고난이 어떤 의미인지는 제대로 알아야 한다는 말씀을 드리는 것입니다.

결국 주님의 십자가 대속을 알고 믿고 있는 성도라면 당연히 남은 삶은 주님의 선하신 뜻을 위해서 죽기까지 순종하게 해주시라고 간구해야 되는 것이 의리가 있고 기본이 된 사람이 아닐까요?

주님의 십자가를 져주신 것은 바로 그런 의미로 십자가를 져 주셨던 것입니다.

이 땅에서 살면서 잘 살게 해 주세요. 우리 남편과 아들딸이 잘되게 해 주세요가 아니라, 십자가의 대속함을 믿는 자는 자신의 생명이 주님의 십자가 대속함으로 인하여 영생을 얻었으므로 나의 남은 삶은 주님께 맡겨드리고 주님과 한 몸이 되어서 죽기까지 순종할 수 있는 믿음을 갖는 것이 하나님의 계획이자 주님의 십자가를 지신 의미입니다.

알아듣기 쉬운 말로 주님께서 나의 죄를 대신해서 십자가를 져 주셨다고 믿는다는 사람이 마음의 생각이나 행동이 하나도 변화된 것이 없다면 그런 사람을 보고 성령으로 거듭나지 않았다고 말할 수 있습니다. 거기다 하나를 더 추가하여 예수님이 하나님의 아들이라고 고백하면서도 우리 남편과 자식들이 잘되게 해주시고 내게 세상 복을 주시라고 기도하고 있다면 하나님 보시기에 어떻게 말씀을 하실까요?

이스라엘 백성 중에 출애굽을 했던 사람들의 장정 남자들만의 숫자가 육십만 삼천 오백 오십 명인데 그 중에 가나안 땅에 들어간 사람은 여호수아와 갈렙 뿐이었다는 것입니다. 결국에 천국엘 들어간 사람이 여호수아와 갈렙 두 사람 뿐이라면 여호수아와 갈렙의 삶을 제대로 알아야 합니다. 여호수아와 갈렙의 삶은 온전히 하나님의 언약을 신뢰하고 하나님 편에서 일편단심의 삶이었습니다. 천국을 소망하는 사람은 결국 여호수아와 갈렙의 믿음이 되지 못하면 결국 하나님의 나라에 들어갈 수가 없다는 말씀이십니다.

민 14:30 **여분네의 아들 갈렙과 눈의 아들 여호수아 외에는 내가 맹세하여 너희에게 살게 하리라 한 땅에 결단코 들어가지 못하리라.**
민 14:38 **그 땅을 정탐하러 갔던 사람들 중에서 오직 눈의 아들 여호수아와 여분네의 아들 갈렙은 생존하니라.**
민 26:65 **이는 여호와께서 그들에게 대하여 말씀하시기를 그들이 반드시 광야에서 죽으리라 하셨음이라. 이러므로 여분네의 아들 갈렙과 눈의 아들 여호수아 외에는 한 사람도 남지 아니 하였더라.**

마지막 때를 사는 우리들은 선지자들을 통해서 배워야 할 것이며 닮아야 할 것인지를 알아야하고 복제가 되어야만 하는데 그 사람들이 바로 여호수아와 갈렙입니다.

그 시대에 애굽의 습관을 버린 여호수아와 갈렙만이 약속의 땅 가나안에 들어갔습니다. 이 세대를 살고 있는 우리들에게 이 땅의 습관을 하나도 없이 버리지 못하면 천국엘 못 간다는 말씀입니다.

지금까지 살아온 이 세상 습관은 점도 흠도 없이 버리고 그 후로는 목숨을 다하여 성령의 인도하심 따라 말씀대로 주님께서 원하시는 삶을 살아갈 수 있게 되는 행함을 말하고 있는 것입니다. 그런 사람들을 우리 주님께서는 사람들에게 자랑하시며 도전을 받으라는 말씀이지요.

오로지 날마다 주님께서 원하시는 삶을 위해 아주 작은 일이라 해도 최선을 다하는 삶이 목숨을 주님께 맡긴 삶입니다. 이 말씀은 날마다 주님께 목숨을 걸고 오늘 하루의 삶을 주님 보시기에 부끄럽지 않는 삶이 되게 행동하는 삶을 이루게 해달라고 간구하고 기도하는 삶을 말하는 것입니다.

어떻게 보면 주님께 목숨을 맡긴다는 것은 하나님의 뜻이라면 죽는 일이라도 순종하겠다는 일사각오로써 주님의 뜻에 오로지 아멘과 예를 하겠다는 고백입니다. 이러한 사람이 양에 속한 신앙인이며 바울의 길을 가는 사람으로서 천국을 소망한 사람입니다. 진정으로 주님이 나의 주인으로 믿어지고 천국이 믿어진다면 당연히 바울의 신앙처럼 되어야하며 그렇게 되지 못하면 천국에 가기 어렵다는 말씀을 드립니다.

고전 11:1 **내가 그리스도를 본받는 자 된 것 같이 너희는 나를 본받는 자가 되라.**
고전 15:31 **형제들아 내가 그리스도 예수 우리 주 안에서 가진 바 너희에 대한 나의 자랑을 두고 단언하노니 나는 날마다 죽노라**

본문 말씀을 깊이 묵상을 해야 할 것입니다. 바울 선생의 이 고백은 자신에 대한 구원사의 완성이며 하나님의 창조계획의 완성이기도 합니다. 하나님의 창조 계획의 목적은 결국에 거룩한 자녀를 얻기 위함이라고 말씀을 하고 계시는데 거룩한 자녀란 거룩하신 그리스도를 닮은 성도를 말합니다. 그리스도를 닮은 사람은 결국 주의 성령이 충만한 사람으로 자기 자신의 습관과 생각과 욕심을 모두 부인하고 온전히 주님의 뜻이 자신에게서 이루어지기를 온 마음을 다해서 목숨을 다하여 주님께 맡겨놓고 간구하는 사람들에게만 주님의 성전으로 임하시게 됩니다.

고전 3:16-23 **너희는 너희가 하나님의 성전인 것과 하나님의 성령이 너희 안에 계시는 것을 알지 못하느냐? 누구든지 하나님의 성전을 더럽히면 하나님이 그 사람을 멸하시리라. 하나님의 성전은 거룩하니 너희도 그러하니라. 아무도 자신을 속이지 말라. 너희 중에 누구든지 이 세상에서 지혜 있는 줄로 생각하거든 어리석은 자가 되라. 그리하여야 지혜로운 자가 되리라. 이 세상 지혜는 하나님께 어리석은 것이니 기록된바 하나님은 지혜 있는 자들로 하여금 자**

기 꾀에 빠지게 하시는 이라 하였고, 또 주께서 지혜 있는 자들의 생각을 헛것으로 아신다 하셨느니라. 그런즉 누구든지 사람을 자랑하지 말라. 만물이 다 너희 것임이라. 바울이나 아볼로나 게바나 세계나 생명이나 사망이나 지금 것이나 장래 것이나 다 너희의 것이요, 너희는 그리스도의 것이요 그리스도는 하나님의 것이니라.

결국 사람은 자기 자신이 많이 똑똑한 줄로 착각을 하게 되는 데 이 세상에서 거듭나지 않은 사람들의 생각을 세상 임금인 마귀가 잡고 있기 때문에 자기 자신을 아는 사람이 아무도 없습니다.

저는 신앙인으로써 주님께서 나를 위해 돌아가셨으니 남은 삶을 주님의 뜻대로 살게 해 달라고, 목숨을 주님께 맡길 믿음을 달라고 간구하고 금식하며 기도하였습니다. 그 시간이 이십 년 만에 내 자신이 얼마나 나약하고 자기중심적인 사람인지를 깨닫게 되었으며 삼십년이 지나서야 인간의 한계를 보게 되었다는 것입니다.

지금 목숨을 다하여 순종할 믿음이 없는 사람은 주님나라 하고는 전혀 상관이 없다는 말씀을 드립니다.

결국 이 세상에 살아 있는 사람으로서 심령이 깨끗한 사람은 그 사람 안에 주 성령이 성전을 삼고 임하셔야 합니다. 성령께서 임하실 사람은 첫째는 이 세상에서 모든 삶을 자기 자신을 위한 삶이 아닌 주님께 맡기기 위해 죽기까지 순종할 믿음을 구하고 간구하는 사람입니다.

둘째는 인간의 나약한 한계를 알고 순종하고자 하는 기도와 회개를 한 사람들에게 그 사람의 모든 죄를 사하시고 임하시는 것입니다.

눅 5:32 **내가 의인을 부르러 온 것이 아니요 죄인을 불러 회개시키러 왔노라.** (마 9:13, 막 2:17 참조)

마 9:2 침상에 누운 중풍병자를 사람들이 데리고 오거늘 예수께서 그들의 믿음을 보시고 중풍병자에게 이르시되 작은 자야 안심하라. 네 죄 사함을 받았느니라.

마 26:28 이것은 죄 사함을 얻게 하려고 많은 사람을 위하여 흘리는 바 나의 피 곧 언약의 피니라.

막 2:5 예수께서 그들의 믿음을 보시고 중풍병자에게 이르시되 작은 자야 네 죄 사함을 받았느니라 하시니.

막 4:12 이는 그들로 보기는 보아도 알지 못하며 듣기는 들어도 깨닫지 못하게 하여 돌이켜 죄 사함을 얻지 못하게 하려 함이라 하시고.

눅 5:20 예수께서 그들의 믿음을 보시고 이르시되 이 사람아 네 죄 사함을 받았느니라 하시니.

눅 7:48 이에 여자에게 이르시되 네 죄 사함을 받았느니라 하시니.

행 2:38 베드로가 이르되 너희가 회개하여 각각 예수 그리스도의 이름으로 세례를 받고 죄 사함을 받으라. 그리하면 성령의 선물을 받으리니.

성경은 물과 성령으로 거듭나지 않으면 결단코 하나님의 나라를 볼 수 없다고 말씀하시며 물과 성령으로 거듭나는 것 자체가 주 성령님으로부터 너는 죄 사함을 받았느니라는 약속을 받은 사람입니다.

이 말씀을 증명하자면 출애굽한 이스라엘 백성들 중에 애굽의 습관을 버린 여호수아와 갈렙 외에는 아무도 가나안 땅에 못 들어갔다는 말씀입니다.

애굽의 습관이 무엇을 의미하는 것입니까?

이 세상에서 살아온 세상적인 습관, 지식, 경험, 생각, 계획 등 이 모든 것이 성경에서 말씀하신 애굽의 습관이라는 말씀입니다. 아담과 하와 이후로 인간은 마귀의 종으로 무엇을 먹을까 입을까 하는 삶으로 전락하면서 좀 더 안락한 삶을 위해 자신이 최고가 되기 위해 달리고 달린 삶이 결국 이 세상 것에 대한 집착으로 명예욕, 권세욕, 성공욕으로 DNA가 바뀐 것입니다.

사람의 삶 자체가 남보다 더 가지고 성공하고 인정받기 위한 것이 결국 삶의 목표가 되어 있는데 그 모든 것을 내려놓기란 사람의 힘으로는 아무리 노력을 해도 불가능한 일로서 주님의 도우심이 없이는 생각할 수 없는 일입니다.

행 4:12 다른 이로써는 구원을 받을 수 없나니 천하사람 중에 구원을 받을 만한 다른 이름을 우리에게 주신 일이 없음이라 하였더라.

그런데 문제는 주님의 도우심이 필요한데 주님께서는 아무나 도와주시는 것이 아니라 땅에 것을 모두 포기하고 하나님의 뜻을 이루는 것이 가장 큰 소원으로 정하고 이를 위해 목숨을 걸고서 날마다 육의 것을 내려놓게 해달라고 기도하며 하나님의 뜻에 순종하는 삶을 사모하는 사람을 도와주시는 것입니다.

그것이 당연한 이치인 것은 마귀에게 속아 넘어가서 마귀를 따라 지옥으로 따라가는 사람들을 따라가지 못하도록 하나님의 아들이신 예수님이 인간의 육신을 입고 오셔서 십자가의 죽으심을 통해 믿는 자의 죄를 대속해 주셨습니다. 그럼에도 불구하고 세상 것이 주님보다 더 좋다고 하는 사람들을 천국에 데려갈 수 없으므로 이들은 결국 지옥으로 갈 수밖에 없는 것입니다. 그러므로 하나님 나라의 구원은 평생 동안 자신 속에 존재하는 악의 DNA를 씻어내기 위해 목숨을 주님께 맡겨놓고 날마다 믿음으로 간구하는 자들만이 돌아갈 수 있는 곳입니다.

결국 악은 모양이라도 버리지 못하면 갈수 없다는 말씀입니다. 악한 습관을 가진 자들이 천국에는 한 사람도 없다는 것입니다. 인간의 힘으로는 자신 속에 존재하는 욕심이나 악한 생각을 뺄 수가 없기에 주님께서 믿고 순종하는 자들의 죄성을 빼주시기 위해 십자가를 지시고 대속해 주신 것입니다. 아멘

　인류의 조상 아담이 에덴동산에서 하나님의 말씀을 거역하고 마귀의 말을 들음으로 인하여 그의 영과 그 후손의 영이 죽어버렸고 마귀의 종이 됐습니다. 그러나 누구든지 이 세상에서 살아있는 동안에 예수님을 믿는 자들에게는 죽었던 영을 살려 주시니 얼마나 감사합니까? 자신의 목숨을 온전히 주님께 맡겨서 죽도록 순종하고자 하는 마음을 갖고 날마다 또는 수시로 주님께 죽기까지 순종하기 위해 전심으로 간구하는 성도 곧 땅에 것을 모두 포기하고 목숨이라도 드릴 믿음을 가진 자들을 주님께서 택하시고 주관을 하시게 됩니다.

2

주님께서 만나주신 사람들

성경에 주님께서 만나주신 사람들을 살펴보면 보통사람들이 아님을 우리는 알아야 합니다. 먼저 주님께서 특별하게 사랑하신 베드로, 야고보와 요한을 보게 되면 이 세 제자들을 특별하게 챙기시며 중요한 자리에는 이들만 데리고 가신 것을 보게 됩니다. 변화 산에 오를 때에도(마 17:1, 막 9:2, 눅 9:28 참조) 죽은 야이로의 딸을 살리려고 그 집에 들어 갈 때에도(막 5:37 참조). 십자가를 지시기 전날 밤 겟세마네 동산에서 땀방울이 핏방울이 되는 기도를 드리러 갈 때(막 14:33 참조)도 이 세 사람 외에는 허락을 하지 않으셨습니다.

마 4:18-22 갈릴리 해변에 다니시다가 두 형제 곧 베드로라 하는 시몬과 그의 형제 안드레가 바다에 그물 던지는 것을 보시니 그들은 어부라. 말씀하시되 나를 따라오라. 내가 너희를 사람을 낚는 어부가 되게 하리라 하시니, 그들이 곧 그물을 버려두고 예수를 따르니

라. 거기서 더 가시다가 다른 두 형제 곧 세베대의 아들 야고보와 그의 형제 요한이 그의 아버지 세베대와 함께 배에서 그물 깁는 것을 보시고 부르시니, 그들이 곧 배와 아버지를 버려두고 예수를 따르니라.

갈릴리 해변에서 이들 네 사람을 부르심을 볼 때에 주님의 열두 제자를 부르심과는 조금 차이가 있는데 상징적인 의미라고 해야 할까요? 아무튼 오늘을 사는 우리들에게 주님께서 깨닫기를 원하시는 깊은 의미가 있습니다. 베드로, 안드레, 야고보, 요한은 어부인데 즉시 배와 그물과 아버지를 버리고 주님을 따라간 것을 볼 수 있습니다. 이들은 세상을 부인했다는 의미이며 주님께 온전히 헌신했다는 의미로 해석을 해야 한다는 말씀이지요. 그것은 주님을 믿는다고 하는 사람들이 주님의 뜻을 따르려면 자기를 부인하고 심령과 행동을 새롭게 바꿔야 한다는 의미가 있습니다. 결국에 자기와 세상을 부인한 사람만이 천국에 갈 수가 있다는 말씀입니다.

마 16:24 이에 예수께서 제자들에게 이르시되 누구든지 나를 따라오려거든 자기를 부인하고 자기 십자가를 지고 나를 따를 것이니라.

자기와 세상을 부인한다는 말은 오직 주님의 뜻에만 아멘하고 자기 자신의 생각과 계획은 모두 내려놔야 한다는 말씀입니다.
아래 말씀에 아버지의 죽음을 통해서 아들이 아버지의 장사를 지내고 주님을 따르겠다고 하니 죽은 자는 죽은 자들에게 장사를 치르라 하고 너는 나를 따르라고 말씀을 하시는데 그 말씀은 주님의 일이 1순위가 되어야 한다는 말씀이십니다.

마 8:19-22 한 서기관이 나아와 예수께 아뢰되 선생님이여 어디로

가시든지 저는 따르리이다. 예수께서 이르시되 여우도 굴이 있고 공중의 새도 거처가 있으되 인자는 머리 둘 곳이 없다 하시더라. 제자 중에 또 한 사람이 이르되 주여 내가 먼저 가서 내 아버지를 장사하게 허락하옵소서. 예수께서 이르시되 죽은 자들이 그들의 죽은 자들을 장사하게 하고 너는 나를 따르라 하시니라.

실제로는 은혜와 진리시대에 복음은 예수님께서 온 인류를 구원하기 위하여 죄 없으신 분이 죄인들의 죄를 대속해주시기 위하여 십자가를 지셨다는 믿음만 가지면 예배를 드릴 수 있습니다. 그러나 진리의 말씀을 설교하는 자는 자신이 먼저 성경을 온전히 깨달아 성령님으로부터 너는 내 아들이라는 약속을 받아야 만이 진리의 말씀을 전할 수가 있습니다. 다시 말씀을 드리자면 사울이 바울로 변화가 된 신앙인만이 진리의 종이 될 수 있다는 말씀이지요. 그러나 주 성령님이 성전을 삼고 들어오시기까지는 자기 자신이 오로지 예수님을 영접하여 하나님의 아들이 되는 것 하나 밖에 없는 것입니다.

요 16:13-15 그러나 진리의 성령이 오시면 그가 너희를 모든 진리 가운데로 인도하시리니 그가 스스로 말하지 않고 오직 들은 것을 말하며 장래 일을 너희에게 알리시리라. 그가 내 영광을 나타내리니 내 것을 가지고 너희에게 알리시겠음이라. 무릇 아버지께 있는 것은 다 내 것이라. 그러므로 내가 말하기를 그가 내 것을 가지고 너희에게 알리시리라 하였노라.

사울이 바울화가 되었다는 것은 결국 성령님이 그 사람을 성전 삼고 보혜사 성령으로 충만한 사람이며 마음속과 땅에서 천국이 이루어진 사람입니다. 당신의 모든 죄를 사함 받지 못한 사람은 성령님을 모신 성전이 될 수 없고 정결한 신부가 되지 못한 것입니다.

요 14:20 그날에는 내가 아버지 안에, 너희가 내 안에, 내가 너희 안에 있는 것을 알리라.
고전 3:16 너희는 너희가 하나님의 성전인 것과 하나님의 성령이 너희 안에 계시는 것을 알지 못하느냐?

결국 마지막 추수 때에는 십자가의 공로로 오로지 하나님의 거룩한 아들이 되었음을 믿고 악은 모양이라도 버리고 땅에 모든 소망을 버린 자들로서 주님의 말씀에 아멘과 예가 되는 자들이어야 합니다.

요 16:26-27 그 날에 너희가 내 이름으로 구할 것이요 내가 너희를 위하여 아버지께 구하겠다 하는 말이 아니니. 이는 너희가 나를 사랑하고 또 내가 하나님께로부터 온 줄 믿었으므로 아버지께서 친히 너희를 사랑하심이라.

자기 자신의 삶속에서 목숨을 주님께 맡긴다는 것은 하나님 말씀에 죽기까지 순종하는 믿음을 갖고 평생을 쉬지 않고 기도하고 간구하는 사람으로서 하나님을 온전히 믿고 그분과 동행하는 것입니다. 그런데 사울이 바울로 변화된 것처럼 변화되어 있는 성도나 주의 종을 만나기가 어렵습니다.
부자는 하나님 나라에 들어가기가 얼마나 어려운지 낙타가 바늘귀로 들어가는 것보다 어렵다고 하셨으니 이 세상 것을 갖고자 하는 자는 천국에 가기가 어렵다는 말씀이지요.

마 19:24 다시 너희에게 말하노니 낙타가 바늘귀로 들어가는 것이 부자가 하나님의 나라에 들어가는 것보다 쉬우니라 하시니.

이 말씀을 보면 재산을 많이 가진 사람만을 의미하는 것 같이 보이지만 그 의미에 국한된 것이 아니라는 말씀을 드립니다. 가난한 자라도 세상에서 살면서 오로지 세상 것에 대한 욕심과 미련을 버리지 못하면 천국은 꿈도 꾸지 말라는 말씀이지요. 많은 사람들이 교회만 다니면 천국을 간다고 착각을 하고 있는데 성경말씀을 깊이 알게 되면 천국에 가기란 쉽지 않습니다. 출애굽 할 때에 이스라엘 백성들이 칼을 들고 전쟁에 나가서 싸울 수 있는 장정의 숫자가 육십만 삼천 오백 오십 명이었으나 그 중에서 가나안을 들어간 사람은 여호수아와 갈렙뿐이었음을 알아야 합니다.

지금은 은혜와 진리시대입니다. 그러므로 은혜와 진리가 충만하신 예수님을 믿음으로만 낙원 곧 천국에 들어갈 수 있는 것입니다.

천국은 여호수아와 갈렙처럼 하나님을 100% 신뢰하는 믿음이 되지 못하면 천국을 갈수가 없다는 말씀이지요. 이 땅에서 살았을 때에 이 세상의 소망을 모두 버리고 오직 나를 위해 십자가를 지신 주님께 목숨을 맡겨 죽기까지 순종하는 사람들만 천국에 들어가는 것이 가능한 일입니다. 이런 신앙인은 이 세상에 살면서 물질을 비롯해서 자신의 목숨까지도 주님의 것이라고 인정하고 죽기까지 순종하며 주님 앞에 아멘과 예가 되기를 소원하고 간구하는 자들이어야 천국에 들어갈 수 있는 것이지요. 대부분의 사람들이 이 땅에서 잘 사는 것이 소원이 되어 그것을 위해서 교회를 다니는 종교생활을 하는데 그런 사람들은 천국을 절대로 갈 수 없는 곳입니다.

마 6:24 한 사람이 두 주인을 섬기지 못할 것이니 혹 이를 미워하고 저를 사랑하거나 혹 이를 중히 여기고 저를 경히 여김이라. 너희가 하나님과 재물을 겸하여 섬기지 못하느니라.

세상 것을 내려놓게 되는 과정 중에는 정말 어려운 일로서 돈. 명예. 경험. 계획. 수많은 생각. 그 모든 욕심들을 다 내려놔야 하는데 사람의 생각 속에 얼마나 많은 것이 들어있나 하면 머리카락 수만큼이나 들어있다는 것입니다. 그렇게 많은 것들을 성령님의 도우심이 없이는 아예 하나도 빼버릴 수가 없다는 것을 아셔야 합니다. 이 모든 것들은 성경에서 애굽의 습관이라 하고 다른 표현으로는 육이라고 말을 할 수 있고 또 다른 표현으로는 마귀의 종살이 습관을 하나도 남김없이 버려진 사람들만이 하나님의 아들이 되어서 천국을 가게 된다는 이유가 바로 여호수아와 갈렙의 믿음입니다.

살전 5:21-24 **범사에 헤아려 좋은 것을 취하고. 악은 어떤 모양이라도 버리라. 평강의 하나님이 친히 너희를 온전히 거룩하게 하시고 또 너희의 온 영과 혼과 몸이 우리 주 예수 그리스도께서 강림하실 때에 흠 없게 보전되기를 원하노라. 너희를 부르시는 이는 미쁘시니 그가 또한 이루시리라.**

벧후 3:14-16 **그러므로 사랑하는 자들아 너희가 이것을 바라보나니 주 앞에서 점도 없고 흠도 없이 평강 가운데서 나타나기를 힘쓰라. 또 우리 주의 오래 참으심이 구원이 될 줄로 여기라. 우리가 사랑하는 형제 바울도 그 받은 지혜대로 너희에게 이같이 썼고, 또 그 모든 편지에도 이런 일에 관하여 말하였으되 그 중에 알기 어려운 것이 더러 있으니 무식한 자들과 굳세지 못한 자들이 다른 성경과 같이 그것도 억지로 풀다가 스스로 멸망에 이르느니라.**

악은 모양이라도 버려야 하며 주님 앞에 점도 없고 흠도 없어야 한다고 주님은 말씀하고 계시는데 하나님의 말씀은 하나도 땅에 떨어지지 않고 다 이루어져야만 하는 것입니다.

살전 5:22 **악은 어떤 모양이라도 버리라.**

마 10:28-31 **몸은 죽여도 영혼은 능히 죽이지 못하는 자들을 두려워 하지 말고 오직 몸과 영혼을 능히 지옥에 멸하실 수 있는 이를 두려워하라. 참새 두 마리가 한 앗사리온에 팔리지 않느냐? 그러나 너희 아버지께서 허락하지 아니하시면 그 하나도 땅에 떨어지지 아니하리라. 너희에게는 머리털까지 다 세신 바 되었나니 두려워 하지 말라. 너희는 많은 참새보다 귀하니라.**

사람이 하는 일은 실수가 있을 수 있지만 하나님의 계획은 절대 오차의 실수도 없음을 말씀드립니다. 하나님에 대해서 알지 못할 때에 하나님을 인간의 수준으로 생각을 할 때가 있었습니다. 어찌 계획한 대로 완전한 성취가 있겠는가? 80%만 이루어도 성공한 것 아닌가 하는 생각을 했지요, 결국 그것은 인간의 한계인 내 수준의 생각이었습니다.

하나님께서는 인간사의 100%가 육신의 삶이며 마귀의 종살이 습관이기에 100%의 모든 습관을 부인해야 살아있는 영이 되는데 이 세상 습관인 육체의 모든 법을 사람의 힘으로는 도무지 버릴 수가 없습니다. 주님의 완벽한 힘에 붙들림이 없이는 불가능한 일입니다. 그런데 주님께서는 사람을 억지로 끌고 가거나 독재를 원치 않습니다. 예수님의 십자가 공로를 믿는 믿음과 기도와 삶을 통해서 성령님이 주관을 하시는 것입니다. 처음부터 주님은 인간이 스스로 한 것에 대해서는 아예 받지를 않으십니다,

요 2:24-25 **예수는 그의 몸을 그들에게 의탁하지 아니하셨으니 이는 친히 모든 사람을 아심이요, 또 사람에 대하여 누구의 증언도 받으실 필요가 없었으니 이는 그가 친히 사람의 속에 있는 것을 아셨음이니라.**

우리 인간은 아담 이후로 지금까지 육천여 년 동안을 마귀의 지배를 받음으로 모든 삶이 마귀의 종살이를 했으나 예수 그리스도를 믿음으로 말미암아 마귀의 종에서 해방되어 하나님의 백성으로 살 수 있는 것입니다. 그러므로 예수 그리스도의 십자가 은혜가 아니면 성도가 스스로는 마귀를 이길 수 없다는 말씀입니다.

엡 6:10-11 **끝으로 너희가 주 안에서와 그 힘의 능력으로 강건하여지고 마귀의 간계를 능히 대적하기 위하여 하나님의 전신갑주를 입으라.**
벧전 5:8-9a **근신하라 깨어라. 너희 대적 마귀가 우는 사자 같이 두루 다니며 삼킬 자를 찾나니 너희는 믿음을 굳건하게 하여 그를 대적하라.**
요일 3:8 **죄를 짓는 자는 마귀에게 속하나니 마귀는 처음부터 범죄함이라. 하나님이 나타나신 것은 마귀의 일을 멸하려 하심이라.**

결국은 하나님의 계획하심을 완전하게 이루시겠다는 말씀이십니다. 그렇지만 절대 아셔야 할 것은 성도 스스로는 하나님의 말씀을 일점일획도 이룰 수 없다는 말씀이지요. 하나님의 일은 하나님께서 하시는데 하나님의 뜻을 이루고자 삶 전부를 맡겨드리고 목숨을 주님께 맡기고 간구하며 주님께 간청하는 자들을 하나님께서 주관을 하사 그러한 성도를 통해서 일을 하십니다.

잠 8:17 **나를 사랑하는 자들이 나의 사랑을 입으며 나를 간절히 찾는 자가 나를 만날 것이니라.**

주님께서 당신의 죄를 대속해주시기 위하여 십자가에서 고난당하셨음을 믿는다면 당신의 남은 삶은 하나님의 뜻을 이루기 위하여 목숨을 맡겨 드려야 되는 것이 당연한 일이라고 생각합니다. 그런데 저는 목숨을 맡기는 것도 주님의 도우심이 없이는 맡길 수 없어서 4년이라는 기간 동안 죽기까지 순종할 믿음을 주시라고 간구하며 날마다 눈물을 흘리며 기도하였더니 응답해 주셨습니다. 하나님의 아들이 되는 방법은 성도의 마음이 오로지 주님의 뜻을 이루는 일이 소원이 될 때 주님께 자신을 맡겨지는 과정으로 온 마음과 뜻을 다하지 않고서는 아예 이룰 수가 없는 일입니다.

> 막 12:30 네 마음을 다하고 목숨을 다하고 뜻을 다하고 힘을 다하여 주 너의 하나님을 사랑하라 하신 것이요.
> 막 12:33 또 마음을 다하고 지혜를 다하고 힘을 다하여 하나님을 사랑하는 것과 또 이웃을 자기 자신과 같이 사랑하는 것이 전체로 드리는 모든 번제물과 기타 제물보다 나으니이다.

온 마음으로 주님을 사랑하기가 얼마나 힘이 드는지 사람의 힘으로는 할 수가 없고 주님께서 온전히 주관해 주셔야 만이 가능한 일입니다. 그런데 주님은 결코 아무 사람이나 주관하시거나 간섭을 하시지 않는다는 것입니다.

바울 선생께서 나는 매일 죽노라 하셨듯이 은혜와 진리시대의 완성은 결국에 성도의 자신을 주님께 죽기까지 순종하게 해 달라는 기도입니다. 그런데 이 기도가 입으로만 하는 기도가 아니라 성령 안에서 행함으로 고백이 되어야 한다는 말씀입니다.

늘 잊어서는 안 되는 것이 이스라엘 백성 중에 여호수아와 갈렙 외에는 가나안 땅을 들어가지 못했다는 것을 잊지 않아야 하며 이 두 사람의 고백과 삶을 주의 깊게 관찰하고 확인해 보시고 두 사람의 모습이 되는 것이 하나님의 아들이 될 사람의 모습입니다. 살아있는 삶의 목표가 주님의 뜻을 따라 하나님의 아들이 되는 것이 소원이 되어 주님께 죽기까지 순종하고 싶은 마음을 주시라고 수시로 깨어 기도해야 합니다.

하나님께서 지구를 만드시고 사람을 지으신 목적은 하나님의 거룩한 아들을 낳으시는 것이 창조의 계획이시니 마땅히 하나님을 알고 믿음이 있는 사람이라면 하나님의 아들이 되는 것이 삶에 목표가 되어야 하는데 이 세상 임금 마귀가 돈과 명예 이 땅의 썩어질 것으로 계속 사람의 마음을 끌고 다니니 사람의 힘으로는 마귀의 권세를 이길 수가 없습니다.

히 12:4-8 **너희가 죄와 싸우되 아직 피 흘리기까지는 대항하지 아니하고, 또 아들들에게 권하는 것 같이 너희에게 권면하신 말씀도 잊었도다. 일렀으되 내 아들아 주의 징계하심을 경히 여기지 말며 그에게 꾸지람을 받을 때에 낙심하지 말라. 주께서 그 사랑하시는 자를 징계하시고 그가 받아들이시는 아들마다 채찍질하심이라 하였으니, 너희가 참음은 징계를 받기 위함이라. 하나님이 아들과 같이 너희를 대우하시나니 어찌 아버지가 징계하지 않는 아들이 있으리요? 징계는 다 받는 것이거늘 너희에게 없으면 사생자요 친아들이 아니니라.**

하나님의 아들이 되기 위해서는 연단을 받고 징계를 받아 애굽의 습관인 마귀의 종살이 습관을 모두 빼내야 한다는 말씀입니다. 그런 징계와 연단이 없으면 사생아요 하나님 나라와는 전혀 상관이 없다는 말씀입니다. 이스라엘 백성들 중에 애굽의 습관을 버리지 못한 자들은 광야에서 모두 죽었고 여호수아와 갈렙 두 사람만이 가나안 땅에 들어간 것은 우리가 이 땅의 습관인 마귀의 종살이 습관을 가지고는 천국엘 못 간다는 말씀입니다. 여호수아와 갈렙 두 사람처럼 애굽의 종살이 습관을 죽이고 하나님의 법을 생활화하는 것이 거듭남의 모습입니다. 그런데 그 습관을 버리는 것은 성령님의 주관과 인도하심으로만이 가능한 일입니다.

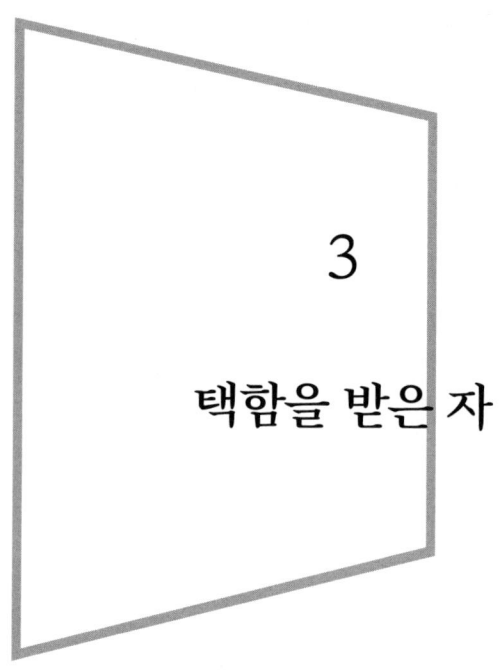

3
택함을 받은 자

하나님의 택하심과 주 성령님의 주관하심이 없이는 거듭남을 경험할 수가 없다는 말씀입니다. 오로지 하나님의 택하심을 받기 위하여 먼저 물과 성령으로 거듭나야 하고 주님을 뜨겁게 사랑하면서 목숨을 주님께 맡기기 위하여 간청하고 또 간청하여 응답을 받기까지 간구해야 합니다.

> 마 22:14 **청함을 받은 자는 많되 택함을 입은 자는 적으니라.**
> 요 3:5 **예수께서 대답하시되 진실로 진실로 네게 이르노니 사람이 물과 성령으로 나지 아니하면 하나님의 나라에 들어갈 수 없느니라.**
> 잠 8:17 **나를 사랑하는 자들이 나의 사랑을 입으며 나를 간절히 찾는 자가 나를 만날 것이니라.**

주님께서 십자가를 지심은 믿음을 사모하는 사람들에게 목숨을 주님께 맡겨야 한다는 메시지가 담겨 있는 것입니다. 사람이 목숨을 주님께 맡기지 않으면 결국 자기 자신의 생각과 자신의 욕심을 도무지 이길 수가 없습니다. 하나님의 택하심을 위하여 삶 전부를 걸고 주님께 간구해야 만이 청함을 입은 자에서 택함을 입을 수 있다는 말씀이십니다. 이 세상의 것에 목적을 가진 자는 절대 택함을 받을 수가 없습니다.

그러나 택함을 받기가 얼마나 어렵던지 비유로 이스라엘 백성들이 출애굽 과정에서 그 크신 하나님의 애굽의 재앙과 홍해를 가르시고 애굽 군대를 수장시키고 광야에서 불기둥과 구름 기둥으로 역사하시며 만나를 먹이시고 반석을 터뜨려 물을 마시게 하셨으며 메추라기를 주어 고기를 먹이시며 이스라엘을 대적한 사람들을 모두 치셨으며 모든 역사하심을 헤아리기도 어려울 만큼 눈으로 목격을 했지만 여호수아와 갈렙 외에는 가나안을 들어가지 못했다는 것은 그들이 애굽의 습관들 즉 세상의 소망을 버리지 못했다는 말씀입니다. 다시 말씀을 드리지만 이 세상의 것을 부인하지 못하면 택함을 받을 수 없다는 말씀이지요.

육신을 입은 우리가 세상 것을 부인하고 돈을 부인한다는 것은 사람의 힘으로는 아예 할 수 없는 일입니다. 저도 죽기까지 순종할 믿음이 없어서 거의 매일 하루에 4~5번을 눈물을 흘리며 순종할 믿음을 주시라고 4년을 구했더니 주 성령님께서 죽기까지 순종할 믿음을 약속해 주셨다는 말씀입니다.

고전 15:31 **형제들아 내가 그리스도 예수 우리 주 안에서 가진 바 너희에 대한 나의 자랑을 두고 단언하노니 나는 날마다 죽노라.**
갈 5:24 **그리스도 예수의 사람들은 육체와 함께 그 정욕과 탐심을 십자가에 못 박았느니라.**

어느 글을 보니 오늘이 생의 마지막 날처럼 사는 사람이 깨어있는 신앙인이라고 해서 나는 아직 멀었구나 하고 느꼈습니다. 나는 할 수가 없겠구나 하는 마음이었지요. 그런데 내 목숨을 주님께 맡기는 믿음으로 하루하루 기도하다보니 생에 마지막 날처럼 제가 살아가고 있었던 것입니다. 그러므로 목숨을 주님께 맡기고 기도하는 성도만이 내가 주님 안에 있고 주님이 내안에 오시기 위해서 십자가에서 대속해 주신 것을 알게 됩니다. 하나님께서 계획하신 이런 사람들의 수가 차기까지 오래참고 기다리시는 것입니다.

목숨을 주님께 맡길 믿음이 없음을 눈물 뿌려 회개 기도하는 것이 첫 번째이고 죽기까지 순종할 믿음을 주시면 바울처럼 매일 죽게 해 달라고 기도하는 것이 바울이 말씀하신 산제사를 드리는 영적 예배입니다. 하나님께서는 이러한 신앙인을 오래 기다리시는 것입니다.

> 딤후 2:10 **그러므로 내가 택함 받은 자들을 위하여 모든 것을 참음은 그들도 그리스도 예수 안에 있는 구원을 영원한 영광과 함께 받게 하려 함이라.**

결국 하나님은 온전한 아들을 만드실 계획으로 천지를 창조 하시고 오늘도 일하고 계십니다.

> 요 1:12-13 **영접하는 자 곧 그 이름을 믿는 자들에게는 하나님의 자녀가 되는 권세를 주셨으니, 이는 혈통으로나 육정으로나 사람의 뜻으로 나지 아니하고 오직 하나님께로부터 난 자들이니라.**

하나님께서 사람을 지으신 목적은 결국 거룩한 아들이 되는 것이 하나님의 창조의 완성이기에 우리는 그리스도를 닮은 아들이 되어야만 한다는 것입니다. 하나님의 아들로 거듭나게 하시는 일은 그리스도를 믿을 때 성령께서 하십니다.

성경은 성령 안에서 기도하라고 하시는데 성령 안에서 기도하는 것은 결국 목숨을 주님께 맡기고 간구하는 것이 성령 안에서 성령으로 기도하는 시작점입니다.

엡 6:18 **모든 기도와 간구를 하되 항상 성령 안에서 기도하고 이를 위하여 깨어 구하기를 항상 힘쓰며 여러 성도를 위하여 구하라.**

하나님은 거룩하심으로 거듭난 성도들은 거룩한 생활을 하라고 하십니다. 여기에서 꼭 알아야 할 일은 하나님을 온전히 믿어지기 전에는 이 거룩한 믿음으로 살수 없으니 나에게 이 길을 갈수 있는 믿음을 구하시는 것이 첫 번째입니다. 주님께서 나를 만나 주셔서 살아계신 하나님과 십자가를 지신 주님을 삶속에서 경험하게 해 달라고 해야겠지요.

유 1:20 **사랑하는 자들아 너희는 너희의 지극히 거룩한 믿음 위에 자신을 세우며 성령으로 기도하며.**
벧전 1:16 **기록되었으되 내가 거룩하니 너희도 거룩할지어다 하셨느니라.**
히 2:11 **거룩하게 하시는 이와 거룩하게 함을 입은 자들이 다 한 근원에서 난지라. 그러므로 형제라 부르시기를 부끄러워하지 아니하시고.**

결국 주님과 동행 동거하는 자가 되지 못하면 천국은 갈 수가 없다는 말씀이지요. 하나님께서는 우리를 말로만 아들이라고 하는 것이 아니라 아들이면 목숨을 다해 이 세상을 부인하고 거룩한 주님으로 충만한 자들을 참 아들로 인정을 해 주신다는 말씀입니다. 목숨을 주님께 맡겨드리는 것이 산제사이지만 주님께 목숨을 맡긴다는 것은 나는 죽고 자기 십자가를 지고 하나님에 대한 온전한 순종의 삶을 살아서 성령의 역사하심과 체험을 통한 믿음의 증거와 성경에 대한 지식과 기도를 통한 응답이 이뤄지는 영적 생활입니다.

우리 주님은 맏아들이 되시고 목숨을 걸고 자기와 세상을 부인하고 악은 모양이라도 버린 자들을 형제라 부르시는 것입니다. 다시 말씀을 드리지만 육신을 입은 자들이 이 세상 것을 부인한다는 것은 얼마나 어렵든지 사람의 능력으로는 아주 불가능하기에 주님께서 십자가를 지시고 우리의 죄를 대속하셨기 때문에 가능한 일입니다.

마 16:24 이에 예수께서 제자들에게 이르시되 누구든지 나를 따라 오려거든 자기를 부인하고 자기 십자가를 지고 나를 따를 것이니라.
갈 2:20 내가 그리스도와 함께 십자가에 못 박혔나니 그런즉 이제는 내가 사는 것이 아니요 오직 내 안에 그리스도께서 사시는 것이라. 내가 육체 가운데 사는 것은 나를 사랑하사 나를 위하여 자기 자신을 버리신 하나님의 아들을 믿는 믿음 안에서 사는 것이라.

이 땅에서 살아가는 성도들이 연단과 훈련을 받기 위해서는 완전무장을 하고 전쟁에 칼을 들고 나가서 싸울 수 있는 장정과 같은 힘을 가진 믿음의 사람만이 가능하다고 하신 것입니다. 믿음이 어린 아이처럼 힘을 못 쓰는 약한 믿음을 가진 사람은 천국에 못 간다는 말씀입니다. 성도들은 그리스도와 함께 원수 악한 마귀와 싸워서 이겨야 하는 십자가의 군병들입니다.

고전 16:13 깨어 믿음에 굳게 서서 남자답게 강건하여라.
엡 6:10-11 끝으로 너희가 주 안에서 그 힘의 능력으로 강건하여지고 마귀의 간계를 능히 대적하기 위하여 하나님의 전신갑주를 입으라.

막 12:30 네 마음을 다하고 목숨을 다하고 뜻을 다하고 힘을 다하여 주 너의 하나님을 사랑하라 하신 것이요.

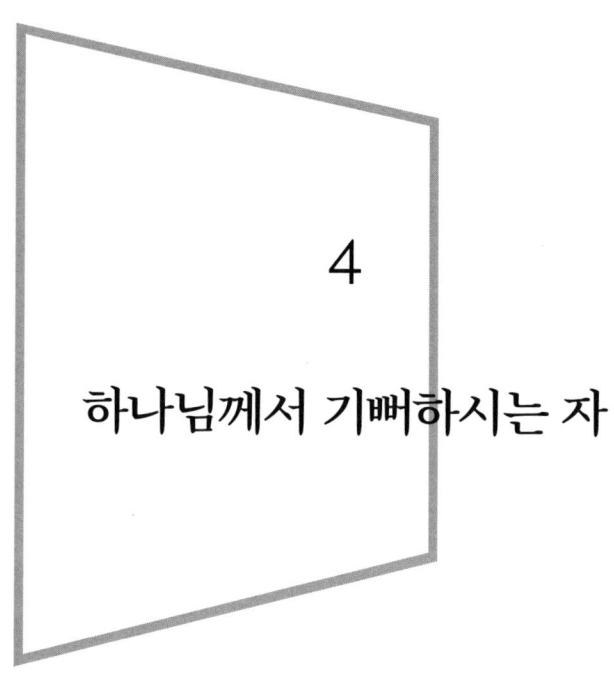

4
하나님께서 기뻐하시는 자

성경말씀을 통해서 하나님께서 기뻐하시는 믿음의 사람들을 보면 온 마음을 다하고 힘을 다해서 하나님의 뜻에 순종하기 위해 죽으면 죽으리라 는 각오로 오로지 주님의 뜻을 위해 목숨을 걸고 그 어떠한 일에도 매이지 않는 자로서 하나님 말씀에 아멘과 예 외에는 자신의 생각이나 계획이 없는 자입니다.

딤후 2:4 **군사로 모집한 자는 자기 생활에 얽매이는 자가 하나도 없나니 이는 군사로 모집한 자를 기쁘게 하려 함이라.**
롬 12:12 **너희는 이 세대를 본받지 말고 오직 마음을 새롭게 함으로 변화를 받아 하나님의 선하시고 기뻐하시고 온전하신 뜻이 무엇인지 분별하도록 하라.**

하나님의 택함을 입은 자들을 군사라고 합니다. 군인이라 함은 자신에게 아무런 자유가 없으며 그 어떠한 행동도 개인의 의견에 의해 행동할 수 없다는 것입니다. 오로지 군법만이 존재한다는 말씀이지요. 다시 말씀을 드리자면 하나님의 택함을 입은 자는 개인의 계획이나 경험 또는 하나님의 허락하신 일이 아니면 자기 자신의 계획으로 움직일 수가 없다는 말씀입니다.

하나님께서는 주님의 대속함을 통하여 성도들이 목숨을 주님께 맡기기를 원하고 맡긴 자들을 100% 주관해서 그리스도화를 만들어서 하나님의 거룩한 자녀를 얻는 것이 목표이십니다. 하나님께서는 은혜와 진리시대를 통하여 성도들이 살아계신 하나님을 경험하고 그 경험을 통하여 살아계신 하나님께 삶을 온전히 맡기고 기도하고 간구하여 하나님의 아들이 되라는 것입니다. 결국 하나님의 아들은 그리스도화가 된 사람으로 바울을 복제한 것 같이 보일 수가 있어야 합니다,

빌 3:17 형제들아 너희는 함께 나를 본받으라. 그리고 너희가 우리를 본받은 것처럼 그와 같이 행하는 자들을 눈여겨보라.

택함을 받은 하나님의 아들의 약속을 받은 자는 제일 먼저 성도 자신이 알고 있습니다. 다른 사람이 아는 것이 아니라 평생을 하나님의 아들이 되는 것으로 삶 전부를 걸고 죽으면 죽으리라는 각오로 아멘과 예를 위해 살아온 사람입니다. 주 성령님으로부터 하나에서 열까지 바울 선생이 받았던 인도와 간섭을 받아왔고 그 삶에 믿음이 장성하면 성령님께서는 그 사람에게 분명히 너는 내 아들이라는 약속을 해 주실 것이기 때문입니다.

히 13:8 예수 그리스도는 어제나 오늘이나 영원토록 동일하시니라.

하나님의 창조의 목적이 거룩한 아들을 얻기 위해 천지를 창조하시고 주님께서는 십자가를 지시고 하나님께서는 육천여 년을 기다리시며 거룩한 자녀를 얻기 위해 일하셨는데 장성한 자녀에게 너는 내 아들이라는 약속은 너무도 당연한 일입니다. 본문 말씀처럼 주님의 뜻을 위해 예수 그리스도가 십자가를 지시던 2천여 년 전이나 오늘이나 온 마음을 다해 삶 전부를 주님께 맡긴 자들을 인도하시고 지키시고 계신다는 것입니다.

히 13:7 하나님의 말씀을 너희에게 일러 주고 너희를 인도하던 자들을 생각하며 그들의 행실의 결말을 주의하여 보고 그들의 믿음을 본받으라.

진정으로 하나님의 뜻을 따라 목숨을 주님께 맡긴 사람이라면 그 어떤 환경 속에서도 가장 모범되고 그 어디에서도 흠이 없고 진실함을 알 수가 있을 것입니다. 그러나 성령의 사람을 알아보지 못함은 결국 자기 자신의 수준이 영의 사람이 아니고 육에 속한 사람이므로 성령의 사람을 자기 수준으로 밖에 생각을 못하며 그 사람의 성령 충만 함이 눈에 보이질 않는다는 말입니다.

요 3:6-8 육으로 난 것은 육이요 영으로 난 것은 영이니. 내가 네게 거듭나야 하겠다 하는 말을 놀랍게 여기지 말라. 바람이 임의로 불매 네가 그 소리는 들어도 어디서 와서 어디로 가는지 알지 못하나니 성령으로 난 사람도 다 그러하니라.

육의 사람은 육의 생각과 육의 경험으로만 생각할 뿐이지 성령의 음성도 영적인 말씀도 도무지 알아들을 수가 없다는 말씀입니다. 육신을 따르는 자는 육신의 일을, 영을 따르는 자는 영의 일을 생각한다고 로마서 8장 5절에서 말씀하고 있습니다.

요 4:22-24 **너희는 알지 못하는 것을 예배하고 우리는 아는 것을 예배하노니 이는 구원이 유대인에게서 남이라. 아버지께 참되게 예배하는 자들은 영과 진리로 예배할 때가 오나니 곧 이 때라 아버지께서는 자기에게 이렇게 예배하는 자들을 찾으시느니라. 하나님은 영이시니 예배하는 자가 영과 진리로 예배할지니라.**

사람의 생각은 인간 수준의 생각 외에는 전혀 할 수가 없다는 말씀입니다. 다시 말씀을 드리자면 예전에 저 자신이 육적일 때 성경을 읽게 되면 몇 장 읽지도 않아서 눈은 침침하고 무슨 말인지 알지도 못하고 깨닫지도 못했던 기억이 납니다, 육에 속한 사람은 육신의 일과 세상의 욕심 외에는 관심이 전혀 없으며 이미 세상 것으로 마음이 잡혀있고 세상의 종이 되어있는 것입니다. 성도가 그리스도 안으로 들어가기 전에는 성경을 봐도 육적인 수준으로 해석하게 되고 그러다 보니 성경을 억지로 풀다보니 앞뒤 문맥이 전혀 맞지 않고 이해가 안되니 더 이상은 알 수가 없어서 성경을 닫을 수밖에 없었던 것입니다.

벧후 3:16 **또 그 모든 편지에도 이런 일에 관하여 말하였으되 그 중에 알기 어려운 것이 더러 있으니 무식한 자들과 굳세지 못한 자들이 다른 성경과 같이 그것도 억지로 풀다가 스스로 멸망에 이르느니라.**

하나님의 말씀을 하나님의 뜻대로 깨닫지 못하고 육신의 생각으로 이해를 하고 읽는다면 결국에 구원에 이르지 못한다는 말씀입니다. 성경 말씀을 제대로 읽고 깨닫기 위해서는 육은 죽고 영으로 거듭나야 만이 가능한 일입니다. 하나님의 말씀을 알아듣기 위해서는 자기 자신이 주님 안에 들어가지 않고서는 성경을 깨달을 수도 없으며 주님의 깊으신 뜻도 전혀 알 수가 없다는 말씀입니다.

요 8:47 하나님께 속한 자는 하나님의 말씀을 들나니 너희가 듣지 아니함은 하나님께 속하지 아니하였음이로다.

오늘 당신이 바울화가 되어 있지 않다는 것은 하나님께 속하지도 않고 그리스도 안에도 들어가지 못했을 뿐 아니라 결국 택함을 입은 자가 아닌 청함을 입은 자밖에 아니라는 것입니다. 정확하게 말씀을 드리자면 이 상태를 아는 것이 하나님의 뜻을 깨달은 관문이자 시작점이라고 말씀을 드립니다. 자신의 믿음의 수준을 알기 전에는 주님의 뜻도 전혀 모르고 있다는 말씀이지요. 자기 자신이 하나님의 참뜻을 모르고 있다고 인정을 해야 하나님의 뜻을 알려고 하지 않겠어요? 알지도 못하면서 자신이 알고 있는 것처럼 생각을 하면 영원히 모르는 사람이 되고 마는 것이지요.

이일이 얼마나 무서운 일입니까?

자기 자신의 영혼 구원이 달린 일이며 결국에 자신의 영적인 상태를 알려고도 하지 않는 것은 이 세상 임금인 마귀의 간계로 지배를 받아서 자기 자신이 어떠한 상태인지를 전혀 모르고 있는 것입니다. 저 자신도 영적인 상태를 온전히 알기까지는 목숨을 주님께 맡겨놓고 매일 순종할 믿음을 주시라고 금식하며 매달리는 기도와 간구를 했습니다. 그런데 기도한지 20년 만에 저의 영적 상태와 육체를 입은 내가 누구의 종이었으며 육은 무엇을 원하는지, 영의 것은 원하지 않고 세상 것을 원하고 있는지를 알게 되었지요, 결국에 내가 나를 아는 것이 가장 큰 적을 아는 것이었습니다. 그때부터가 영적으로 기도하게 되며 하나님의 과녁을 맞히는 기도를 하게 되는 것입니다.

고전 15:31 **형제들아 내가 그리스도 예수 우리 주 안에서 가진 바 너희에 대한 나의 자랑을 두고 단언하노니 나는 날마다 죽노라**

우리가 전쟁에서 적을 알아야 백전백승을 한다는 말대로 영적인 상태에서 가장 큰 적이 바로 자신으로써 자기 자신이 어떤 상태인지를 모른다면 자기 자신의 죄를 회개할 수도 없으며 죄 사함을 받지도 못하고 주님 안에도 들어갈 수 없으며 주님을 모실 수도 없다는 것입니다.

눅 7:45-47 **너는 내게 입 맞추지 아니하였으되 그는 내가 들어올 때로부터 내 발에 입 맞추기를 그치지 아니하였으며, 너는 내 머리에 감람유도 붓지 아니하였으되 그는 향유를 내 발에 부었느니라. 이러므로 내가 네게 말하노니 그의 많은 죄가 사하여졌도다. 이는 그의 사랑함이 많음이라. 사함을 받은 일이 적은 자는 적게 사랑하느니라.**

우리 주님께서 그 사람 속에 임하실 때는 그 사람의 죄가 모두 사함을 받은 상태라야 임하신다는 것을 알아야 합니다. 그러므로 감람유를 예수님의 머리에 부은 것을 보게 되면 죽을 수밖에 없고 죄인 중의 괴수라는 고백과 사랑한다는 고백이 머리부터 발끝까지 인정이 된 상태라는 것입니다. 이 여인도 예수님 앞에서 모든 죄를 용서받고 돌아갔습니다.

성경에서 보면 주님께 특별하게 사랑받은 네 사람이 있는데 그 중의 한사람이 막달라 마리아고 다른 세 사람은 베드로. 야고보. 요한입니다. 이 사람들은 주님이 부르실 때 자기들의 직업인 배와. 그물과 아버지를 버리고 주님을 따랐습니다.

> 마 4:18-22 갈릴리 해변에 다니시다가 두 형제 곧 베드로라 하는 시몬과 그의 형제 안드레가 바다에 그물 던지는 것을 보시니 그들은 어부라. 말씀하시되 나를 따라오라. 내가 너희를 사람을 낚는 어부가 되게 하리라 하시니, 그들이 곧 그물을 버려 두고 예수를 따르니라. 거기서 더 가시다가 다른 두 형제 곧 세베대의 아들 야고보와 그의 형제 요한이 그의 아버지 세베대와 함께 배에서 그물 깁는 것을 보시고 부르시니, 그들이 곧 배와 아버지를 버려두고 예수를 따르니라.

일곱 귀신 들렸다가 고침 받은 막달라 마리아는 예수님으로부터 특별한 사랑을 받은 여인임을 알 수 있습니다. 그 여자는 안식 후 첫날 일찍이 아직 어두울 때에 예수님의 무덤에 와서 돌이 무덤에서 옮겨진 것을 보고 무덤 밖에서 울면서 무덤 안을 들여다보았을 때 흰 옷을 입은 두 천사를 보았으며 그리고 부활하신 예수님을 만났습니다.

> 요 20:15-17 예수께서 이르시되 여자여 어찌하여 울며 누구를 찾느냐 하시니 마리아는 그가 동산지기인 줄 알고 이르되 주여 당신이 옮겼거든 어디 두었는지 내게 이르소서. 그리하면 내가 가져가리이다. 예수께서 마리아야 하시거늘 마리아가 돌이켜 히브리 말로 랍오니 하니(이는 선생님이라는 말이라) 예수께서 이르시되 나를 붙들지 말라 .내가 아직 아버지께로 올라가지 아니하였노라. 너는 내 형제들에게 가서 이르되 내가 내 아버지 곧 너희 아버지, 내 하나님 곧 너희 하나님께로 올라간다 하라 하시니.

예수님의 공생애 동안에 나사로와 마르다와 마리아에 대한 사랑하심이 기록되어진 본문 말씀을 보면 그들을 얼마나 사랑하셨는지 알 수가 있습니다.

요 11:33-36 예수께서 그가 우는 것과 또 함께 온 유대인들이 우는 것을 보시고 심령에 비통히 여기시고 불쌍히 여기사, 이르시되 그를 어디 두었느냐? 이르되 주여 와서 보옵소서 하니 예수께서 눈물을 흘리시더라. 이에 유대인들이 말하되 보라 그를 얼마나 사랑하셨는가 하며.

5
특별한 사랑

마 22:37 **예수께서 이르시되 네 마음을 다하고 목숨을 다하고 뜻을 다하여 주 너희 하나님을 사랑하라 하셨으니.**

여기에 세 여인의 사랑을 소개합니다. 첫째 일곱 귀신 들렸다가 예수님께 고침 받은 막달라 마리아입니다. 이 여자는 예수님이 십자가에 달리시는 골고다 현장에도 예수님의 어머니 마리아 등과 함께 가 있었고 안식 후 첫날 새벽에 예수님 무덤에 찾아가서 부활하신 예수님을 처음으로 만나는 영광을 가졌던 여자였습니다. 어떤 사람보다 예수님을 특별하게 사랑한 여자였습니다.

두 번째로 유월절 이틀 전쯤에 베다니 나병환자 시몬의 집에서 비싼 순전한 나드 한 옥합을 예수님의 머리에 부은 여자도 예수님께 대한 사랑이 특별한 사랑입니다.(마 26:6-13, 막 14:3-9 참조) 예수님께서는 "이 여자가 내 몸에 이 향유를 부은 것은 내 장례를 위하여 함이니라. 내가 진실로 너희에게 이르노니 온 천하에 어디서든지 이 복음이 전파되는 곳에서는 이 여자가 행한 일도 말하여 그를 기억하리라 하시니라(마 26:12-13)."고 말씀하셨습니다.

세 번째로 요한복음 12장 1절-8에 유월절 엿새 전에 베다니 나사로 집에서 잔치할 때 나사로의 누이 마리아는 비싼 향유인 순전한 나드 1근을 예수님의 발에 붓고 자기 머리털로 그의 발을 닦았다고 하였습니다. 이때 제자 가룟 유다는 비싼 향유를 가난한 자들에게 주지 않느냐고 불평했으나 예수님은 나의 장례 날을 위하여 한 것이라고 칭찬하셨습니다. 이 여자의 헌신은 예수님께 대한 특별한 사랑의 표현입니다.

주님을 알고 믿음이 있다고 하는 성도라면 심령상태는 주님 발 앞에 무릎을 꿇어 그 어떤 말씀을 하셔도 아멘과 예를 하기 위해서 기다리는 심령 상태가 되어야 한다는 말씀이지요. 그런 성도가 깨어 있는 성도이며 오늘이 생의 마지막 날이라 해도 예수님을 특별하게 사랑하는 막달라 마리아와 비싼 향유를 예수님께 부은 여자들의 심령상태가 되어야 한다는 말씀입니다. 하나님께서 창조의 목적이 이런 아들들을 얻기 위하여 창조를 하셨고 주님께서 십자가를 지신 것도 이런 아들들을 얻기 위함입니다.

막달라 마리아와 예수님께 향유를 부어드린 두 여자의 심령이 되지 못하면 결국 하나님의 장성한 아들이 되지 못한 사람으로 생각합니다. 막달라 마리아 외에도 가룟 유다를 제외한 제자들과 사도 바울이 목숨 바쳐 예수님을 사랑한 대표적인 인물들입니다. 바울과 제자들의 삶을 살펴보면 온 마음으로 주님의 말씀에 아멘과 예를 다 하고 최선을 다하여 그리스도화 된 헌신의 삶이었습니다. 천국을 소망하는 성도라면 제자화 또는 바울화가 되지 못하면 하나님의 아들도 되기 어렵고 천국도 가기 어렵다는 말씀을 드립니다. 은혜와 진리시대를 살아가는 이 시대 사람들은 결국 제자들과 바울을 닮아야 한다는 말씀을 드립니다.

> 빌 3:17-20 형제들아 너희는 함께 나를 본받으라. 그리고 너희가 우리를 본받은 것처럼 그와 같이 행하는 자들을 눈여겨보라. 내가 여러 번 너희에게 말하였거니와 이제도 눈물을 흘리며 말하노니 여러 사람들이 그리스도의 십자가의 원수로 행하느니라. 그들의 마침은 멸망이요 그들의 신은 배요 그 영광은 그들의 부끄러움에 있고 땅의 일을 생각하는 자라. 그러나 우리의 시민권은 하늘에 있는지라. 거기로부터 구원하는 자 곧 주 예수 그리스도를 기다리노니.

이 약속의 말씀을 보고도 깨닫지 못하면 답이 없습니다. 지금까지 살아오면서 교회를 다닌 사람이나 그 어떤 사람도 천국을 소망하면서 이 땅에 것을 내려놓고 사는 사람들은 많지 않은 것이 사실입니다. 즉 바울화가 된 사람들이 거의 없다는 말씀입니다. 예수님의 열두 사도들도 처음에는 이 땅의 소망으로 주님의 우편 좌편에 앉게 해달라고 했고 주님의 십자가 고난 중에도 주님을 모른다고 하면서 부인했으나 가룟 유다를 뺀 제자들은 결국 순교하면서까지 천국에 계신 주님께로 돌아갔습니다. 모두가 죽으면 죽으리라 순교하기를 원했고 사도 요한은 삶의 순교를 했는데 이 시대를 사는 사람들이 교회를 다니든지 예수님을 믿는다고 하든지 간에 하나님의 아들이 되기 위해서는 목숨을 걸고 사는 사람이 되어야 한다는 것입니다.

성경은 어디까지나 하나님께서 인정하시는 거룩한 아들을 만드는 것이 창조의 목적이시지 이 땅에서 복을 받아 잘 살게 하는 것이 목적은 아니라는 말씀이지요.

사람이 이 땅에서 살면서 편하고 안락한 생활을 바라는 것이 인간의 본성이지만 적어도 주님을 믿고 살아계신 주님을 경험한 성도라면 주님은 나의 죄를 대속해주시기 위해 십자가를 지셨는데 나는 주님을 위해 죽을 믿음이 없음을 회개하며 죄인 중의 괴수임을 인정해야 합니다. 그럼에도 인정은커녕 자기 자신이 꽤 괜찮은 사람이라고 착각까지 하고 있으니 천국하고는 전혀 상관이 없는 사람들입니다.

요 3:16 **하나님이 세상을 이처럼 사랑하사 독생자를 주셨으니 이는 그를 믿는 사람마다 영생을 얻게 하려 하심이라.**
마 22:37 **예수께서 이르시되 네 마음을 다하고 목숨을 다하고 뜻을 다하여 주 너희 하나님을 사랑하라 하셨으니.**

주님은 나의 죄를 대속해주시기 위하여 십자가를 지셨고 목숨을 바치셨는데 자신은 이 땅에 부귀와 영화를 누리는 것에 목적을 둔 믿음으로 살아왔다면 주님은 무어라 하실지 자신이 그 입장이 되어 생각해 보라는 말씀입니다.

성경은 오로지 하나님의 거룩한 아들을 얻기 위해 기록된 말씀인데 단 한 줄의 글로 말씀하면 주님께서 나의 죄를 위하여 십자가를 지시고 대신 죽으셨음이 믿어졌다면 이제 남은 삶은 주님의 뜻대로 살기 위하여 죽기까지 순종할 믿음을 주시라고 눈물을 흘리며 간구해야 한다는 것입니다.

그러나 중요한 것은 처음부터 죽기까지 순종하고 싶은 사람이 별로 없다는 것을 알아야 합니다. 인간은 아담과 하와 이후로 온전히 세상의 임금인 마귀의 지배로 인하여 세상 것에 마음을 이미 빼앗겨 버렸기 때문입니다.

주님께서 당신의 죄를 대속하기 위하여 십자가를 지셨는데 주님의 대속함이 믿어진 사람이라면 이 세상을 부인하지 못하고 주님의 뜻에 죽기까지 순종할 믿음이 없음에 죄송하고 미안해서 눈물을 흘리며 회개해야 합니다. 주님께서 나를 위해 대신 죽어주셨는데 나는 주님을 위해 죽을 수 있는 믿음이 없고 이 땅에 썩어질 부귀와 영화를 꿈꾸고 있다면 너무도 미안하고 죄송한 마음이 있어야 의리가 있는 사람이라고 볼 수 있는 거 아닐까요? 지금까지 살면서 교회를 다니는 사람들이 주님께서 나를 위해 죽어주셨다고 감사하다고 하는 말은 많이 들어봤지만 주님을 위해 죽기까지 순종할 믿음이 없다고 죄송해서 우는 사람을 본적이 없으니 출애굽을 한 이백만여 명의 이스라엘 백성들 중에 여호수아와 갈렙 외에는 가나안 땅에 못 들어가는 이유를 알 것 같습니다. 이 세상 것을 아무리 많이 가지고 있다고 한들 자기 영혼이 구원을 받지 못한다면 무슨 유익이 있겠는지요?

마 16:26 사람이 만일 온 천하를 얻고도 제 목숨을 잃으면 무엇이 유익하리요? 사람이 무엇을 주고 제 목숨과 바꾸겠느냐?

지금까지의 나의 삶의 뒤를 돌아보면 젊어서는 삶이 고달프고 아이들 교육에 어려운 살림살이에 사는 것이 힘드니 인생이 참으로 길다는 생각을 했었습니다. 그런데 이제 아이들 모두 결혼시켜서 보내고 나니 벌써 어떻게 노후를 보내고 죽을 것인가 하는 마음으로 이 세상을 떠날 준비를 하는 마음인 것이 인생이 참 덧없고 정말 짧다는 생각이 들었습니다.

그 어린 나이 스물다섯에 주님을 만나서 평생을 주님께 죽기까지 순종할 믿음을 주시라고 간구하며 살아온 삶을 살 수 있었던 것을 생각하면 참으로 하나님께 감사할 뿐입니다. 지금에 와서 생각하면 지금까지 주님께 돌아갈 준비를 했으니 언제 돌아가도 만족하고 오늘 간다고 해도 감사가 넘칠 수 있으니 이 세상에서 죽음이 두렵지 않는 삶을 사는 내가 부자가 아닌가 하는 생각입니다.

세상의 대부분 사람들은 본향으로 돌아갈 준비를 전혀 못하고 이 세상에서 어떻게 하면 잘 살 수 있을까 하는 생각으로 살다가 늙어서 죽음이 다가와도 살 생각만 하지 죽을 생각을 하는 사람이 거의 없는 것 같습니다. 주위에 연세가 드신 노인 분들도 입으로는 죽고 싶다고 말을 하는데 막상 돌아가시게 되는 상태가 되면 조금만 더 살고 싶다고 애원하시는 것을 보면서 우리 속담에 노인 죽고 싶다는 말이 다 거짓말이라는 것도 진즉에 확인을 했고 정말 천국에서 가보고 싶다고 하는 사람을 내 아버지와 어머니 두 분을 보았습니다, 연세가 드시고 몸이 아프니 올 겨울은 이곳에서 보내고 싶지 않다고 자식들한테 기도를 부탁하신 아버지를 보았고 어머니를 보았습니다.

사람이 죽음이 두렵지 않고 돌아갈 준비를 하는 것보다 귀한 것이 없습니다. 평생을 성실하게 살아가면서 한 가지 돌아갈 준비를 해놓은 것보다 더 지혜로운 것이 또 어디에 있을까요? 이 믿음은 하루아침에 생기는 것이 아니라 평생을 소원하며 간구해야 가능한 일입니다.

6
세상에 속한 사람들

　세상 임금인 마귀는 사람들에게 죽을 생각을 하지 못하게 하므로 오로지 어떻게 하면 이 땅에서 잘 살 수 있을까 하는 생각에 잡혀서 내 영혼을 지으신 하나님께로 돌아갈 수 없게 만드는 것입니다. 마귀는 사람들이 천국에 못가도록 하나님의 창조론을 사람이 만든 진화론이 옳은 것처럼 지식화 시키고 있듯이 거짓을 진실처럼 사람들을 속이고 있습니다. 천국보다 세상을 더 사랑하도록 유혹하고 거짓말로 속이고 있으며 참으로 놀라운 사실은 아직까지 육체가 죽지 않는 사람이 한 사람도 없는데 자신은 죽을 생각을 하지 못하는 것을 볼 수 있습니다. 살아생전에 마음에서 욕심과 악을 빼고 주님을 알고 온전히 변화되기 위하여 주님께 간구하며 악은 모양이라도 버릴 수 있게 해주시라고 기도해야 합니다. 그런데 천국에 가는 일에는 관심이 없고 오로지 세상 것만 바라보게 만드는 것은 마귀가 하는 짓이라는 사실을 알아야 합니다.

요 8:44 너희는 너희 아비 마귀에게서 났으니 너희 아비의 욕심대로 너희도 행하고자 하느니라. 그는 처음부터 살인한 자요 진리가 그 속에 없으므로 진리에 서지 못하고 거짓을 말할 때마다 제 것으로 말하나니 이는 그가 거짓말쟁이요 거짓의 아비가 되었음이라.

요 10:10a 도둑이 오는 것은 도둑질하고 죽이고 멸망시키려는 것뿐이요.

거룩하신 하나님께서 인간을 창조하신 것은 하나님을 닮은 거룩한 아들을 낳기 위함인데 하나님의 거룩한 아들이 되기 위한 노력은 하나도 않고서 오로지 내가 잘되고 자식이 잘되는 꿈만 꾸고 있으니 참으로 답답한 일입니다. 온전히 주님의 말씀대로 순종하고 그분의 뜻대로만 살면 들어가도 복을 받고 나가도 복을 받는다고 하셨는데 모든 성도들이 거룩하신 하나님의 뜻을 구하는 것이 아니라 이 세상 것 외에는 관심이 없으니 참으로 안타까울 뿐입니다.

신 28:1-10 네가 네 하나님 여호와의 말씀을 삼가 듣고 내가 오늘 네게 명령하는 그의 모든 명령을 지켜 행하면 네 하나님 여호와께서 너를 세계 모든 민족 위에 뛰어나게 하실 것이라. 네가 네 하나님 여호와의 말씀을 청종하면 이 모든 복이 네게 임하며 네게 이르리니, 성읍에서도 복을 받고 들에서도 복을 받을 것이며, 네 몸의 자녀와 네 토지의 소산과 네 짐승의 새끼와 소와 양의 새끼가 복을 받을 것이며, 네 광주리와 떡 반죽 그릇이 복을 받을 것이며, 네가 들어와도 복을 받고 나가도 복을 받을 것이니라. 여호와께서 너를 대적하기 위해 일어난 적군들을 네 앞에서 패하게 하시리라. 그들이 한 길로 너를 치러 들어왔으나 네 앞에서 일곱 길로 도망하리라. 여호와께서 명령하사 네 창고와 네 손으로 하는 모든 일에 복을 내리시고 네 하나님 여호와께서 네게 주시는 땅에서 네게 복을

주실 것이며, 여호와께서 네게 맹세하신 대로 너를 세워 자기의 성
민이 되게 하시리니 이는 네가 네 하나님 여호와의 명령을 지켜 그
길로 행할 것임이니라. 땅의 모든 백성이 여호와의 이름이 너를 위
하여 불리는 것을 보고 너를 두려워하리라.
신 28:15 네가 만일 네 하나님 여호와의 말씀을 순종하지 아니하여
내가 오늘 네게 명령하는 그의 모든 명령과 규례를 지켜 행하지 아
니하면 이 모든 저주가 네게 임하여 네게 이를 것이니.

오로지 주님 한분만 믿고 바라보고 그분의 말씀에 순종만 하면 이 성경에 언약된 모든 복이 내 것이 될 것인데 대부분의 성도들이 어떻게 하면 이 땅에서 잘 살 수 있을까 하는 욕심밖에 없으니 순종하지 아니하므로 결국에 신명기 28장 15절 이하에 기록된 저주만 돌아온다는 것입니다.

신명기 28장 1-14절까지는 복을 받는 말씀이고 15-68절은 불순종하면 저주가 임한다는 말씀인 것을 알고 있을 것인데 이 땅에 것을 하나님보다 더 사랑하고 자기의 생각으로 사는 우상숭배자들은 복된 말씀과 저주의 말씀을 깨닫고 속히 하나님께로 돌아와야 합니다.

신명기 28장 14절까지의 말씀이 자기 자신에게 온전한 복이 되려면 자기 자신이 하나님 한분으로 만족하고자 간구하고 아멘과 예가 되기 위하여 삶 전부를 주님께 맡기고 순종하게 해주시라고 간구해야 한다는 말씀입니다. 이 말씀을 무거워할 필요는 없습니다. 삶 전부라고 하니까 다른 일을 모두 접으라는 일도 아니고 밥을 먹지 말라는 것도 아니며 모든 삶을 살아가되 오로지 목표가 하나님의 아들이 되기 위해서 살아야 한다는 말씀입니다.

빌 1:20 나의 간절한 기대와 소망을 따라 아무 일에든지 부끄러워하

지 아니하고 지금도 전과 같이 온전히 담대하여 살든지 죽든지 내 몸에서 그리스도가 존귀하게 되게 하려 하나니.

고전 10:31 그런즉 너희가 먹든지 마시든지 무엇을 하든지 다 하나님의 영광을 위하여 하라.

히 11:6 믿음이 없이는 하나님을 기쁘시게 하지 못하나니 하나님께 나아가는 자는 반드시 그가 계신 것과 또한 그가 자기를 찾는 자들에게 상 주시는 이심을 믿어야 할지니라.

롬 14:23 의심하고 먹는 자는 정죄되었나니 이는 믿음을 따라 하지 아니하였기 때문이라. 믿음을 따라 하지 아니하는 것은 다 죄니라.

다시 말씀을 드려도 바울처럼 믿음과 성령으로 충만한 삶을 살지 않는 사람은 천국에 가기 어렵다는 말씀입니다. 바울처럼 되기 위해서는 주님께서 나의 죄를 사하시기 위하여 십자가를 져 주셨다는 것이 믿어진 성도라면 주님께 목숨을 맡기지 못하면 바울화가 될 수 없다는 말씀을 드립니다.

몇 번을 반복해도 양심이 있고 의리가 있는 성도라면 주님께서 십자가를 지심이 나를 위해 지셨다는 것을 믿고 죽기까지 순종할 믿음을 가져야 합니다. 그러나 그런 믿음이 없다고 하면 회개하고 죽기까지 순종할 믿음을 주시라고 간구하고 또 기도해야 하는 것입니다.

잠 8:17 나를 사랑하는 자들이 나의 사랑을 입으며 나를 간절히 찾는 자가 나를 만날 것이니라.

성경의 가장 큰 첫 번째 목적은 인간이 하나님의 거룩한 아들로 거듭나야 한다는 것이 목적인데 하나님을 기쁘시게 할만한 아들이 되려면 이 세상에서 육을 부인해야 하고 육을 부인하지 못하면 그리스도 안에 들어갈 수가 없습니다.

그리스도 안에 들어가려면 첫 번째가 자기 자신의 죄를 온전히 회개하여야 하고 두 번째 목숨을 주님께 맡겨드릴 믿음이 있어야하며 성경에 비추어 보았을 때에 마음과 행실이 정결하고 거룩해야 합니다. 믿음으로 살지 않는 모든 것이 죄이고 마귀의 종살이가 죄인데 이 모든 죄를 대속하신 예수님을 영접하고 감사하면서 믿음으로 살기 위해서 쉬지 말고 기도하고 말씀을 순종해야 하는 것입니다.

고전 10:31 **그런즉 너희가 먹든지 마시든지 무엇을 하든지 다 하나님의 영광을 위하여 하라.**
롬 14:23 **의심하고 먹는 자는 정죄되었나니 이는 믿음을 따라 하지 아니하였기 때문이라. 믿음을 따라 하지 아니하는 것은 다 죄니라.**
빌 1:20 **나의 간절한 기대와 소망을 따라 아무 일에든지 부끄러워하지 아니하고 지금도 전과 같이 온전히 담대하여 살든지 죽든지 내 몸에서 그리스도가 존귀하게 되게 하려 하나니.**

그런데 이 모든 것을 성령님께서 바꿔주셔야 한다는 말씀입니다. 사람의 힘으로는 절대 아니 되기에 주님께서 십자가를 져 주셨고 성령님이 보혜사로 오셔서 도와주시는 것입니다.

7

이 세상에서 살면서

　세상 것과 자기를 부인한다는 것은 사람의 힘으로는 도저히 불가능한 일이므로 주님께 목숨을 맡기기 위해 첫째는 주님께서 내 죄를 대속해 주셨으므로 죽기까지 순종할 믿음이 없음을 회개해야 합니다. 그리고 자기 자신의 마음에 죽기까지 순종할 믿음을 주시라고 간구를 해야 합니다. 주님께서 내 죄를 대속해 주심이 믿어진 상태라면 자기 자신이 의리가 있고 양심이 있다면 당연히 죽기까지 순종하고 싶은 믿음이 있어야 하는데 성령님의 도와주심 없이 그런 믿음을 소유할 수 없습니다.

　제가 여러 번 말씀을 드리지만 저도 주님의 십자가의 대속함이 믿어지고 나서 가장 먼저 내가 죽기까지 순종할 믿음이 있는지 내 마음을 들여다보니 나 또한 주님을 위해서 십자가를 질수도 없는 연약함을 발견하였습니다. 그래서 햇수로 4년 동안 주님 위해서 죽기까지 순종할 믿음을 주시라고 하루도 쉬지 않고 새벽과 일과를 마치고 밤에 또 낮에도 생각이 날 때마다 기도했고 눈물을 흘리며 간구하였을 때 약속을 받았습니다.

그 다음 두 번째는 죽기까지 순종할 믿음을 주시라고 30년을 아멘과 예가 되는 믿음을 주시라고 금식과 기도로 간구하니 아멘과 예가 되더라는 것입니다. 그런데 주님을 만난 지 사십 여년이 지난 지금도 주님께 아멘과 예가 되기 위해 목숨을 다하여 기도를 드립니다. 이 기도는 나의 의지를 버리고 하나님의 뜻을 이루게 해주시라는 말씀이지요. 이 기도는 나는 내 것이 아니옵고 주님의 것이오니 나의 목숨과 나의 삶, 재산 모든 것이 주님의 것이오니 오늘도 범사에 아멘과 예가 되는 생활이 되기를 원하는 마음입니다.

너희는 주안에서 서로 사랑하라 하신 진정한 의미는 이 세상의 그 어떤 것보다 주님의 뜻이 제 1순위가 되어야 한다는 말씀입니다. 주님보다 더 사랑하는 것이 있다면 우상 숭배이니 주님께서 그 어떤 것도 주님보다 더 사랑하는 것은 주님의 지키심을 받지 못한다는 말씀입니다. 목숨을 주님께 맡기는 것은 이 땅의 모든 소유를 주님께 맡겨드리기 위한 가장 쉬운 방법이라는 것입니다.

주님께 목숨을 맡긴다는 것은 내 목숨이 주님의 것이 되면 이 땅의 나의 모든 소유가 주님의 것이 되니 주님의 지키심을 받게 되는 것입니다. 이 고백이 말로만 주님께 목숨을 맡긴다는 것은 거짓말이 되니 분명히 마귀의 시험이 따르게 됩니다. 즉 내가 목숨을 맡긴다는 것은 오늘 마귀가 다니엘과 세 친구처럼 풀무불속이나 사자 굴속에 던져지는 시험을 당할 수 있다는 말씀입니다. 그렇다고 그 시험을 피하려고 하는 거짓된 고백은 금물입니다.

주님 앞에는 나 자신을 있는 그대로 말씀을 해야 합니다. 주님께서 나의 죄를 대속하시기 위하여 십자가를 져 주셨는데 나는 주님의 뜻이라면 오늘 당장 죽어드릴 믿음이 있어야 한다는 말씀입니다. 그런데 주님 저는 미안한 마음도 죄송한 마음조차도 없었습니다. 미안하고 죄송한 마음이라도 주셔야 할 수가 있습니다. 나의 죄를 대속해주시기 위하여 십자가를 지신 예수 그리스도의 이름으로 구하옵니다. 라고 하루에 열 번 씩만이라도 구하시기를 원합니다. 그래서 저는 바울 선생의 말씀을 이해하게 되었습니다.

고전 15:31 **형제들아 내가 그리스도 예수 우리 주 안에서 가진바 너희에 대한 나의 자랑을 두고 단언하노니 나는 날마다 죽노라.**
고전 7:23 **너희는 값으로 사신 것이니 사람들의 종이 되지 말라.**
빌 3:17 **형제들아 너희는 함께 나를 본받으라. 그리고 너희가 우리를 본받은 것처럼 그와 같이 행하는 자들을 눈여겨보라.**
빌 4:9 **너희는 내게 배우고 받고 듣고 본 바를 행하라. 그리하면 평강의 하나님이 너희와 함께 계시리라.**

그리스도를 본받고 사는 바울의 삶을 그대로 닮은 바울화가 되어야 만이 하나님의 거룩한 아들이 될 수 있는 것입니다.

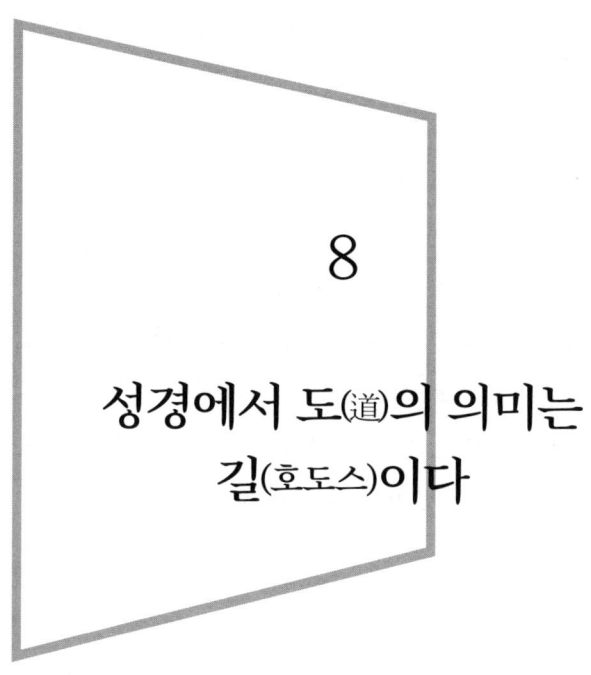

8

성경에서 도(道)의 의미는 길(호도스)이다

　결국은 성경을 보면 하나님의 아들이 되는 것은 가장 최고의 수준에 이르는 도라고 기록이 되어 있습니다. 십자가의 도가 구원의 길이고 영생의 길이며 천국에 가는 길이라는 말씀입니다.

막 2:2 많은 사람이 모여서 문 앞까지도 들어설 자리가 없게 되었는데 예수께서 그들에게 도를 말씀하시더니 .
행 18:25 그가 일찍이 주의 도를 배워 열심으로 예수에 관한 것을 자세히 말하며 가르치나 요한의 세례만 알 따름이더라.
행 18:26 그가 회당에서 담대히 말하기 시작하거늘…하나님의 도를 더 정확하게 풀어 이르더라.
고전 1:18 십자가의 도가 멸망하는 자들에게는 미련한 것이요 구원을 받는 우리에게는 하나님의 능력이라.

주님의 십자가의 도만큼 더 완전하고 수준 높은 도가 어디에 있겠는지요? 이 길은 평생 목숨을 주님께 맡기기 위해서 날마다 믿음으로 간구해야 만이 그리스도 안에 들어가는데 이를 수 있는 것입니다.

딤전 2:4 **하나님은 모든 사람이 구원을 받으며 진리를 아는 데에 이르기를 원하시느니라.**
벧후 3:9 **주의 약속은 어떤 이들이 더디다고 생각하는 것 같이 더딘 것이 아니라 오직 주께서는 너희를 대하여 오래 참으사 아무도 멸망하지 아니하고 다 회개하기에 이르기를 원하시느니라.**

세상 끝에서는 하나님을 찾고 찾는 자들에게 당신을 모두 공개하신다고 하신 말씀을 잊어서는 안 됩니다.

히 8:11 **또 각각 자기 나라 사람과 각각 자기 형제를 가르쳐 이르기를 주를 알라 하지 아니할 것은 그들이 작은 자로부터 큰 자까지 다 나를 앎이라.**

적어도 저는 주님의 십자가의 대속함이 나의 죄를 사하시기 위함이라는 것이 믿어진 후부터 나는 어떻게 살아야 하는가? 라는 의문점이 생김과 동시에 주님께서 원하시는 삶을 살아야겠다는 생각으로 주님 뜻대로 살게 해 달라고 간구하기 시작을 했습니다.

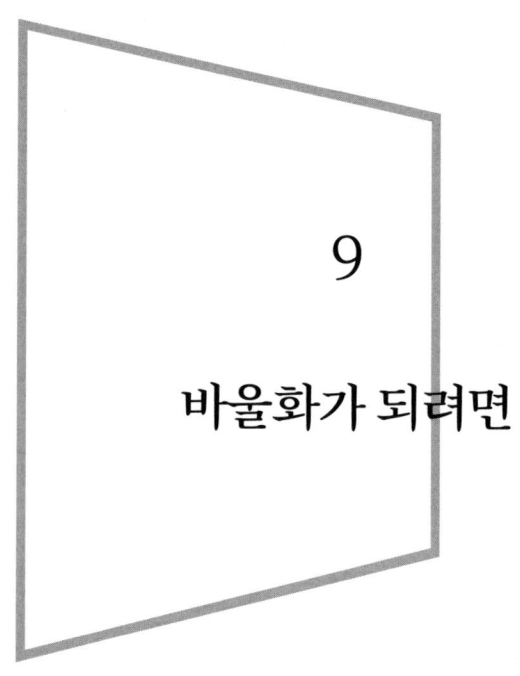

9

바울화가 되려면

바울화란 의미는 바울이 그리스도를 본받은 것처럼 성도들도 바울처럼 그리스도를 본받으라는 뜻입니다.

주님의 뜻대로 살아야 된다고 생각하니 다시 궁금해지는 것은 주님께서 나에게 무엇을 원하시고 나의 사명이 무엇인지 궁금해지기 시작했습니다. 남들이 교회를 다니는 것처럼 그냥 무조건 다니는 것이 아니라 하나님께서 나에게 어떻게 살기를 원하시며 나의 사명이 무엇인지 7년 동안을 날마다 하루에 몇 번이고 생각이 날 때마다 간구하고 새벽기도와 일과를 마치고 저녁 기도시간에도 나의 사명과 나는 어떻게 살기를 원하시는지 여쭈어 보았지요. 이 길은 분명히 세상 사람들이 가는 넓은 길이 아니고 좁고 협착한 길임을 깨닫게 되었습니다.

눅 13:24 좁은 문으로 들어가기를 힘쓰라. 내가 너희에게 이르노니 들어가기를 구하여도 못하는 자가 많으리라.

그렇게 해서 깨달아 진 말씀들은 목숨을 걸고 행해야 하는 것이 이 세상 소망을 다 부인하고 주님을 따르는 길임을 알게 되었습니다. 진실로 목숨을 주님께 맡겨드릴 믿음이 없었다면 육체를 입은 인간이 이 세상 것을 부인할 수가 절대 없습니다. 정말 좁은 문이었습니다. 그리고 나니 다음의 말씀이 실천이 되는 것이었습니다.

롬 12:13 성도들의 쓸 것을 공급하며 손 대접하기를 힘쓰라.
살전 4:1 그러므로 형제들아 우리가 끝으로 주 예수 안에서 너희에게 구하고 권면하노니 너희가 마땅히 어떻게 행하며 하나님을 기쁘시게 할 수 있는지를 우리에게 배웠으니 곧 너희가 행하는 바라. 더욱 많이 힘쓰라.
살전 4:11 또 너희에게 명한 것 같이 조용히 자기 일을 하고 너희 손으로 일하기를 힘쓰라.
딤후 2:15 너는 진리의 말씀을 옳게 분별하며 부끄러울 것이 없는 일꾼으로 인정된 자로 자신을 하나님 앞에 드리기를 힘쓰라.
딤후 4:2 너는 말씀을 전파하라. 때를 얻든지 못 얻든지 항상 힘쓰라. 범사에 오래 참음과 가르침으로 경책하며 경계하며 권하라.
벧후 3:14 그러므로 사랑하는 자들아 너희가 이것을 바라보나니 주 앞에서 점도 없고 흠도 없이 평강 가운데서 나타나기를 힘쓰라.
골 3:12 그러므로 너희는 하나님이 택하사 거룩하고 사랑 받는 자처럼 긍휼과 자비와 겸손과 온유와 오래 참음을 옷 입고.
골 3:15 그리스도의 평강이 너희 마음을 주장하게 하라. 너희는 평강을 위하여 한 몸으로 부르심을 받았나니 너희는 또한 감사하는 자가 되라.
엡 2:5 허물로 죽은 우리를 그리스도와 함께 살리셨고(너희는 은혜로 구원을 받은 것이라).

엡 2:8 **너희는 그 은혜에 의하여 믿음으로 말미암아 구원을 받았으니 이것은 너희에게서 난 것이 아니요 하나님의 선물이라.**

골 3:24 **이는 기업의 상을 주께 받을 줄 아나니 너희는 주 그리스도를 섬기느니라.**

살전 1:6 **또 너희는 많은 환난 가운데서 성령의 기쁨으로 말씀을 받아 우리와 주를 본받은 자가 되었으니.**

살전 2:20 **너희는 우리의 영광이요 기쁨이니라.**

살전 5:4 **형제들아 너희는 어둠에 있지 아니하매 그 날이 도둑 같이 너희에게 임하지 못하리니.**

살전 5:5 **너희는 다 빛의 아들이요 낮의 아들이라 우리가 밤이나 어둠에 속하지 아니하나니.**

이런 삶이 되어 지기까지는 30년이라는 시간이 걸리더라는 것입니다. 처음에 바울 선생의 삶을 생각하고 나를 비교해 보니 바울 선생의 엄지손톱 정도 밖에는 안 되는 나를 발견하게 되었지요. 처음에는 나 자신이 바울 선생의 삶을 살아갈 수 있을 것이라는 생각을 꿈에도 할 수가 없었고 엄두도 나지 않았습니다.

그러면 오늘의 삶을 주님의 인도하심을 따라 죽기까지 순종할 믿음을 주시라고 매일 간구하고 기도하는 삶을 30년을 살고 어느 날 나를 들여다보니 나 자신의 삶이 아닌 주님의 인도하심을 받고 있더라는 것입니다. 제 자신의 모든 생각과 계획은 모두 사라지고 남아 있는 것은 오로지 어떻게 하면 주님의 뜻을 이룰 수 있을까 하는 마음 밖에는 없고 주님의 말씀에 아멘과 예만 하게 해주시라고 간구하게 된 것입니다.

고후 1:20 **하나님의 약속은 얼마든지 그리스도 안에서 예가 되나니**

그런즉 그로 말미암아 우리가 아멘 하여 하나님께 영광을 돌리게 되느니라.
고전 15:10a 그러나 내가 나 된 것은 하나님의 은혜로 된 것이니.

젊어서는 제 생각대로 살았는데 그때의 삶은 아무리 많은 생각을 했어도 생각대로 살아지는 일이 거의 없었지요. 바울 선생이 그러했듯이 먼저 자신을 주님께 드려지기 위해 온 마음과 정성을 다해 목숨을 주님께 맡겨 마귀의 종살이 습관을 버리게 해주시기를 간구하고 매달리는 삶을 살게 해주시라고 간청하고 간구하는 자만이 주님께서 주관을 해주시는 것입니다.

막 12:33 또 마음을 다하고 지혜를 다하고 힘을 다하여 하나님을 사랑하는 것과 또 이웃을 자기 자신과 같이 사랑하는 것이 전체로 드리는 모든 번제물과 기타 제물보다 나으니이다.
고전 10:31 그런즉 너희가 먹든지 마시든지 무엇을 하든지 다 하나님의 영광을 위하여 하라.
빌 1:20 나의 간절한 기대와 소망을 따라 아무 일에든지 부끄러워하지 아니하고 지금도 전과 같이 온전히 담대하여 살든지 죽든지 내 몸에서 그리스도가 존귀하게 되게 하려 하나니.
살전 5:10 예수께서 우리를 위하여 죽으사 우리로 하여금 깨어있든지 자든지 자기와 함께 살게 하려 하셨느니라.
롬 14:23 의심하고 먹는 자는 정죄되었나니 이는 믿음을 따라 하지 아니하였기 때문이라. 믿음을 따라 하지 아니하는 것은 다 죄니라.

이 모든 구절의 말씀을 하나로 묶어서 말씀을 드리자면 너희는 마음을 다하고 성품을 다하고 힘을 다 하여서 하나님을 사랑하되 먹든지 마시든지 살든지 죽든지 너희 하나님의 영광을 위하여 하라.

믿음으로 하지 않는 것은 다 죄니라. 주님의 뜻이 아닌 것은 그 어떤 것이라도 모두 죄라는 말씀입니다. 결국 주님의 허락하심이 없이 하는 것은 모두가 죄라는 말씀이며 주님께 기도하고 응답을 받아서 움직이라는 말씀입니다. 자신이 인심을 쓰거나 스스로 인정을 받기 위한 것은 믿음이 아닙니다, 그것은 자신의 영광을 위해서 하는 것이니 하나님께서 정말 싫어하시는 것이지요.

하나님께서 인간을 지으신 목적은 결국 하나님의 거룩한 아들을 얻기 위해서 인간에게 필요한 모든 만물을 지으시고 아담에게 생기를 불어넣으신지 6천여 년이 지난 지금까지 거룩한 아들을 얻기 위해서 기다리고 계시는 것입니다. 그러므로 하나님의 가장 큰 영광은 하나님의 장성한 거룩한 아들이 되기 위한 삶을 살기 위해 기도하고 간구하는 것입니다.

> 사 42:8 나는 여호와이니 이는 내 이름이라. 나는 내 영광을 다른 자에게, 내 찬송을 우상에게 주지 아니하리라.
> 사 43:7 내 이름으로 불려지는 모든 자 곧 내가 내 영광을 위하여 창조한 자를 오게 하라. 그를 내가 지었고 그를 내가 만들었느니라.
> 사 48:9 내 이름을 위하여 내가 노하기를 더디 할 것이며 내 영광을 위하여 내가 참고 너를 멸절하지 아니하리라.
> 사 48:11 나는 나를 위하며 나를 위하여 이를 이룰 것이라. 어찌 내 이름을 욕되게 하리요. 내 영광을 다른 자에게 주지 아니하리라.

하나님께서는 당신이 계획하신 때에 계획하신 수만큼의 거룩한 아들들이 결국 태어나게 하시고 그 아들들을 통해서 영광을 받으실 것입니다. 이 세상에 태어나서 오로지 하나님의 뜻을 따라 살기 위해서 기도하고 간구하는 사람을 하나님께서는 가장 크게 기뻐하시며 그 사람이 하나님의 영광을 위해 사는 사람입니다. 창조의 목적대로 사는 사람이니 하나님께서 얼마나 기뻐하실지 표현하기가 어려울 정도입니다.

롬 1:17 복음에는 하나님의 의가 나타나서 믿음으로 믿음에 이르게 하나니 기록된바 오직 의인은 믿음으로 말미암아 살리라 함과 같으니라.
갈 3:11 또 하나님 앞에서 아무도 율법으로 말미암아 의롭게 되지 못할 것이 분명하니 이는 의인은 믿음으로 살리라 하였음이라.
히 10:38 나의 의인은 믿음으로 말미암아 살리라. 또한 뒤로 물러가면 내 마음이 그를 기뻐하지 아니하리라 하셨느니라.

결국 믿음이란 예수 그리스도가 나의 구주이심을 믿고 영접해서 주님과 함께 동행하면서 성령 안에서 하나님의 말씀을 순종하는 것이며 이런 믿음을 하나님께서 원하시는 것입니다. 사람이 의지대로 지키는 행함이 아니고 성령 안에서 성령의 도와주심을 간구하고 기도해서 그리스도화 되어 순종하는 그 믿음을 성경은 말하고 있는 것입니다.

마 13:17 내가 진실로 너희에게 이르노니 많은 선지자와 의인이 너희가 보는 것들을 보고자 하여도 보지 못하였고 너희가 듣는 것들을 듣고자 하여도 듣지 못하였느니라.
눅 10:24 내가 너희에게 말하노니 많은 선지자와 임금이 너희가 보는 바를 보고자 하였으되 보지 못하였으며 너희가 듣는 바를 듣고자 히였으되 듣지 못하였느니라.

하나님께서는 이 진리의 말씀을 이 마지막 때에 추수를 하려고 계획을 세우셨고 나 자신이 그리스도화 되어야 한다는 말씀입니다.

그리스도화가 되기 위해서는 나 자신이 십자가에서 예수님과 함께 죽었음을 믿고 주님께 온전히 맡겨드림으로 인하여 주님 앞에 아멘과 예가 되는 삶이 되어야 합니다. 나 자신을 십자가에 못박아버림과 같이 하나님께 맡겨드리는 것은 사람의 힘으로는 도무지 할 수가 없고 성령의 인도하심이 있어야 하므로 죽기까지 순종할 믿음을 갖고 밤낮 주님께 간구해야 합니다.

잠 8:17 나를 사랑하는 자들이 나의 사랑을 입으며 나를 간절히 찾는 자가 나를 만날 것이니라.
갈 5:24 그리스도 예수의 사람들은 육체와 함께 그 정욕과 탐심을 십자가에 못 박았느니라.

하나님께서는 나를 사랑하는 자가 나의 사랑을 입으며 나를 간절히 찾는 자가 나를 만날 것이라고 하시는데 이 말씀의 의미는 참으로 깊은 말씀입니다.

하나님을 사랑하는 자란 하나님께서 인간을 사랑하심 같은 사랑을 말씀하고 계시는 것입니다. 세상의 사람들이 하는 사랑이 아니고. 하나님께서 말씀하신 사랑은 독생자 예수를 내어주신 사랑이며 거룩한 아들들이 나오기를 육천여 년을 기다려주는 사랑입니다. 하나님을 간절히 찾는 자란 의미는 또 어떠한 뜻일까요? 간이 저리도록 하나님의 뜻을 찾고 또 찾기를 구하면 하나님을 만나게 된다는 것입니다. 세상과 짝을 해서 찾는 것이 아니라 하나님을 만나기 위해서 먹고 마시며 살아야 한다는 것이지요. 이렇게 사는 사람을 신앙인이라 하고 영에 속한 사람이 되며 이런 사람들을 하나님께서는 신이라 하시지요.

요 10:34-35 예수께서 이르시되 너희 율법에 기록된바 내가 너희를

신이라 하였노라 하지 아니하였느냐? 성경은 폐하지 못하나니 하나님의 말씀을 받은 사람들을 신이라 하셨거든.

　목숨을 주님께 맡기고 성령 안에서 간구하고 기도하면서 하나님의 말씀을 온전히 순종하는 사람들이라야 이 말씀에 해당 되는 것입니다. 주여 주여 한다고 되는 것이 아니라 주님께서 당신의 죄를 담당해주시기 위하여 십자가를 지셨다고 믿는다면 적어도 주님의 뜻대로 살기 위해서 목숨을 주님께 맡기고 감사하며 순종하는 것이 믿음입니다. 처음부터 이 감사와 순종이 안 되는 것은 이 세상에서 조상대대로 마귀의 종살이로 6천여 년을 살아 왔으니 뼈 속 깊은 곳까지 죄짓는 습관으로 가득차서 사람의 힘으로는 도무지 되지 않는다는 것입니다.
　그러니 제일 처음 해야 할 기도는 주님께서 나의 죄를 대속해주시기 위하여 십자가를 져 주셨는데 나는 죽어드릴 믿음이 없는 것을 회개하고 죽기까지 순종할 믿음을 주시라고 쉬지 않고 기도해야 합니다. 그리하면 주님을 만나게 됩니다.
　저는 십자가의 대속함이 믿어지고 난 다음날 주님께서 나를 위해 십자가를 지고 죽어주셨는데 그러면 나도 주를 위한 일이라면 당연히 죽기까지 순종을 해야 한다는 감동이 왔습니다. 그런데 죽기까지 순종할 믿음이 없어서 두려웠고 다니엘의 세 친구처럼 풀무불 속에도 들어갈 시련이 올 때 감당할 믿음이 없는 나를 보니 정말 죄송하고 또 죄송했습니다. 그래서 하루에 네다섯 번씩 눈물을 흘리며 4년을 간구하니 주님의 뜻 안에서 죽기까지 순종하고 싶은 마음이 되었습니다. 이때 주 성령님께서 스데반 집사의 순교 장면의 말씀을 주셨고 죽기까지 순종하고 싶은 마음이 되어 진 것입니다. 그것은 주님께서 도와주심으로 된 가장 큰 은혜입니다. 그때부터 주님을 위해 죽기까지 순종하게 해주시라고 바울 선생처럼 매일 기도하게 되

없습니다. 때로는 아침에 오늘도 하나님의 뜻이라면 목숨이라도 바치겠다는 기도를 하는 것은 주님께 온전히 오늘 하루 동안 아멘과 예가 되고 싶어서 하는 고백입니다.

고전 15:31 **형제들아 내가 그리스도 예수 우리 주 안에서 가진 바 너희에 대한 나의 자랑을 두고 단언하노니 나는 날마다 죽노라.**
갈 5:24 **그리스도 예수의 사람들은 육체와 함께 그 정욕과 탐심을 십자가에 못 박았느니라.**

또한 저도 바울 선생의 고백을 하게 된 것입니다. 바울 선생의 이 고백은 너희들도 그리스도와 함께 십자가에서 죽었으므로 산 제물로 드리라고 하시는 말씀을 이룬 것입니다.

롬 6:13 **또한 너희 지체를 불의의 무기로 죄에게 내주지 말고 오직 너희 자신을 죽은 자 가운데서 다시 살아난 자 같이 하나님께 드리며 너희 지체를 의의 무기로 하나님께 드리라.**
롬 12:1 **그러므로 형제들아 내가 하나님의 모든 자비하심으로 너희를 권하노니 너희 몸을 하나님이 기뻐하시는 거룩한 산 제물로 드리라. 이는 너희가 드릴 영적 예배니라.**

구약시대는 양을 잡아서 하나님께 드린 것이 속죄하는 제사였고. 지금 은혜와 진리시대에는 십자가를 지신 주님께서 대속의 제물이 되어주셨음을 믿고 목숨을 다하여 순종하는 것이 산제물이 된 것입니다.

히 10:11-12 **제사장마다 매일 서서 섬기며 자주 같은 제사를 드리되 이 제사는 언제나 죄를 없게 하지 못하거니와, 오직 그리스도는 죄**

를 위하여 한 영원한 제사를 드리시고 하나님 우편에 앉으사.

믿음생활을 한다고 하면서 자신의 육적인 생각을 죽이지 못하고 주 성령님의 인도함을 받지 못한다면 거듭남을 경험하지 못한 것입니다. 거듭남의 진정한 의미는 에덴동산에서 아담과 하와가 마귀의 유혹으로 하나님이 먹지 말라고 한 선악을 알게 하는 나무의 열매를 먹음으로 인하여 영이 죽어버렸으나 주님의 십자가의 대속함을 믿음으로 인하여 죽었던 영이 다시 살아나는 것을 거듭남이라고 합니다.

쉽게 설명을 드리자면 에덴동산에서 아담과 하와가 하나님의 말씀을 거역하여 영이 죽었으나 지금 은혜와 진리시대에는 하나님의 독생자 예수 그리스도를 나의 구주로 영접하고 믿으면 에덴동산에서 죽었던 영이 주님의 대속함으로 인하여 다시 살아나는 그 상태를 거듭남이라고 합니다. 다시 또 말씀을 드리자면 에덴동산에서 영이 죽었으므로 마귀 나라의 백성으로 태어나게 되었으나 이 세상 마귀 나라에서 하나님의 나라로 들어가서 영생을 얻는 것이 거듭남입니다. 다만 육체가 살아있는 동안에 이런 거듭남이 일어나야 한다는 말씀이지요.

요 3:5 **예수께서 대답하여 이르시되 진실로 진실로 사람이 거듭나지 아니하면 하나님의 나라를 볼 수 없느니라.**

성경은 거듭난 자들을 추수하는 시기가 정확하게 예정되어 있습니다.

막 4:28-29 **땅이 스스로 열매를 맺되 처음에는 싹이요 다음에는 이삭이요 그 다음에는 이삭에 충실한 곡식이라. 열매가 익으면 곧 낫**

을 대나니 이는 추수 때가 이르렀음이라.

결국 알곡이 되는 시기에는 추수를 하시고 안식에 들어가시겠다는 말씀의 약속이십니다.

히 4:9-11 그런즉 안식할 때가 하나님의 백성에게 남아 있도다. 이미 그의 안식에 들어간 자는 하나님이 자기의 일을 쉬심과 같이 그도 자기의 일을 쉬느니라. 그러므로 우리가 저 안식에 들어가기를 힘쓸지니 이는 누구든지 저 순종하지 아니하는 본에 빠지지 않게 하려 함이라.

하나님의 거룩한 아들은 이 세상에 사는 동안에 하나님께 인정받은 아들이 되는 것입니다. 육체를 입고 이 땅에 거하는 동안에 변화되어 제자화, 바울화, 그리스도화가 되지 못하면 하나님의 아들이 되지 못한다는 말씀이지요. 결국 하나님께서는 하나님의 아들을 낳고 기르고 양육하여 거룩한 아들로 성장시키시기 위한 장소가 바로 지구라는 별이지요.

이 말씀 또한 이 세상에서 사는 동안에 육신의 욕심과 자기 자신의 모든 생각을 내려놓고 하나님의 말씀으로 온전히 생각과 행동이 달라져야 한다는 말씀입니다.

엡 6:11-17 마귀의 간계를 능히 대적하기 위하여 하나님의 전신 갑주를 입으라. 우리의 씨름은 혈과 육을 상대하는 것이 아니요 통치자들과 권세들과 이 어둠의 세상 주관자들과 하늘에 있는 악의 영들을 상대함이라. 그러므로 하나님의 전신 갑주를 취하라. 이는 악한 날에 너희가 능히 대적하고 모든 일을 행한 후에 서기 위함이라. 그런즉 서서 진리로 너희 허리띠를 띠고 의의 호심경을 붙이고, 평안의 복음이 준비한 것으로 신을 신고, 모든 것 위에 믿음의 방패를 가지고 이로써 능히 악한 자의 모든 불화살을 소멸하고, 구원의 투구와 성령의 검 곧 하나님의 말씀을 가지라.

이 말씀은 보통사람들처럼 살아서는 절대 안 된다는 말씀이지요. 하나님의 인간 창조의 목적은 오로지 거룩한 아들을 얻기 위함이며 그 동안 6천여 년이라는 긴 시간을 기다리시며 일하시는 하나님을 믿고 있다면 하나님의 아들이 되기 위해 깨어서 기도하고 간구해야 하며 살아가는 목적이 오로지 하나님의 거룩한 아들이 되기 위해 성경 말씀 전체가 자기 자신의 삶이 되고 자신에 대한 이야기가 되어야 하지요. 그렇게 하기 위해서는 원수 악한 마귀와 싸워서 이겨야 되며 이기기 위해서는 하나님의 전신갑주를 입어야 한다는 것입니다.

이 은혜와 진리시대에는 자기 자신이 그리스도화, 바울화가 되어야 하며 성경에 기록된 선지자들의 행함이 나의 삶이 되어야 한다는 말씀이지요.

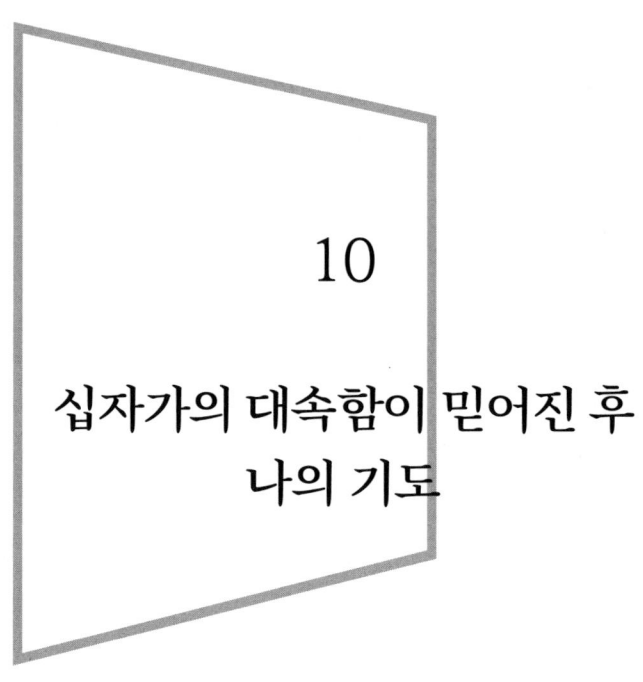

10

십자가의 대속함이 믿어진 후 나의 기도

본래 사람의 마음과 생각이 에덴동산에서 이미 세상의 임금인 마귀에게 지배를 당해 버렸기에 주님의 도와주심과 강권함이 없이는 하나님의 뜻을 일점일획도 자기 자신의 마음대로 이룰 수 없다는 것을 아셔야 합니다. 그래서 주님께서 십자가를 져주셨고 예수 그리스도의 이름으로 기도해야 만이 마귀의 계략을 이길 수가 있는 것입니다.

저에게도 주님의 도와주심이 없이는 결코 하나님의 뜻을 일점일획도 저 스스로는 이룰 수가 없었으며 사람이 스스로 하는 것은 하나님께서는 절대 받지 않으신다는 것을 알려주셨습니다. 이 응답을 받고서 깨달은 것은 하나님의 뜻을 이루기 위하여 주님께 자신을 맡겨드리기 위한 간구와 기도의 양이 차야만이 된다는 것을 깨달았습니다. 처음 주님을 영접하고 나서 기도한 것이 몇 가지가 있었는데 지금에 와서 생각해봐도 주님의 인도와 주관이 있으셨기 때문이었습니다. 그 중에 제일 먼저 했던 기도가 주님께서는 제 영혼을 구원하시기 위하여 십자가를 지셨는데 저는 죽어드릴 믿음이 없다고 죄송해서 죽기까지 순종할 수 있는 믿음을 달라고 눈물을 흘리며 간구했습니다.

두 번째 기도는 저의 두 딸과 남편의 구원을 위한 것입니다. 저의 목숨을 주님께 맡겨드리기를 원하오니 저희 두 딸과 남편을 구원해주시라고 간구했습니다. 그 기도는 날마다 새벽과 저녁 하루에 두 번 이상 일이 년을 했습니다. 주 성령님께서 약속해 주셨습니다.

우리 가족을 구원해주시되 이제부터는 너는 내 것이라고 내 뜻대로 살아야 한다고 말씀하시는데 그렇게 되게 해주시라고 기도드리고 나니 그 다음은 저의 부모님 구원을 위해서 간구하기 시작을 했지요. 저의 목숨을 바쳐 소원하오니 두 분 어머니 아버지를 낙원에 가시게 해주시면 부모님이 돌아가셔도 울지 않겠다고 하루에 세 번씩을 날마다 기도를 한지 삼년 만에 어느 주말에 시댁에 행사가 있어서 내려가는 길에 친정을 들려서 하룻밤을 자고 친정식구들이 다니는 교회에서 주일 예배를 드리고 시댁으로 가려는데 친정아버님께서 저를 부르시는 것입니다. 아버님께서 다른 가족들은 모두 교회를 다니고 나만 가지 않으니 꿈자리가 아주 나쁘고 모든 잡귀들이 나한테 다 붙는 것 같다고 하시며 나를 좀 데리고 가라고 하시는 것입니다.

원래 아버지가 다른 가족들이 교회를 가자고 하면 내가 헌금을 주고 집에 혼자 있어도 다니는 것과 마찬가지라고 말씀하시며 절대 안 가신 분이었습니다. 그런데 하나님께 목숨을 맡기고 주님께 간구했더니 결국 저를 따라서 교회에 등록을 하시고 십 오년 정도 신앙생활을 하시면서 온전히 하나님을 의지하고 사시다가 하나님께로 돌아가셨습니다. 그 해에 겨울을 여기서 보내기 싫다며 두 딸에게 겨울이 오기 전에 하나님께 데려가 주시라고 기도 좀 해주라고 부탁을 하시더니 10월 17일에 기도하시다가 하나님 품으로 돌아가셨습니다. 돌아가시기 전에 오남매 자녀들의 집을 십오일씩 또는 한 달씩 모두 순회하시고 그림처럼 멋지게 가셨습니다. 저의 삶에서 목숨을 걸고 기도해오던 중에 아버지께서 하나님께로 돌아가시는 모습은 참으로 아름다운 신앙인의 모습이었고 부모님이 소천하시는 모습을 보고 지금은 참으로 하나님께 감사를 드립니다.

그 다음은 형제를 구원하고 싶어졌습니다. 그래서 다시 목숨을 주님께 맡겨드리기를 원하며 오늘 죽어도 좋사오니 사랑하는 나의 형제들을 구원해주시기를 간구하기 시작했지요. 하나님께 약속해주시면 자꾸 대상들을 바꿔가며 계속 부탁을 드리는 것이 정말 죄송했습니다. 하지만 나의 형제들에 대한 구원 문제이니 미안하고 죄송해도 어찌 할 수가 없었습니다.

그런데 주님은 역시나 약속을 또 해주시는 것이었습니다. 사람의 마음이라는 것이 본시 그러려니 하지만 그 다음은 나를 사랑하고 내가 사랑하는 영혼들을 구원해주시라는 기도를 또 시작을 하는 것이었지요. 또 죽기까지 순종하기를 원하오니 그들의 영혼도 구원해 주시라는 기도를 드렸지요.

그 기도도 역시 이루어 주셨습니다. 구원을 약속해주시고 하시는 말씀이 네가 사랑하는 사람을 사랑하는 것은 믿지 않는 이방인들도 그리 하느니라. 그 말씀을 하시고 다시 말씀을 하시기를 형제를 사랑하지 않음은 믿지 않는 불신자 보다 악하니라, 이 말씀을 하시니 참으로 이해가 안가는 말씀이었는데 주님께서 깨닫게 해 주셨습니다.

마 5:46-47 **너희가 너희를 사랑하는 자를 사랑하면 무슨 상이 있으리요 세리도 이같이 아니하느냐? 또 너희가 너희 형제에게만 문안하면 남보다 더하는 것이 무엇이냐? 이방인들도 이같이 아니하느냐?**

요일 3:10 이러므로 하나님의 자녀들과 마귀의 자녀들이 드러나나니 무릇 의를 행하지 아니하는 자나 또는 그 형제를 사랑하지 아니하는 자는 하나님께 속하지 아니하니라.

요일 3:14-15 우리는 형제를 사랑함으로 사망에서 옮겨 생명으로 들어간 줄을 알거니와 사랑하지 아니하는 자는 사망에 머물러 있느니라. 그 형제를 미워하는 자마다 살인하는 자니 살인하는 자마다 영생이 그 속에 거하지 아니하는 것을 너희가 아는 바라.

딤전 5:8 누구든지 자기 친족 특히 자기 가족을 돌보지 아니하면 믿음을 배반한 자요 불신자보다 더 악한 자이니라.

이 말씀을 통하여 내가 사랑하는 자를 사랑하는 것은 이방인들도 하는 것이라 하시고 또 형제를 사랑하지 않음은 불신자 보다 악하다 하셨는데 이 말씀의 의미는 이러합니다.

하나님께서는 너의 형제나 가족을 구원하기를 원하면 하나님께서 네게 맡겨준 자를 구원하기 위해 목숨을 걸고 온힘을 다하여 사랑하라는 것입니다. 저 자신이 하나님의 일인 생명을 살리는 일에 온전히 순종하는 삶을 살아갈 때에 내가 아끼고 사랑하는 영혼들을 구원해 주신다는 약속이십니다.

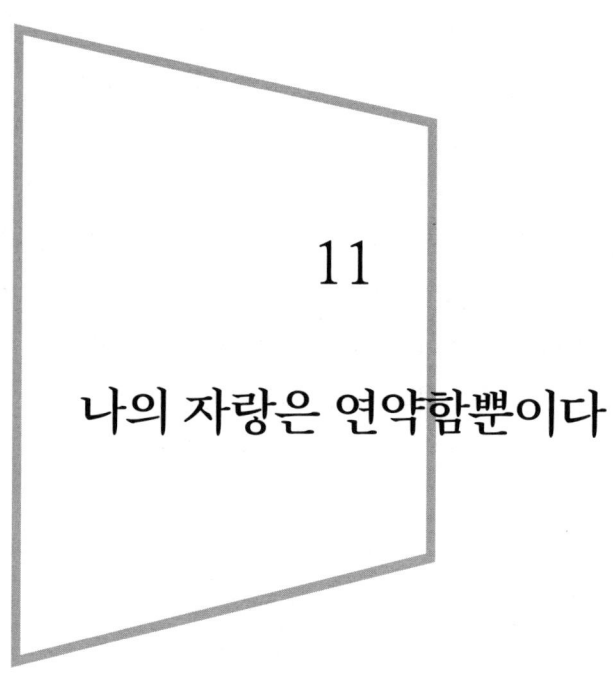

11

나의 자랑은 연약함뿐이다

다음은 나의 사명에 대한 기도를 했습니다. 주님을 영접하고 나서 이제 나는 하나님의 어떤 일을 하며 살아갈까 하고 생각을 해보니 내가 무엇을 선택해서 하는 것보다는 하나님께서 원하시는 일을 하고 싶은 마음에 나의 사명이 무엇이며 나는 어떻게 쓰시기를 원하시는지 궁금했었고 하나님의 뜻대로 순종해드리고 싶었기에 나의 사명이 무엇이냐고 기도한지 7년 만에 주 성령님을 통하여 나의 사명을 깨달게 되었습니다.

그런데 그 당시 저의 마음을 아주 낮추는데 두었습니다. 나의 진정한 마음은 생명을 살리는 전도자가 되고 싶은데 하나님의 뜻이라면 내가 하고 싶은 일을 포기하고 하나님께서 너는 교회 청소를 하라 하시면 그 말씀에 순종할 수 있게 해주시라고 기도를 했지요. 제 생각에 7년 째 되는 초쯤이나 된 것 같습니다.

내가 어떻게 살아야 하며 나의 사명은 무엇이라고 약속을 해주시는데 그 사명을 감당하려면 죽음에 이르는 연단과 고통이 따를 것인데 그래도 순종할 것인지 물어보셨습니다. 저는 이미 죽기까지 순종할 믿음을 주시라고 7년째 기도하고 있으니 어떤 고난이 따르더라도 당연히 순종하기를 원합니다. 그렇게 대답을 드리고 바로 생각나는 것은 제가 얼마나 연약하든지 손바느질하다가 바늘로 한 번 찔려도 아파서 깜짝 놀라는 그런 약한 사람입니다. 힘들고 고통스러우면 제 사명을 거두어 가시고 풋대를 내게서 옮겨달라고 할 그렇게 약한 자입니다. 주님과 저와 약속한 사명을 힘들다 못 하겠다 하는 저의 기도는 듣지 마시고 저의 사명을 위한 연단이라면 주님과 저와의 약속을 위해 허락하시길 원합니다. 라고 기도를 드렸지요.

그렇게 기도는 드렸지만 그 고백 또한 내가 한 고백이 아니고 주님께서 생각나게 하신 고백이라고 생각합니다. 그러니 처음에 날마다 그 기도를 시작할 즈음에는 정말로 두렵고 무서웠습니다.

그 기도도 또 매일 새벽과 하루 일과를 마친 저녁에 하다 보니 얼마의 시간이 지나서는 별로 두렵지 않고 날마다 하는 고백의 기도가 되었지요. 그렇게 신앙생활을 하면서 하나님께서 주신 믿음은 또 대단했습니다.

형제와 마음이 상한 제물은 하나도 없어야 한다고 하시며 저의 모든 것을 거두어 가시고 다시 무에서 축복을 하시겠다고 하시며 단 한 푼도 없게 하셨고 우리 아이들이 네 살, 두 살, 열 달 나이인데 사글셋방을 얻을 돈이 없었습니다. 그 당시 사글세는 30만원인데 빌려다가 방을 얻었지요. 이제는 아이들이 마흔다섯이 되고 마흔둘이 되었고 서른아홉이 되어 나의 동역자가 되었습니다. 그 과정들을 돌아보니 참으로 아득한 세월이었고 정말로 참으로 아프고 힘든 세월이었습니다. 그러나 그런 고난과 연단이 없이는 오늘의 열매가 없었다는 생각을 하면서 하나님께 감사를 드립니다.

히 12:5-17 또 아들들에게 권하는 것 같이 너희에게 권면하신 말씀도 잊었도다. 일렀으되 내 아들아 주의 징계하심을 경히 여기지 말며 그에게 꾸지람을 받을 때에 낙심하지 말라. 주께서 그 사랑하시는 자를 징계하시고 그가 받아들이시는 아들마다 채찍질하심이라 하였으니, 너희가 참음은 징계를 받기 위함이라. 하나님이 아들과 같이 너희를 대우하시나니 어찌 아버지가 징계하지 않는 아들이 있으리요. 징계는 다 받는 것이거늘 너희에게 없으면 사생자요 친아들이 아니니라. 또 우리 육신의 아버지가 우리를 징계하여도 공경하였거든 하물며 모든 영의 아버지께 더욱 복종하며 살려 하지 않겠느냐? 그들은 잠시 자기의 뜻대로 우리를 징계하였거니와 오직 하나님은 우리의 유익을 위하여 그의 거룩하심에 참여하게 하시느니라. 무릇 징계가 당시에는 즐거워 보이지 않고 슬퍼 보이나 후에 그로 말미암아 연단 받은 자들은 의와 평강의 열매를 맺느니라. 그러므로 피곤한 손과 연약한 무릎을 일으켜 세우고, 너희 발을 위하여 곧은 길을 만들어 저는 다리로 하여금 어그러지지 않고 고침을 받게 하라. 모든 사람과 더불어 화평함과 거룩함을 따르라. 이것이 없이는 아무도 주를 보지 못하리라. 너희는 하나님의 은혜에 이르지 못하는 자가 없도록 하고 또 쓴 뿌리가 나서 괴롭게 하여 많은 사람이 이로 말미암아 더럽게 되지 않게 하며, 음행하는 자와 혹 한 그릇 음식을 위하여 장자의 명분을 판 에서와 같이 망령된 자가 없도록 살피라. 너희가 아는 바와 같이 그가 그 후에 축복을 이어받으려고 눈물을 흘리며 구하되 버린 바가 되어 회개할 기회를 얻지 못하였느니라.

이 말씀을 통하여 하나님께 연단을 받지 않는 자는 사생자요 온전한 하나님의 아들이 된 사람이 없다는 말씀입니다. 하나님의 택함을 입은 자들은 당연히 연단을 받아야 한다는 말씀이며 주 성령님의 강권하시는 인도가 있어야 한다는 말씀입니다.

> 롬 5:4 인내는 연단을, 연단은 소망을 이루는 줄 앎이로다.
> 딤전 4:7-8 망령되고 허탄한 신화를 버리고 경건에 이르도록 네 자신을 연단하라. 육체의 연단은 약간의 유익이 있으나 경건은 범사에 유익하니 금생과 내생에 약속이 있느니라.
> 히 5:14 단단한 음식은 장성한 자의 것이니 그들은 지각을 사용함으로 연단을 받아 선악을 분별하는 자들이니라.
> 히 12:11 무릇 징계가 당시에는 즐거워 보이지 않고 슬퍼 보이나 후에 그로 말미암아 연단 받은 자들은 의와 평강의 열매를 맺느니라.
> 벧전 1:7 너희 믿음의 확실함은 불로 연단하여도 없어질 금보다 더 귀하여 예수 그리스도께서 나타나실 때에 칭찬과 영광과 존귀를 얻게 할 것이니라.
> 벧전 4:12 사랑하는 자들아 너희를 연단하려고 오는 불 시험을 이상한 일 당하는 것 같이 이상히 여기지 말고.
> 계 3:18 내가 너를 권하노니 내게서 불로 연단한 금을 사서 부요하게 하고 흰 옷을 사서 입어 벌거벗은 수치를 보이지 않게 하고 안약을 사서 눈에 발라 보게 하라.

이 땅에 살아가면서 하나님의 인도를 받아야 만이 하나님의 아들로 거듭날 수 있으며 주 성령님의 인도를 받기까지는 간절한 기도와 간구가 없이는 되지 않으며 그 길을 가기까지는 훈련과 연단을 통과해야 한다는 말씀들이며 성령님의 인도를 받고 있는 사람들이면 무조건 인생으로서는 최고의 축복을 누리고 있다는 것이라고 말씀드립니다.

경건의 훈련이 조금 힘이 든다고 하겠지만 하나님의 훈련과 연단은 하나님의 아들이 되는 과정입니다. 어찌 연단하는 교육과 훈련이 없이 하나님의 아들이 될 수 있겠습니까? 이 세상에 살아가면서도 법조인이나 의사가 되기 위해서도 얼마나 많이 공부를 해야 하는지 말씀드리지 않아도 알 수 있을 것입니다. 하물며 하나님의 아들이 되는 것이 그렇게 쉽게 생각을 한다는 것은 정말로 말이 안 되는 일이지요. 하나님의 택함을 입은 자가 연단이 없는 자라는 것은 결코 있을 수가 없습니다.

6천여 년 동안 내려온 마귀의 종살이 습관을 다 버리고 하나님의 말씀의 삶으로 바뀌기까지 육신의 생각과 욕심을 모두 버리고 오직 한 가지 하나님의 뜻을 이루고 싶은 마음 밖에 없어야 합니다. 오로지 하나님의 뜻을 이룰 수 있는 믿음을 갖기 위해서 목숨을 주님께 맡기고 애원하는 기도를 드리는 사람이 하나님의 아들이 되는 것입니다. 그 타인의 종살이에서 자신의 모든 권리와 자유를 아버지께 환원하고 품꾼의 한사람으로 써 주시라고 다시 아버지 집으로 돌아가는 둘째 아들 탕자처럼 우리도 주님께로 돌아가야 합니다.

> 히 1:5 하나님께서 어느 때에 천사 중 누구에게 너는 내 아들이라. 오늘 내가 너를 낳았다 하셨으며 또 다시 나는 그에게 아버지가 되고 그는 내게 아들이 되리라 하셨느냐?
> 히 1:14 모든 천사들은 섬기는 영으로서 구원 받을 상속자들을 위하여 섬기라고 보내심이 아니냐?
> 계 3:5 이기는 자는 이와 같이 흰 옷을 입을 것이요 내가 그 이름을 생명책에서 결코 지우지 아니하고 그 이름을 내 아버지 앞과 그의 천사들 앞에서 시인하리라.
> 갈 3:29 너희가 그리스도의 것이면 곧 아브라함의 자손이요 약속대로 유업을 이을 자니라.
> 갈 4:1 내가 또 말하노니 유업을 이을 자가 모든 것의 주인이나 어렸을 동안에는 종과 다름이 없어서.

갈 4:7 그러므로 네가 이 후로는 종이 아니요 아들이니 아들이면 하나님으로 말미암아 유업을 받을 자니라.
벧전 1:4 썩지 않고 더럽지 않고 쇠하지 아니하는 유업을 잇게 하시나니 곧 너희를 위하여 하늘에 간직하신 것이라.

하나님의 거룩한 아들을 얻기 위한 창조의 계획은 이렇게 일점일획도 남김없이 다 이루신다는 말씀입니다. 지금까지 시대별로 기독교인들이 걸어왔던 발자취들을 돌아보면 율법시대나 은혜시대에 성도들의 삶이 변화가 되지 아니하고 우상과 세상에 치우칠 뿐 하나님의 아들로 거듭난 성도들이 많지 않음을 아실 것입니다.

그것은 구약의 율법을 통해서는 메시아의 약속과 하나님의 말씀을 지키고 행하라고 하신 것은 사람의 힘으로는 지킬 수 없다는 것을 깨달아서 주님 앞에 두 손을 들고 말씀을 사람의 힘으로는 일점일획도 지키거나 실천할 수 없으니 주님의 도우심이 필요하다고 변화시켜 주시라고 간구해야 한다는 말씀입니다.

행 1:8 오직 성령이 너희에게 임하시면 너희가 권능을 받고 예루살렘과 온 유대와 사마리아와 땅 끝까지 이르러 내 증인이 되리라 하시니라.
행 13:47 주께서 이같이 우리에게 명하시되 내가 너를 이방의 빛으로 삼아 너로 땅 끝까지 구원하게 하리라 하셨느니라 하니.
롬 10:18 그러나 내가 말하노니 그들이 듣지 아니하였느냐? 그렇지 아니하니 그 소리가 온 땅에 퍼졌고 그 말씀이 땅 끝까지 이르렀도다 하였느니라.
마 24:32-33 무화과나무의 비유를 배우라. 그 가지가 연하여지고 잎사귀를 내면 여름이 가까운 줄을 아나니. 이와 같이 너희도 이 모든 일을 보거든 인자가 가까이 곧 문 앞에 이른 줄 알라.

그렇지요. 이스라엘을 무화과나무로 비유하시고 무화과 잎이 무성하다는 것은 예수님 이름이 땅 끝까지 전파가 되었다는 말씀으로 그때부터 추수를 위해 주님의 진리의 말씀으로 성도들의 심령을 두드린다는 말씀입니다.

계 3:20 **볼지어다. 내가 문 밖에 서서 두드리노니 누구든지 내 음성을 듣고 문을 열면 내가 그에게로 들어가 그와 더불어 먹고 그는 나와 더불어 먹으리라.**

마음을 열고 주님을 영접하면 주님의 사람들은 신부단장이 시작이 되는 것입니다. 사람의 힘으로는 신부단장을 절대 할 수가 없고 내가 죽기까지 순종하게 해주시라고 간절히 기도를 해서 기도의 양이 찬 사람들을 주님께서 신부단장을 하게 하십니다. 주님이 잠자는 자들에게는 도둑같이 오실 것입니다.

그러니 성도님들의 생각이 나는 양일까, 염소일까? 설마 나는 염소는 아니겠지 하고 생각하신 분들은 모두 염소입니다. 하나님은 인생이 아니시니 당신의 생각을 하나님의 생각으로 착각하시거나 오해하지 마시길 바랍니다.

마 24:43 **너희도 아는 바니 만일 집 주인이 도둑이 어느 시각에 올 줄을 알았더라면 깨어있어 그 집을 뚫지 못하게 하였으리라.**
벧후 3:10 **그러나 주의 날이 도둑같이 오리니 그 날에는 하늘이 큰 소리로 떠나가고 물질이 뜨거운 불에 풀어지고 땅과 그 중에 있는 모든 일이 드러나리로다.**
계 3:3 **그러므로 네가 어떻게 받았으며 어떻게 들었는지 생각하고 지켜 회개하라. 만일 일깨지 아니하면 내가 도둑같이 이르리니 어느 때에 네게 이를는지 네가 알지 못하리라.**

계 16:15 보라 내가 도둑같이 오리니 누구든지 깨어 자기 옷을 지켜 벌거벗고 다니지 아니하며 자기의 부끄러움을 보이지 아니하는 자는 복이 있도다.

마 24:42 그러므로 깨어있으라. 어느 날에 너희 주가 임할는지 너희가 알지 못함이니라.

마 25:13 그런즉 깨어있으라. 너희는 그 날과 그 때를 알지 못하느니라.

막 13:33-35 주의하라. 깨어있으라. 그 때가 언제인지 알지 못함이라. 가령 사람이 집을 떠나 타국으로 갈 때에 그 종들에게 권한을 주어 각각 사무를 맡기며 문지기에게 깨어있으라 명함과 같으니. 그러므로 깨어있으라. 집 주인이 언제 올는지 혹 저물 때일는지, 밤중일는지, 닭 울 때일는지, 새벽일는지 너희가 알지 못함이라.

막 13:37 깨어있으라. 내가 너희에게 하는 이 말은 모든 사람에게 하는 말이니라 하시니라.

눅 21:36 이러므로 너희는 장차 올 이 모든 일을 능히 피하고 인자 앞에 서도록 항상 기도하며 깨어있으라 하시니라.

골 4:2 기도를 계속하고 기도에 감사함으로 깨어있으라.

이 본문의 말씀은 참으로 이 마지막 시대를 살고 있는 성도들에게 기도에 대한 핵심이자 최고의 말씀임을 명심해야 합니다. 깨어있다는 것은 결국에 주님과 동행하고 있다는 말로 날마다 주님의 인도를 받으며 자기 자신의 계획과 생각으로 살지 않는다는 말씀입니다. 주님께서는 아무나 인도를 하신 것이 아니라 날마다 주님을 찾고 간구하며 삶 전부를 주님께 맡겨드리는 성도를 인도하십니다. 목숨을 주님께 맡겨 죽기까지 순종할 믿음을 갖고 성령 안에서 간구하고 기도하는 성도들의 삶을 온전히 주관해주시는 것입니다.

깨어있다는 말씀은 주님의 마음과 뜻하심을 아는 사람에게 깨어

있다는 말씀을 하는 것입니다. 주님의 마음을 아는 사람이 기도하지 않고 가족구원에 관심이 없고 자녀를 위해 울지 않는 사람은 깨어있는 사람이 아닙니다. 천국이 믿어지고 지옥이 믿어진 사람이 자녀의 구원과 부모님의 구원을 위해서 주님께 애원을 위한 기도를 드리지 않는다면 어떻게 편히 잠을 자고 밥을 먹고 살수가 있겠는지요? 아마도 둘 중의 하나일 것입니다. 자녀를 사랑하지 않거나 아니면 주님과 천국이 믿어지지 않았거나 둘 중에 하나인 것이지요.

기도를 쉬고 있거나 기도하지 않는 사람을 신앙인이라고 말할 수 없는 것은 성도에게 있어서 기도는 영적인 호흡인데 기도를 쉬거나 기도하지 않는 성도는 아직도 영적으로 살아나지 않는 사람이거나 잠자는 자로서 깨어있지 못한 자라고 할 수 밖에 없습니다.

고전 15:52 **나팔 소리가 나매 죽은 자들이 썩지 아니할 것으로 다시 살아나고 우리도 변화되리라.**
살전 4:16 **주께서 호령과 천사장의 소리와 하나님의 나팔 소리로 친히 하늘로부터 강림하시리니 그리스도 안에서 죽은 자들이 먼저 일어나고.**

나팔소리와 함께 주님 재림하실 때에 그리스도 안에서 죽은 성도들이 먼저 일어난다는 것은 죽은 성도의 부활을 의미합니다.

눅 7:27 **기록된바 보라. 내가 내 사자를 네 앞에 보내노니 그가 네 앞에서 네 길을 준비하리라 한 것이 이 사람에 대한 말씀이라.**
행 15:18 **즉 예로부터 이것을 알게 하시는 주의 말씀이라 함과 같으니라.**
롬 10:8 **그러면 무엇을 말하느냐? 말씀이 네게 가까워 네 입에 있으며 네 마음에 있다 하였으니 곧 우리가 전파하는 믿음의 말씀이라.**

계 19:9 **천사가 내게 말하기를 기록하라. 어린 양의 혼인 잔치에 청함을 받은 자들은 복이 있도다 하고 또 내게 말하되 이것은 하나님의 참되신 말씀이라 하기로.**
계 19:13 **또 그가 피 뿌린 옷을 입었는데 그 이름은 하나님의 말씀이라 칭하더라.**

우리가 육체를 벗고 하나님 나라에 가서 예수님과 함께 말씀이신 하나님을 뵙게 된다는 말씀이지요. 하나님의 말씀을 알기 위해서 목숨을 걸고 성경을 열어주시라고 기도했습니다. 세상 것은 아무 것도 주시지 않아도 좋사오니 하나님의 비유의 말씀만 열어 주시라고 간구하고 기도한지 20년 만에 이 말씀들을 열어 주셔서 짝을 맞추어 주신 것입니다.

요 5:25 **진실로 진실로 너희에게 이르노니 죽은 자들이 하나님의 아들의 음성을 들을 때가 오나니 곧 이 때라 듣는 자는 살아나리라.**
롬 6:7 **이는 죽은 자가 죄에서 벗어나 의롭다 하심을 얻었음이라.**
롬 6:9 **이는 그리스도께서 죽은 자 가운데서 살아나셨으매 다시 죽지 아니하시고 사망이 다시 그를 주장하지 못할 줄을 앎이로라.**
롬 6:11 **이와 같이 너희도 너희 자신을 죄에 대하여는 죽은 자요 그리스도 예수 안에서 하나님께 대하여는 살아 있는 자로 여길지어다.**

그러므로 먼저 알아야 할 것은 영이 살아난다는 것은 하나님의 말씀을 듣고 깨달아 믿어지기 시작하여 성령으로 거듭나는 것입니다. 하나님의 말씀을 깨닫지 못하고 믿지 않는 사람을 일컬어 죽은 자 또는 잠자는 자라고 성경은 말씀하십니다. 예수 그리스도의 부활은 실제적이고 역사적인 사건이며 믿는 자들에게 부활의 소망을 갖게 해주시는 말씀이요 사실입니다.

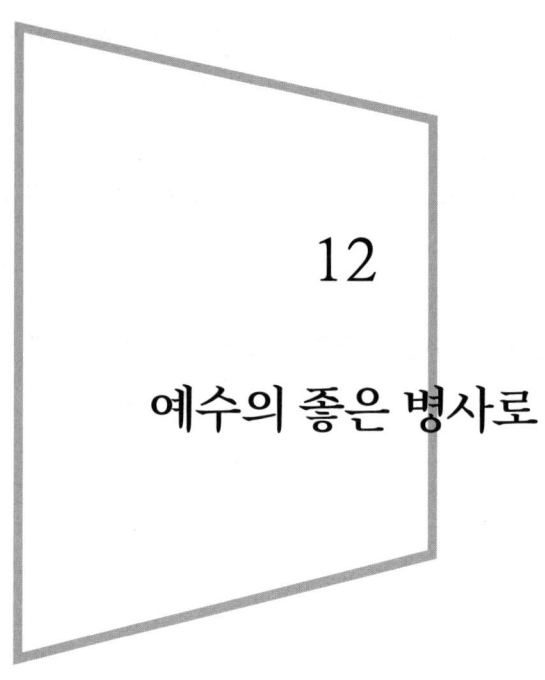

12

예수의 좋은 병사로

목숨을 주님께 맡겨진 사람은 독생자 예수께서 원하시는 뜻에 순종하기 위하여 현세의 집과 형제자매와 부모나 자기 자신의 소유를 내려놓은 자가 그리스도의 군사라는 말씀입니다.

딤후 2:3-5 **너는 그리스도 예수의 좋은 병사로 나와 함께 고난을 받으라. 병사로 복무하는 자는 자기 생활에 얽매이는 자가 하나도 없나니 이는 병사로 모집한 자를 기쁘게 하려 함이라. 경기하는 자가 법대로 경기하지 아니하면 승리자의 관을 얻지 못할 것이며.**

말씀을 드리면 산채로 들림 받기 원하면 제일 먼저 해야 할 일은 신부단장을 해야 합니다. 성경에서 말씀하신 비유의 신부단장이란 가장 쉬운 표현으로는 그리스도화, 바울화, 제자화가 되어야 한다는 말씀입니다. 복음시대를 살아가는 사람들은 성령의 열매를 맺어야 하는데 쉬운 표현으로는 그리스도를 본받은 바울을 닮은 것을 바울화라고 하는데 이는 그리스도화가 된 사람으로서 주님의 뜻이면 이미 목숨을 주님께 맡겨드린 삶이어야 합니다.

행 21:12-13 우리가 그 말을 듣고 그 곳 사람들과 더불어 바울에게 예루살렘으로 올라가지 말라 권하니, 바울이 대답하되 여러분이 어찌하여 울어 내 마음을 상하게 하느냐? 나는 주 예수의 이름을 위하여 결박당할 뿐 아니라 예루살렘에서 죽을 것도 각오하였노라 하니.

하나님의 뜻이라면 죽음에 이르는 순교도 이미 각오를 한 고백으로 삶 전부를 오로지 예수 그리스도의 복음을 위해 이 땅의 모든 소망과 욕심, 지식, 권위, 자존심, 모든 것을 부인하고 오로지 주님 한 분만을 섬기는 것을 최고로 여기는 삶이 바울의 삶입니다. 본문의 고백을 보십시다.

빌 3:7-11 그러나 무엇이든지 내게 유익하던 것을 내가 그리스도를 위하여 다 해로 여길뿐더러, 또한 모든 것을 해로 여김은 내 주 그리스도 예수를 아는 지식이 가장 고상하기 때문이라. 내가 그를 위하여 모든 것을 잃어버리고 배설물로 여김은 그리스도를 얻고, 그 안에서 발견되려 함이니 내가 가진 의는 율법에서 난 것이 아니요 오직 그리스도를 믿음으로 말미암은 것이니 곧 믿음으로 하나님께로부터 난 의라. 내가 그리스도와 그 부활의 권능과 그 고난에 참여함을 알고자 하여 그의 죽으심을 본받아 어떻게 해서든지 죽은 자 가운데서 부활에 이르려 하노니.

바울 선생의 이 고백을 저는 너무 좋아합니다. 이 땅에 모든 것을 다 버리고 그리스도를 아는 것을 최고로 여기는 이 고백입니다. 바울 선생은 이 고백만 한 것은 아닙니다. 삶을 이 고백과 함께 실천하셨기에 이 말씀이 저를 더 행복하게 한 것입니다.

빌립보서 3장의 말씀은 저를 지금의 이 길로 이끌어 가시기에 부족함이 없는 말씀입니다. 바울 선생의 삶 전부를 보면 성경상의 모든 선지자들의 행함을 모두 이루신 것입니다.

이 은혜와 진리시대를 살아가는 깨어있는 신앙인들이라면 성경에 기록된 하나님께서 세우신 선지자들의 모든 삶처럼 실천되고 이루는 사람이라야 하나님의 아들이 될 수 있다고 생각합니다. 바울 선생은 모두 이루신 것을 설명하신 말씀이 바로 빌립보서 3장 전체의 내용입니다. 우리가 성경 전체 어디를 보더라도 하나님의 인도를 받는 선지자가 자기 유익을 위해서 살아갔던 일이 있는지 보았나요? 이들은 오로지 하나님의 뜻을 이루기 위해서 목숨과 삶 전부를 드렸을지언정 개인의 삶에 치우치지 아니하였음을 알 수 있습니다.

하나님의 거룩한 아들이 주님의 마음을 모른다면 어찌 거룩한 아들이라고 말을 할 수가 있겠는지요? 믿음이란 하나님의 마음을 알고 믿고 그분을 닮는 것이라고 말할 수 있지요. 그리스도의 영이 내 안에 계실 때에 비로써 하나님의 거룩한 아들이 되는 것입니다.

그러면 보혜사 성령은 언제 들어오시는 것일까요? 자기 자신의 모든 죄를 완전하게 인정하고 죄인 중의 괴수임을 고백한 바울처럼, 또 막달라 마리아처럼 자신이 죄인임을 인정하고 모든 죄를 다 주님의 십자가 보혈로 깨끗하게 용서받으면 이때에 하나님께서는 너는 내 아들이라는 약속과 함께 그 사람 안에 성령으로 들어오시는 것입니다.

행 2:38 **베드로가 이르되 너희가 회개하여 각각 예수 그리스도의 이름으로 세례를 받고 죄 사함을 받으라. 그리하면 성령의 선물을 받**

으리니.

성도들이 기도하고 간구해서 성령체험을 하는 것은 마가의 다락방에서 120성도들에게 임하셨던 성령세례와 성령 충만한 역사처럼 예수님의 권능을 주시기 위함입니다. 이는 외부에서 성도들의 내면으로 들어온 성령의 역사로 성령세례와 함께 성령 충만이라고 합니다.

막 1:8 나는 너희에게 물로 세례를 베풀었거니와 그는 너희에게 성령으로 세례를 베푸시리라.
행 2:1-4 오순절 날이 이미 이르매 급하고 강한 바람 같은 소리가 있어 그들이 앉은 온 집에 가득하며 마치 불의 혀처럼 갈라지는 것들이 그들에게 보여 각 사람 위에 하나씩 임하여 있더니 그들이 다 성령의 충만함을 받고 성령이 말하게 하심을 따라 다른 언어들로 말하기를 시작하니라.

에피 성령은 성령님의 외적인 역사를 의미합니다. 이 에피 성령의 역사는 사울이 다윗을 잡으려고 성전으로 쫓아 갔을 때 사울에게 성령이 임하여 예언을 한 것을 볼 수 있습니다. 이는 하나님의 뜻을 이루기 위해서는 발람 선지자가 타고 가던 당나귀에게도 임하셨고 이방인들에게도 일시적으로 임하셔서 일하시기도 하시며 결국은 하나님의 거룩한 아들들을 인도하시기 위해서 그들의 밖에서 일시적으로 역사하시는 성령이십니다.

삼상 19:22 이에 사울도 라마로 가서 세구에 있는 큰 우물에 도착하여 물어 이르되 사무엘과 다윗이 어디 있느냐? 어떤 사람이 이르되 라마 나욧에 있나이다.

삼상 19:24 그가 또 그의 옷을 벗고 사무엘 앞에서 예언을 하며 하루 밤낮을 벗은 몸으로 누웠더라. 그러므로 속담에 이르기를 사울도 선지자 중에 있느냐 하니라.

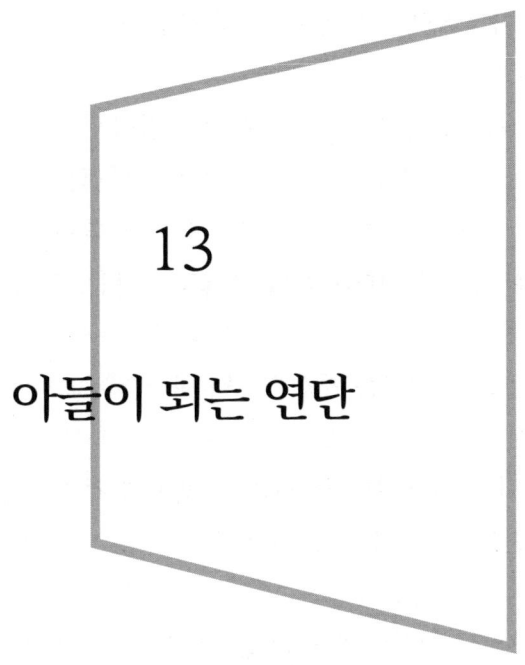

13

아들이 되는 연단

　　하나님의 계획은 마지막 때에 진리의 영 곧 성령님이 오시기까지 그 길을 인도하시는 분은 밖에서 역사하는 에피 성령으로써 하나님의 필요에 따라 하나님께서 버린 사울에게도 임하심은 다윗을 지키시고 살리기 위해 사울에게도 임하신 것입니다.

　　결국에 구약에 역사하시는 영은 밖에서 역사하시는 영으로 하나님의 택함을 입은 사람들에게 인도하기까지 믿는 자들을 지키시고 인도하시고 역사하시는 영입니다. 제가 경험하기에는 하루에 두 시간 이상씩을 날마다 기도할 때 아픈 성도들을 위해 손을 얹어 기도하면 성도들이 병이 나은 체험을 했습니다.

　　막 16;17-18 믿는 사람들에게는 이런 표적이 따르리니 곧 그들이 내 이름으로 귀신을 쫓아내며 새 방언을 말하며 뱀을 집어올리며 무슨 독을 마실지라도 해를 받지 아니하며 병든 사람에게 손을 얹은

즉 나으리라.

주님께서는 십자가를 지시고 부활하시기 전에는 밤이 늦도록 늘 기도하시는 과정들이 기록되었는데 부활하신 후에는 부활체임으로 무릎을 꿇고 기도하신 모습을 기록된 말씀이 없습니다. 성경에는 하나님을 만나기 위해서 야곱은 얍복강 나루터에서 하나님의 천사와 환도 뼈가 위골되도록 밤을 새워 기도하시므로 이스라엘이라는 이름을 얻었는데 이는 자신의 구원을 위해 그렇게 기도하라는 말씀입니다.

다윗 왕은 시편 38편에서 육체의 심각한 고통에 대하여 하나님께 구원을 호소하는 기도를 드렸습니다.

사 38:14-16 나는 제비 같이, 학 같이 지저귀며 비둘기 같이 슬피 울며 내 눈이 쇠하도록 앙망하나이다. 여호와여 내가 압제를 받사오니 나의 중보가 되옵소서. 주께서 내게 말씀하시고 또 친히 이루셨사오니 내가 무슨 말씀을 하오리이까? 내 영혼의 고통으로 말미암아 내가 종신토록 방황하리이다. 주여 사람이 사는 것이 이에 있고 내 심령의 생명도 온전히 거기에 있사오니 원하건대 나를 치료하시며 나를 살려 주옵소서.

또 히스기야 왕이 병이 들어 살지 못하리라고 이사야 선지자가 말하였을 때에 히스기야는 하나님께 통곡하며 간구하였고 하나님께서는 히스기야의 눈물을 보고 수한을 15년 연장 받았습니다. 은혜와 진리시대를 살아가는 성도들에게 하나님께서는 자기 자신의 구원을 위해서 야곱처럼, 히스기야 왕처럼 온 마음을 다하여 통곡하며 간구하라는 말씀입니다.

사 38:2-5 히스기야가 얼굴을 벽으로 향하고 여호와께 기도하여 이르되 여호와여 구하오니 내가 주 앞에서 진실과 전심으로 행하며 주의 목전에서 선하게 행한 것을 기억하옵소서 하고 히스기야가 심히 통곡하니 이에 여호와의 말씀이 이사야에게 임하여 이르시되 너는 가서 히스기야에게 이르기를 네 조상 다윗의 하나님 여호와께서 이같이 말씀하시기를 내가 네 기도를 들었고 네 눈물을 보았노라. 내가 네 수한에 십오 년을 더하고.

구원의 진정한 의미는 하나님의 아들이 되는 것이 가장 큰 일이며 아무렇게나 쉽게 생각할 일이 아니라는 것을 명심 또 명심해서 하나님의 아들이라는 확실한 믿음을 얻기까지 기도와 순종을 계속해야 되는 것입니다. 어디 그뿐이 아니지요. 구약의 이스라엘 백성들은 메시아를 기다리며 온 마음을 다해 오실 메시아를 기념하는 약속을 잊어버리고 하나님께 번제를 드리지 않고 먹고 마시는 일에 빠졌을 때마다 전쟁이 일어났고 왕이 포로로 잡혀가며 나라에는 환란이 닥쳐오고 기근과 고난이 와서 살아갈 수 없게 되면 다시 하나님을 찾고 하나님께 회개하고 돌이킬 때 그들에게 승리와 평안으로 축복하심을 우리는 수없이 읽었고 경험한 일입니다.

그런데 이 은혜와 진리시대에는 자신이 하나님의 창조의 완성인 하나님의 거룩한 아들이 되었으면 이 땅에 살아가는 동안에 왕권을 회복하여 그리스도와 더불어 왕 노릇을 하게 됩니다. 그러므로 주님과 계속 동행하기 위해 기도를 게을리 하거나 삶 전부를 주님께 맡겨드리지 않으면 안 됩니다.

롬 5:17 한 사람의 범죄로 말미암아 사망이 그 한 사람을 통하여 왕 노릇 하였은즉 더욱 은혜와 의의 선물을 넘치게 받는 자들은 한 분 예수 그리스도를 통하여 생명 안에서 왕 노릇 하리로다.

하나님의 아들이 되려는 사람들이 연단을 받지 않고서는 불가능한 일입니다. 연단이라 함은 다른 의미로는 하나님의 아들이 되는 교육과 훈련입니다. 이 세상에서도 무슨 일을 하든지 교육과 훈련이 없이 할 수 있는 일이 하나도 없다는 것을 모든 사람들이 다 알고 있습니다. 하물며 하나님의 아들이 되는 교육과 훈련과 연단이 없이 교회에 가서 성경 두세 구절보고 찬송가 몇 곡 부르고 30분 설교 듣고 헌금 조금 낸 것으로 하나님의 아들이 된다고 한다면 참으로 말이 안 되는 일이 아닙니까?

하나님께서 그리 쉬운 일을 위해서 십자가를 지신 것은 아니지요. 그렇게 쉽게 하나님의 아들이 될 수 있다면 히브리서 11장을 읽어보시면 그들은 그런 고난을 받으면서 순교를 했는데 그들은 백성이 되고 마지막 때에 이 은혜와 진리시대에 태어나서 하나님의 모든 말씀과 교육과 훈련을 이수하여 성령 안에서 그리스도화 된 사람들만이 참 아들들이 되는 것입니다.

히 12:5-14 **또 아들들에게 권하는 것 같이 너희에게 권면하신 말씀도 잊었도다. 일렀으되 내 아들아 주의 징계하심을 경히 여기지 말며 그에게 꾸지람을 받을 때에 낙심하지 말라. 주께서 그 사랑하시는 자를 징계하시고 그가 받아들이시는 아들마다 채찍질하심이라 하였으니, 너희가 참음은 징계를 받기 위함이라 하나님이 아들과 같이 너희를 대우하시나니 어찌 아버지가 징계하지 않는 아들이 있으리요. 징계는 다 받는 것이거늘 너희에게 없으면 사생자요 친아들이 아니니라. 또 우리 육신의 아버지가 우리를 징계하여도 공경하였거든 하물며 모든 영의 아버지께 더욱 복종하며 살려 하지 않겠느냐? 그들은 잠시 자기의 뜻대로 우리를 징계하였거니와 오직 하나님은 우리의 유익을 위하여 그의 거룩하심에 참여하게 하시느니라. 무릇 징계가 당시에는 즐거워 보이지 않고 슬퍼 보이나**

후에 그로 말미암아 연단 받은 자들은 의와 평강의 열매를 맺느니라. 그러므로 피곤한 손과 연약한 무릎을 일으켜 세우고 너희 발을 위하여 곧은 길을 만들어 저는 다리로 하여금 어그러지지 않고 고침을 받게 하라. 모든 사람과 더불어 화평함과 거룩함을 따르라 이것이 없이는 아무도 주를 보지 못하리라.
롬 9:27-31 또 이사야가 이스라엘에 관하여 외치되 이스라엘 자손들의 수가 비록 바다의 모래 같을지라도 남은 자만 구원을 받으리니, 주께서 땅 위에서 그 말씀을 이루고 속히 시행하시리라 하셨느니라. 또한 이사야가 미리 말한바 만일 만군의 주께서 우리에게 씨를 남겨 두지 아니하셨더라면 우리가 소돔과 같이 되고 고모라와 같았으리로다 함과 같으니라. 그런즉 우리가 무슨 말을 하리요 의를 따르지 아니한 이방인들이 의를 얻었으니 곧 믿음에서 난 의요, 의의 법을 따라간 이스라엘은 율법에 이르지 못하였으니.

그러므로 성경은 하나님의 아들이 되는 것은 아주 극소수임을 아셔야 합니다. 이스라엘 백성의 출애굽 과정에서도 애굽의 습관을 아는 자들은 거의 광야에서 죽고 애굽의 습관을 부인하고 하나님의 말씀을 온전히 의지한 여호수아와 갈렙 외에는 가나안 땅에 아무도 들어가지 못했습니다. 이 은혜와 진리시대에도 마찬가지라는 의미입니다.

벧전 3:20 그들은 전에 노아의 날 방주를 준비할 동안 하나님이 오래 참고 기다리실 때에 복종하지 아니하던 자들이라. 방주에서 물로 말미암아 구원을 얻은 자가 몇 명뿐이니 겨우 여덟 명이라.
롬 9:27 또 이사야가 이스라엘에 관하여 외치되 이스라엘 자손들의 수가 비록 바다의 모래 같을지라도 남은 자만 구원을 받으리니.
첫째는 이 은혜와 진리시대에 태어난 사람이어야 하고 두 번째는 하나님의 교육과 훈련을 이수하고 믿음과 함께 성령으로 거듭나지 않으면 천국은 들어갈 수가 없다는 말씀입니다. 이 시대를 살아가는 우리가 알아두어야 할 것은 하나님께서는 예수 이름이 전파될 때에 그 누구라도 주님께서 온 인류의 구원을 위해서 십자가를 져 주심을 믿고 예수님을 구주로 영접하면 됩니다. 이 후에는 주님께서 나의 죄를 십자가의 고난으로 대속해 주셨으니 예수님을 영접한 나의 남은 삶은 죽기까지 순종할 믿음을 갖고 쉬지 않고 기도하는 모든 사람들에게 구원의 기회를 주시는 것이 하나님의 인간 구원사의 계획이십니다.

롬 9:24-28 이 그릇은 우리니 곧 유대인 중에서 뿐 아니라 이방인 중에서도 부르신 자니라. 호세아의 글에도 이르기를 내가 내 백성 아닌 자를 내 백성이라, 사랑하지 아니한 자를 사랑한 자라 부르리라. 너희는 내 백성이 아니라 한 그 곳에서 그들이 살아 계신 하나님의 아들이라 일컬음을 받으리라 함과 같으니라. 또 이사야가 이스라엘에 관하여 외치되 이스라엘 자손들의 수가 비록 바다의 모래 같을지라도 남은 자만 구원을 받으리니, 주께서 땅 위에서 그 말씀을 이루고 속히 시행하시리라 하셨느니라.

하나님의 창조의 계획은 온 인류에게 복음이 전파되면 에덴동산에서 선악과를 따먹은 사건으로 사람들의 영혼이 죽어 버려서 마귀 권에서 태어남으로 마귀의 종이 되었으나 예수님을 영접하고 목숨을 주님께 맡겨드릴 믿음이 되면 다시 하나님께로 돌아가는 것으로써 예수님께서는 돌아온 탕자의 비유를 하신 것입니다. 집을 나온 탕자가 죽을 수밖에 없는 환경을 만났을 때에 죄인임을 깨닫고 하나님 아버지께로 돌아가는 결심을 한 것은 하나님께서 주신 선택의 자유 때문에 그 자유를 하나님 아버지께 환원해드리는 것이 바로 목숨을 주님께 맡겨드리는 것입니다.

> 눅 15:18-24 내가 일어나 아버지께 가서 이르기를 아버지 내가 하늘과 아버지께 죄를 지었사오니, 지금부터는 아버지의 아들이라 일컬음을 감당하지 못하겠나이다. 나를 품꾼의 하나로 보소서 하리라 하고, 이에 일어나서 아버지께로 돌아가니라. 아직도 거리가 먼데 아버지가 그를 보고 측은히 여겨 달려가 목을 안고 입을 맞추니, 아들이 이르되 아버지 내가 하늘과 아버지께 죄를 지었사오니 지금부터는 아버지의 아들이라 일컬음을 감당하지 못하겠나이다 하나, 아버지는 종들에게 이르되 제일 좋은 옷을 내어다가 입히고 손에 가락지를 끼우고 발에 신을 신기라. 그리고 살진 송아지를 끌어다가 잡으라. 우리가 먹고 즐기자. 이 내 아들은 죽었다가 다시 살아났으며 내가 잃었다가 다시 얻었노라 하니 그들이 즐거워하더라.

내게 주어진 자유를 하나님께 환원하려면 나 자신이 죄인임을 깨닫게 될 때 가능한 것입니다. 그래서 나의 자유를 하나님께 맡겨드리는 것이 목숨을 주님께 맡겨드리는 것입니다.

탕자의 비유 또한 자유를 환원하고 종의 한사람도 아닌 품꾼으로 사용해주시라고 고백한 것은 아버지의 사랑을 제대로 깨달은 것입니다. 하나님 아버지의 사랑을 제대로 알고 믿어진 사람이라야 자신의 자유를 하나님께 환원할 수가 있다는 말씀입니다.

그래서 믿음은 하나님께서 주신 선물입니다. 하나님을 기쁘시게 하는 것이 믿음이고 하나님께서 의로 여기시는 것도 믿음이니 말씀을 듣고 읽고 행하는 것이 믿음입니다. 그러면 하나님께서는 기뻐하시고 사람에게 필요한 모든 것을 주실 텐데 지금까지의 아담 이후로 6천여 년이라는 기간을 마귀의 종살이 습관으로 인하여 인간의 본능은 무엇을 먹을까 입을까 하는 염려로 인간의 마음을 사로잡아 버렸으니 눈에 보이지 않는 하나님께 자신을 맡길 수가 있겠는지요?

마 6:33 **그런즉 너희는 먼저 그의 나라와 그의 의를 구하라. 그리하면 이 모든 것을 너희에게 더하시리라.**

하나님께서 믿음을 갖고 간구하면 모든 것을 다 주신다고 했는데 인간의 한계가 이 땅에 썩어질 것만 구하게 되니 자신을 주님께 맡겨드리지 못한 성도는 육적인 그리스도인 곧 어린 아이의 신앙이라고 볼 수가 있습니다. 하나님 앞에 예수 그리스도의 장성한 믿음을 주시라고 간구하고 기도하면 모든 것을 주신다고 하셨는데, 그의 나라와 그의 의를 구하지 않으니 받지 못하고 구해도 얻지 못함은 정욕으로 구한 것이라 말씀하시지요.

약 4:3 **구하여도 받지 못함은 정욕으로 쓰려고 잘못 구하기 때문이라.**

정욕을 위해 구하지 말고 너의 구원과 자녀들의 구원을 위해 믿음 주시기를 간구하고 하나님을 알기 위해서 성경을 보고 찾고 간구하라는 말씀입니다. 아무 노력도 없이 입으로만 하는 것도 말이 되지 않습니다. 참으로 소중한 것인데 찾지도 않고 구하지도 않고 문을 두드리지도 아니하고 가만히 앉아서 입으로만 할 수 있는지요?

잠 8:17 **나를 사랑하는 자들이 나의 사랑을 입으며 나를 간절히 찾는 자가 나를 만날 것이니라.**
눅 11:9 **내가 또 너희에게 이르노니 구하라. 그러면 너희에게 주실 것이요, 찾으라. 그러면 찾아낼 것이요, 문을 두드리라. 그러면 너희에게 열릴 것이니..**
요 14:13-14 **너희가 내 이름으로 무엇을 구하든지 내가 행하리니 이**

는 아버지로 하여금 아들로 말미암아 영광을 받으시게 하려 함이라. 내 이름으로 무엇이든지 내게 구하면 내가 행하리라.

히 11:6 믿음이 없이는 하나님을 기쁘시게 하지 못하나니 하나님께 나아가는 자는 반드시 그가 계신 것과 또한 그가 자기를 찾는 자들에게 상 주시는 이심을 믿어야 할지니라.

하나님께서 믿음을 주시지 않으시면 사람이 어찌 하나님을 믿을 수가 있겠는지요? 실제로는 자기 자신의 삶을 하나님께 온전히 맡기지 못한 믿음은 있으나 마나 한 믿음이요 하나님께서 원하시는 믿음이 아닙니다.

인간의 마음은 자기의 유익을 따라 수시로 변할 수 있지만 하나님께서는 영원부터 영원까지 불변하시고 언약을 지키시는 분인데 그분을 믿는다고 하는 사람들을 수없이 보았지만 저는 이 시대를 살아가면서 간증이나 설교를 들어봐도 세상을 부인하고 자신의 모든 것을 하나님께 맡기고 사는 바울화가 된 신앙인을 만나보지 못했습니다.

롬 3:10-12 기록된바 의인은 없나니 하나도 없으며, 깨닫는 자도 없고 하나님을 찾는 자도 없고, 다 치우쳐 함께 무익하게 되고 선을 행하는 자는 없나니 하나도 없도다.

이 세상 것이 목적인 사람은 육신에 속한 사람이라고 말씀하십니다. 바울 선생이나 성경에 기록된 선지자들이 이 땅에 것에 뜻을 가진 것을 본적이 있는지요? 히브리서 11장을 읽어보시고 하나님에 대한 믿음을 구하시고 누리시기를 부탁드립니다.

롬 8:8 육신에 있는 자들은 하나님을 기쁘시게 할 수 없느니라.

엡 4:24 **하나님을 따라 의와 진리의 거룩함으로 지으심을 받은 새 사람을 입으라.**

　새사람 즉 성령으로 거듭남이 없이는 하나님의 아들이 절대 될 수가 없다는 말씀입니다. 신앙생활을 하면서 제일 먼저 알아야 할 것은 자기 자신이 얼마나 육적이고 얼마나 영적인지 자신을 분별할 수 있는 영의 눈을 가지고 있어야 합니다. 알아듣기 쉽게 말씀을 드리면 바울의 마음을 얼마만큼 닮았는지 자신을 들여다보시길 바랍니다.
　주님을 얼마나 닮았느냐고 물어보면 너무도 멀어서 바울을 얼마만큼 닮아 있는지 물어본 것입니다. 바울 선생은 주님을 똑 닮은 주님의 심장을 가진 사람인데 주님을 닮으나 바울을 닮으나 같은 말씀으로 이해하기를 바랍니다. 이 은혜와 진리시대를 살아가는 사람은 깨어있는 사람이 되기 위해서는 바울을 인도하신 진리의 영인 성령님의 인도를 받아야 합니다. 그런데 주님께서 죄인을 위해 십자가 위에서 대속해주신 것을 믿고 예수를 구주로 영접한 사람이 자신을 온전히 주님께 맡겨드리지 않는 성도는 성령님께서 인도하시지 않는다는 것을 명심하시기 바랍니다. 십자가의 대속함을 믿고 주님을 영접하였음에도 자기 자신을 주님께 맡겨드리고 싶은 마음이 없고 이 세상 것에 목적이 있다면 회개하고 죽기까지 순종할 믿음을 주시라고 그 믿음이 될 때까지 간구하고 또 말씀을 묵상해야 합니다. 나의 목숨을 주님께 맡겨드릴 때에 주님께서 온전히 주관하시며 인도하시게 되는 것입니다.

요 17:15 **내가 비옵는 것은 그들을 세상에서 데려가시기를 위함이 아니요 다만 악에 빠지지 않게 보전하시기를 위함이니이다.**

하나님께서 사람을 데려가시기 위해서가 아니라 마귀의 손에서 건지시고 아들로 인을 치시기 위함입니다.

히 2:11 거룩하게 하시는 이와 거룩하게 함을 입은 자들이 다 한 근원에서 난지라. 그러므로 형제라 부르시기를 부끄러워하지 아니하시고.

하나님의 아들이 될 사람들은 아래의 말씀들을 깊이 묵상하시고 말씀화가 되셔야만 합니다.

요 15:13 사람이 친구를 위하여 자기 목숨을 버리면 이보다 더 큰 사랑이 없나니.
마 10:39 자기 목숨을 얻는 자는 잃을 것이요 나를 위하여 자기 목숨을 잃는 자는 얻으리라.
마 16:25 누구든지 제 목숨을 구원하고자 하면 잃을 것이요 누구든지 나를 위하여 제 목숨을 잃으면 찾으리라.
막 12:30 네 마음을 다하고 목숨을 다하고 뜻을 다하고 힘을 다하여 주 너의 하나님을 사랑하라 하신 것이요.
눅 17:33 무릇 자기 목숨을 보전하고자 하는 자는 잃을 것이요 잃는 자는 살리리라.
요 10:11 나는 선한 목자라. 선한 목자는 양들을 위하여 목숨을 버리거니와.
롬 16:4 그들은 내 목숨을 위하여 자기들의 목까지도 내놓았나니 나뿐 아니라 이방인의 모든 교회도 그들에게 감사하느니라.
빌 2:30 그가 그리스도의 일을 위하여 죽기에 이르러도 자기 목숨을 돌보지 아니한 것은 나를 섬기는 너희의 일에 부족함을 채우려 함이니라.

요일 3:16 그가 우리를 위하여 목숨을 버리셨으니 우리가 이로써 사랑을 알고 우리도 형제들을 위하여 목숨을 버리는 것이 마땅하니라.

　이 말씀들을 심비에 새겨서 자신의 심령이 주님 뜻대로 살아가는 것이 자기 자신의 소원이 되어 질 때까지, 야곱이 환도 뼈가 위골되도록 천사와 씨름했듯이, 히스기야 왕이 벽을 향하여 눈물 흘리며 간구했듯이 쉬지 않고 기도하면 소원을 이루어 주실 것입니다.
　하나님께서는 6천여 년이라는 세월을 오래 참고 기다리신 것은 죄인들을 구원하시고자 하는 지극하신 사랑과 인내이심을 깨달아야 할 것입니다.
　교회를 다닌다고 모두가 하나님의 아들이 되는 것은 아닙니다. 왜냐하면 성경은 천국을 들어가기가 얼마나 어려운지 낙타가 바늘귀로 들어가는 것이 부자가 천국에 들어가는 것보다 더 쉽다고 하셨습니다. 믿는 자들에게 점도 없고 흠도 없으라고 하셨으며 하나님을 사랑하기를 마음을 다하며 목숨을 다하며 성품을 다하고 힘을 다해서 하나님을 사랑하라고 하셨습니다. 또한 네게 이웃을 네 자신같이 사랑하라고 하신 말씀을 이루어야 하니 이것이 천국이 이르는 도라고 하는 것입니다.

눅 10:27 대답하여 이르되 네 마음을 다하며 목숨을 다하며 힘을 다하며 뜻을 다하여 주 너의 하나님을 사랑하고 또한 네 이웃을 네 자신같이 사랑하라 하였나이다.
눅 18:25 낙타가 바늘귀로 들어가는 것이 부자가 하나님의 나라에 들어가는 것보다 쉬우니라 하시니.
벧후 3:14 그러므로 사랑하는 자들아 너희가 이것을 바라보나니 주 앞에서 점도 없고 흠도 없이 평강 가운데서 나타나기를 힘쓰라.

온전히 목숨을 주님께 맡겨드린 성도를 주님께서 신부단장을 해주신다는 것입니다. 하나님께서 바울을 인도하셨듯이 나를 인도해 주시면 좋겠지만 하나님께서 믿음도 제대로 되어 있지 않는 사람을 억지로 끌고 가지는 않겠지요? 하나님이 그렇게 억지로 끌고 가시려고 했으면 하와에게 에덴동산에서 선악과를 먹지 못하게 막으셨겠지요. 하나님께서는 처음부터 선악과를 동산 한가운데 만드신 목적은 하나님의 말씀을 선택하든지 거역하든 선택할 자유의지를 인간에게 주시고 하나님의 말씀을 선택한 사람 즉 하나님을 찾고 찾는 자들만 택함의 복을 주시고 인도하시고 아들을 삼으시고 신부단장을 시키시겠다는 것입니다.

잠 8:17 **나를 사랑하는 자들이 나의 사랑을 입으며 나를 간절히 찾는 자가 나를 만날 것이니라.**

하나님께서 사람을 지으시고 당신의 법대로 순종하는 자들만 택하시겠다고 하시는데 감히 그 누가 무슨 말을 할 수 있겠는지요?

롬 9:20-28 **이 사람아 네가 누구이기에 감히 하나님께 반문하느냐? 지음을 받은 물건이 지은 자에게 어찌 나를 이같이 만들었느냐, 말하겠느냐? 토기장이가 진흙 한 덩이로 하나는 귀히 쓸 그릇을, 하나는 천히 쓸 그릇을 만들 권한이 없느냐? 만일 하나님이 그의 진노를 보이시고 그의 능력을 알게 하고자 하사 멸하기로 준비된 진노의 그릇을 오래 참으심으로 관용하시고, 또한 영광 받기로 예비하신바 긍휼의 그릇에 대하여 그 영광의 풍성함을 알게 하고자 하셨을지라도 무슨 말을 하리요? 이 그릇은 우리니 곧 유대인 중에서 뿐 아니라 이방인 중에서도 부르신 자니라. 호세아의 글에도 이르기를 내가 내 백성 아닌 자를 내 백성이라, 사랑하지 아니한 자를**

사랑한 자라 부르리라. 너희는 내 백성이 아니라 한 그 곳에서 그들이 살아 계신 하나님의 아들이라 일컬음을 받으리라 함과 같으니라. 또 이사야가 이스라엘에 관하여 외치되 이스라엘 자손들의 수가 비록 바다의 모래 같을지라도 남은 자만 구원을 받으리니, 주께서 땅 위에서 그 말씀을 이루고 속히 시행하시리라 하셨느니라.

하나님께서는 인간에게 필요한 만물 다 지으시고 모든 것을 다스리게 하셨고 따먹지 말라고 한 선악과를 먹고 하나님처럼 되려고 범죄한 인간을 구원하시기 위하여 주님은 사람의 육체를 입고 오셔서 십자가를 져 주셨는데 하나님을 찾는 자와 간구하고 사모하는 자를 만나주시는 것은 당연하다고 생각합니다.

어찌 보면 하나님의 구원사 계획에 불만이 있어도 어쩔 수 없는 것은 모든 사람이 구원을 받아야 될 죄인이기 때문입니다. 오늘도 이 시대를 살아가는 우리들에게 하나님의 뜻에 순종을 할지 내 마음대로 살아갈 것인지 선택할 선악과는 존재하고 있습니다. 선악과를 통해서 주신 선택의 자유는 오늘도 우리들에게 허락이 되어 있으며 선택한 책임은 선택한 사람에게 있는 것입니다. 하나님을 찾고 찾는 자는 마귀의 종으로 팔려간 사실을 깨닫고 그 선택의 자유로 인하여 하나님 아버지의 사랑을 알고 하나님을 선택하는 것입니다. 아버지를 믿음으로 그 자유를 아버지께 환원하는 고백이 곧 나를 품꾼의 한 사람으로 써 주소서 라는 고백이요 종의 한사람으로 살겠다는 고백입니다.

눅 15:19-22 지금부터는 아버지의 아들이라 일컬음을 감당하지 못하겠나이다. 나를 품꾼의 하나로 보소서 하리라 하고, 이에 일어나서 아버지께로 돌아가니라. 아직도 거리가 먼데 아버지가 그를 보고 측은히 여겨 달려가 목을 안고 입을 맞추니, 아들이 이르되 아버지 내가 하늘과 아버지께 죄를 지었사오니 지금부터는 아버지의 아들이라 일컬음을 감당하지 못하겠나이다 하나, 아버지는 종들에게 이르되 제일 좋은 옷을 내어다가 입히고 손에 가락지를 끼우고 발에 신을 신기라.

우리가 평소에 얼마나 많이 들었고 기억하고 있는 탕자의 비유인지요. 이 탕자의 비유의 글을 읽고 어떤 생각들을 하셨는지 자신에게 물어 보시고 생각해 보시기 바랍니다. 하나님께서 주신 자유를 아버지께 환원하고 품꾼의 한 사람으로 써 주시라고 고백하면서 자신의 모든 권리를 아버지께 맡겨드리기 위해서 돌아오는 둘째 아들을 아버지는 얼마나 기뻐하셨는지 아버지의 자식에 대한 사랑을 알 수 있습니다.

당신이 믿음의 사람이라면 당신은 하나님을 얼마나 신뢰하고 하나님께 당신의 삶을 얼마나 맡겼는지 확인해 보시고 하나님께 당신의 자유를 환원하셔서 하나님의 기쁨이 되는 복을 누리시길 원합니다. 여기에서 정확한 것은 당신에게 주어진 자유를 사람의 힘으로는 절대 하나님께 맡겨드릴 수가 없다는 것입니다.

그래서 주님께서 십자가를 져주신 것입니다. 주님께서 나를 죄에서 구원하시기 위해서 십자가로 내 죄를 대속해 주심을 믿고 영접했다면 주님의 말씀대로 순종해야 합니다. 그러나 당신이 주님의 선하신 뜻을 위해 죽기까지 순종할 믿음이 없다면 죽기까지 순종할 믿음을 주시라고 간구해야 하는 것이 당연한 일입니다. 그 믿음이 없다는 것은 천국을 갈 수 있는 믿음이 없는 것입니다.

자유를 환원하는 방법 중의 가장 쉬운 방법이 바로 목숨을 주님께 맡겨 죽기까지 순종할 믿음을 주시라고 하나님께 간구하는 기도가 가장 쉬운 방법입니다.

롬 8:13 **너희가 육신대로 살면 반드시 죽을 것이로되 영으로써 몸의 행실을 죽이면 살리니.**
롬 12:1 **그러므로 형제들아 내가 하나님의 모든 자비하심으로 너희를 권하노니 너희 몸을 하나님이 기뻐하시는 거룩한 산 제물로 드리라 이는 너희가 드릴 영적 예배니라.**

율법시대에는 하나님 앞에 짐승을 잡아서 제사를 드렸는데 이것은 오실 메시아를 기다리는 상징적인 제사였다면 지금은 예수님의 십자가 대속의 은혜와 복음의 기쁜 소식을 널리 전파하면서 마지막 알곡을 추수하는 시대를 맞이하였으므로 산 제물이 되어 성령 안에서 영적 예배를 드리는 것입니다.

행 1:8 **오직 성령이 너희에게 임하시면 너희가 권능을 받고 예루살렘과 온 유대와 사마리아와 땅 끝까지 이르러 내 증인이 되리라 하시니라.**
행 13:47 **주께서 이같이 우리에게 명하시되 내가 너를 이방의 빛으로 삼아 너로 땅 끝까지 구원하게 하리라 하셨느니라 하니.**

마지막 시대의 제사는 주님께서 십자가를 져 주심은 잃어버린 에덴을 회복하는 제사이며 영적 예배입니다. 즉 하나님 안으로 다시 들어가야 한다는 것입니다. 은혜와 진리시대는 예수님을 영접하고 살아계신 성령님을 중심에 모신 성도가 이제는 주님께 자신을 전부 맡겨드린 믿음을 가져야 합니다. 그리고 이 믿음이 지속되도록 기도해야 합니다.

14

그 날에는 내가 아버지 안에 너희가 내안에

하나님의 말씀을 듣고 읽으며 죽기까지 순종할 믿음을 주시라고 간구하기 시작하는 것이 주님께 마음의 문을 열어 드리는 것입니다.

계 3:20 볼지어다. 내가 문 밖에 서서 두드리노니 누구든지 내 음성을 듣고 문을 열면 내가 그에게로 들어가 그와 더불어 먹고 그는 나와 더불어 먹으리라.

롬 12:1 그러므로 형제들아 내가 하나님의 모든 자비하심으로 너희를 권하노니 너희 몸을 하나님이 기뻐하시는 거룩한 산 제물로 드리라. 이는 너희가 드릴 영적 예배니라.

요 17:15-16 내가 비옵는 것은 그들을 세상에서 데려가시기를 위함이 아니요 다만 악에 빠지지 않게 보전하시기를 위함이니이다. 내가 세상에 속하지 아니함 같이 그들도 세상에 속하지 아니하였사옵나이다.

목숨을 주님께 맡긴 자가 세상에 속하지 않고 하나님 안에 들어간 자이며 하나님의 거룩한 아들인 것입니다.

요 14:11 **내가 아버지 안에 거하고 아버지께서 내 안에 계심을 믿으라. 그렇지 못하겠거든 행하는 그 일로 말미암아 나를 믿으라.**
요 14:20 **그 날에는 내가 아버지 안에, 너희가 내 안에, 내가 너희 안에 있는 것을 너희가 알리라.**
요 17:21 **아버지여, 아버지께서 내 안에, 내가 아버지 안에 있는 것 같이 그들도 다 하나가 되어 우리 안에 있게 하사 세상으로 아버지께서 나를 보내신 것을 믿게 하옵소서.**

이 말씀들을 알아도 실천하지 못하고 이 믿음을 소유하지 못하면 죽은 믿음이며 이 실천하는 믿음을 소유하려면 가장 설명하기 쉬운 표현으로 예수님을 마음에 영접해서 그리스도화가 되어 거룩한 하나님의 아들이 되는 것입니다. 이는 사람의 능력으로는 불가능한 일로 성령님의 강권적인 인도와 도와주심으로만 가능한 일입니다. 문제는 사람의 힘으로는 자신을 주님께 맡겨드리는 일도 할 수가 없다는 말입니다. 하나님의 뜻을 이루는데 사람의 힘으로는 일점일획 하나도 인간 스스로 할 수 없는 것입니다.

이 세상이 마귀권이며 우리 인간은 아담 이후로 6천여 년이 넘도록 세상 임금인 마귀의 종살이 습관으로 길들여져서 오로지 세상에 눈에 보이는 것과 돈에 매여 하나님보다 이 땅에 것을 사랑하는 것이 인간인지라 거기에서 인간의 의지로 세상을 부인할 수 있는 사람이 없다는 말입니다.

딤후 3:1-5 **너는 이것을 알라. 말세에 고통하는 때가 이르러 사람들이 자기를 사랑하며 돈을 사랑하며 자랑하며 교만하며 비방하며**

부모를 거역하며 감사하지 아니하며 거룩하지 아니하며 무정하며 원통함을 풀지 아니하며 모함하며 절제하지 못하며 사나우며 선한 것을 좋아하지 아니하며, 배신하며 조급하며 자만하며 쾌락을 사랑하기를 하나님 사랑하는 것보다 더하며, 경건의 모양은 있으나 경건의 능력은 부인하니 이 같은 자들에게서 네가 돌아서라.

이 세상에 살면서 세상과 자신을 스스로 부인할 수 있는 사람이 없으니 주님께 목숨을 걸고 주님만 사랑하며 주님만 순종하도록 나를 바꿔 주시라고 간청하는 기도를 하는 것입니다. 우리가 알아야 할 것은 하나님께서는 인간들이 스스로 한 것은 받지 않으신다는 것입니다. 내가 주님 안에 들어가서 성령의 인도하심으로 한 것만 받으신다는 것입니다,

요 15:4 내 안에 거하라. 나도 너희 안에 거하리라. 가지가 포도나무에 붙어 있지 아니하면 스스로 열매를 맺을 수 없음 같이 너희도 내 안에 있지 아니하면 그러하리라.

그리스도 안에 들어가려면 사람의 힘으로 들어갈 수가 없고 성령의 인도하심이 있어야 합니다. 인간의 한계인 사람으로서는 보이지 않는 하나님보다 보이는 세상 것을 더 좋아할 수밖에 없는 죄인임을 인정하고 회개를 해야 합니다. 성경을 제대로 알아야 하나님을 알게 되며 사람의 한계도 알 수가 있으며 나 자신이 얼마나 나약한지를 알게 될 때에 그때서야 하나님 앞에 마음의 두 손을 온전히 들고 자신을 하나님께 맡겨드릴 수가 있게 해달라는 기도가 나오는 것입니다.

롬 8:8 육신에 있는 자들은 하나님을 기쁘시게 할 수 없느니라.

히 11:6 **믿음이 없이는 하나님을 기쁘시게 하지 못하나니 하나님께 나아가는 자는 반드시 그가 계신 것과 또한 그가 자기를 찾는 자들에게 상 주시는 이심을 믿어야 할지니라.**
롬 14:18 **이로써 그리스도를 섬기는 자는 하나님을 기쁘시게 하며 사람에게도 칭찬을 받느니라.**

사람이 자기 자신을 부인하고 온전히 주님께 자신을 맡겨드릴 수 있게 될 때에 주님께서 온전히 주관해주시는데 그렇게 되면 하나님께나 사람에게도 칭찬을 받게 되는 것입니다.

그런데 20년이라는 세월 동안에 자주 금식하고 간구하는 기도를 드렸는데 저의 육이 죽고 저 자신을 부인하고 주님께 맡길 수 있는 상태가 되는데 또 30년이 꼬박 걸리더라는 것입니다. 이 말씀을 드리는 것은 결코 쉽게 생각해서는 안 된다는 것을 말씀을 드리는 것입니다. 애굽에서 나온 이스라엘 백성들 60만여 명 중에 여호수아와 갈렙 외에는 가나안 땅에 못 들어 간 것을 잊어서는 안 됩니다.

그렇게 되어가면서 제가 깨달은 것이 있습니다. 밥을 먹지 않고 물도 마시지 않는 금식을 하게 되면 3일 금식은 아주 할 만 한데 그 대신 기도는 하루밖에 아니 됩니다. 닷새를 하게 되면 3일간 주님을 의지하게 되고 칠일을 하면 5일을 온전히 주님께 의지하게 되는데 절대 사람들에게 보이기 위한 금식은 해서는 안 된다는 것을 잊지 말아야 합니다. 하나님께서는 하나님 한 분과의 교제를 원하십니다.

마 6:4 **네 구제함을 은밀하게 하라. 은밀한 중에 보시는 너의 아버지께서 갚으시리라.**
마 6:6 **너는 기도할 때에 네 골방에 들어가 문을 닫고 은밀한 중에 계신 네 아버지께 기도하라. 은밀한 중에 보시는 네 아버지께서 갚으시리라.**

마 6:16-18 금식할 때에 너희는 외식하는 자들과 같이 슬픈 기색을 보이지 말라. 그들은 금식하는 것을 사람에게 보이려고 얼굴을 흉하게 하느니라. 내가 진실로 너희에게 이르노니 그들은 자기 상을 이미 받았느니라. 너는 금식할 때에 머리에 기름을 바르고 얼굴을 씻으라. 이는 금식하는 자로 사람에게 보이지 않고 오직 은밀한 중에 계신 네 아버지께 보이게 하려 함이라. 은밀한 중에 보시는 네 아버지께서 갚으시리라.

금식을 할 때도 금식을 하지 않는 사람들처럼 하나님 한 분만 알게 하고, 구제를 할 때도 하나님 한 분만 아시면 되고 아무리 억울한 일을 당해도 하나님 한 분만 알게 하고 있다면 그런 믿음이 참으로 눈으로 보이지 않는 하나님을 믿는 믿음입니다.

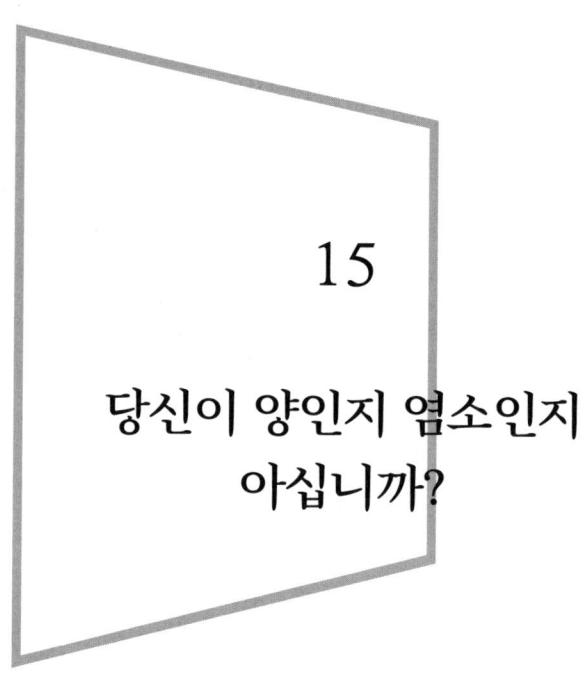

15

당신이 양인지 염소인지 아십니까?

믿음이 있다는 성도들의 대부분이 오로지 하나님께서 자신의 마음 깊은 곳과 생각까지 감찰하시는 하나님인 것을 의식하지 않고 입으로만 주여 주여 할뿐입니다. 하나님께서 나의 모든 행동과 삶을 지켜보고 계시다는 것을 모르고 있습니다. 자신의 마음과 삶과 행동을 그리스도처럼 바꾸기 위해서 목숨을 걸고 변화시켜 달라고 금식하며 기도하는 성도들은 많지 않은 것 같습니다.

그렇게 그리스도화 되기 위해서 기도하지 않음은 자기 자신이 죄인이며 변화되지 않고서는 천국을 갈 수 없는 사람인 것을 모르고 있다는 증거일 뿐입니다. 나 자신의 믿음을 아는 것이 나를 아는 것인데 믿는다고 하는 사람들이 하나님께서 나에게 무엇을 원하시는지도 알지 못하고 있습니다. 자신의 상태가 얼마나 세상적이며 마귀의 종살이 습관대로 사는 모습에서 변화할 생각도 간구할 생각도 안합니다. 마치 이스라엘 백성들이 애굽의 습관을 그대로 가지고 있다가 광야에서 모두 죽은 자들처럼 하나님의 아들이 되지 못하고 있다는 사실을 모르고 있습니다. 마지막 때에 하나님께서 양과 염소로 나눈다는 말씀을 보고 저는 적어도 양일까 염소일까 많이 궁금했었는데 그 염려와 걱정도 없는 사람이 나라면 나는 염소입니다.

마 25:33-36 양은 그 오른편에 염소는 왼편에 두리라. 그 때에 임금이 그 오른편에 있는 자들에게 이르시되 내 아버지께 복 받을 자들이여 나아와 창세로부터 너희를 위하여 예비된 나라를 상속받으라. 내가 주릴 때에 너희가 먹을 것을 주었고 목마를 때에 마시게 하였고 나그네 되었을 때에 영접하였고. 헐벗었을 때에 옷을 입혔고 병들었을 때에 돌보았고 옥에 갇혔을 때에 와서 보았느니라.

이런 삶으로 변화되지 못하면 열매 없는 무화과나무처럼 결국 버림을 받는다는 말씀입니다. 원래 우리들은 염소의 삶이었지만 신앙인의 삶은 이 염소의 삶에서 양의 삶으로 바뀌어야 하는데 문제는 염소나 양들의 생각이 비슷하다는 생각에 잡혀있는 것이 가장 큰 문제입니다. 지금 이 시대는 자신의 신앙을 다른 사람의 말에 의해서가 아니라 자기 자신이 바울을 인도하셨던 성령님의 인도를 받아 주님과 동행하고 있어야 합니다. 놀라운 사실은 주님과 동행하고 있다는 사람도 자기 자신이 원하는 것이 세상 것 밖에 없다면 이는 주님과의 동행이 아닙니다. 이런 사람은 아주 가까운 곳에 성령의 사람이 있어도 아예 알아보지도 못한다는 말씀입니다.

한 예로 예수님께서 병자를 고치시고 귀신을 쫓아내시느라 식사할 겨를도 없었을 때에 이를 보고 예수님의 형제들과 무리들이 미쳤다고 말한 것을 보면 깨어있지 못한 자들임을 알 수 있습니다. 예수님은 누구든지 하나님의 뜻대로 하는 자라야 내 형제요 내 자매요 어머니라고 말씀하셨습니다.

막 3:20-21 집에 들어가시니 무리가 다시 모이므로 식사할 겨를도 없는지라. 예수의 친족들이 듣고 그를 붙들러 나오니 이는 그가 미쳤다 함일러라.

막 3:30-35 이는 그들이 말하기를 더러운 귀신이 들렸다 함이러라. 그 때에 예수의 어머니와 동생들이 와서 밖에 서서 사람을 보내어 예수를 부르니, 무리가 예수를 둘러앉았다가 여짜오되 보소서. 당신의 어머니와 동생들과 누이들이 밖에서 찾나이다. 대답하시되 누가 내 어머니이며 동생들이냐 하시고, 둘러앉은 자들을 보시며 이르시되 내 어머니와 내 동생들을 보라. 누구든지 하나님의 뜻대로 행하는 자가 내 형제요 자매요 어머니 이니라.

믿음이 없는 사람은 주님이 아무리 가까운데 있어도 주님을 알아보지 못하고 주님의 음성을 들어도 깨닫지 못하며 주의 종도 알아볼 수 없고 성령의 사람도 알아보지 못하는 사람을 잠자고 있다고 성경은 말하고 있습니다.

온전히 하나님을 의지하지 못하는 성도를 깨어있는 성도라고 할 수 없는 것입니다. 육신의 것이 목적인 사람은 육신의 것만 보이므로 눈에 보이지 않는 하나님의 것에는 도무지 관심이 없고 성령님의 역사도 알려고 하지 않고 자기의 욕심대로 자기 자신이 원하는 세상 것을 구하고 있는 것입니다. 우리 주님께서 세상 것을 구하라고 예수 그리스도의 이름을 주신 것이 결코 아님을 명심해야 합니다. 하나님 나라와 그의 의를 구하라고 예수 그리스도 이름을 십자가의 고난으로 낳아 주신 것입니다.

마 6:33 그런즉 너희는 먼저 그의 나라와 그의 의를 구하라. 그리하면 이 모든 것을 너희에게 더하시리라.

그렇지요 에덴동산에서 마귀의 꼬임에 빠진 죽은 나의 영혼이 하나님의 아들로 돌아가는 것을 목적으로 십자가를 져 주셨습니다. 성도가 그의 나라를 구하는 것이 아니라 이 땅의 썩어질 것을 위해 기도하고 있다면 아직 깨어있지 못한 것입니다.

마 6:30-34 오늘 있다가 내일 아궁이에 던져지는 들풀도 하나님이 이렇게 입히시거든 하물며 너희일까 보냐? 믿음이 작은 자들아, 그러므로 염려하여 이르기를 무엇을 먹을까 무엇을 마실까 무엇을 입을까 하지 말라. 이는 다 이방인들이 구하는 것이라. 너희 하늘 아버지께서 이 모든 것이 너희에게 있어야 할 줄을 아시느니라. 그러므로 내일 일을 위하여 염려하지 말라. 내일 일은 내일 염려할 것이요 한 날의 괴로움은 그 날로 족하니라.

주님께서는 그의 나라와 그의 의를 구하면 내가 필요한 모든 것을 주신다고 하시는데 주님께서 가르쳐 주신대로 안하면 주님의 뜻을 거역하는 것입니다. 세상 것을 구했던 것을 회개하면서 성령님을 구해야 합니다. 끝까지 세상 것을 구하겠다면 하나님도 어찌 할 수가 없으시지요. 만일 당신이 세상 것을 구하는 성도라면 당신을 이방인이라고 하시는데도 계속 세상 것을 구하시겠는지요? 요즘 교회 목사님들은 성도들이 드린 헌금에는 천 배 만 배로 축복해달라고 기도하면서 영적 축복에는 매우 인색한 것을 보면 얼마나 기복주의에 빠져있는 지를 알 수 있습니다.

하나님께서는 그의 나라를 구하는 자들에게 어떤 것으로 주실 것 같습니까? 더 좋은 것, 성령을 주신다고 약속하셨습니다. 성령을 구하지 못해서 문제이지 정말 마음으로 성령을 구하게 되면 하나님은 바로 당신이 좋아하고 원하는 세상 것도 더하여 주신다고 하셨습니다.

마 6:8 그러므로 그들을 본받지 말라. 구하기 전에 너희에게 있어야 할 것을 하나님 너희 아버지께서 아시느니라.
눅 11:13 너희가 악할지라도 좋은 것을 자식에게 줄 줄 알거든 하물며 너희 하늘 아버지께서 구하는 자에게 성령을 주시지 않겠느냐?
눅 12:30 이 모든 것은 세상 백성들이 구하는 것이라. 너희 아버지께서는 이런 것이 너희에게 있어야 할 것을 아시느니라.

우리가 무엇을 원하는지 또 무엇이 있어야 할지 하나님께서는 다 아신다는 것입니다. 문제는 사람의 마음을 세상 임금인 마귀가 주관을 하고 있기 때문에 주님의 도우심이 없이는 아예 마귀의 손아귀에서 벗어날 수가 없다는 것입니다. 그런데 자기 자신의 마음속에 두 가지 마음으로 하나님 앞에 기도하면 하나님께서는 더러운 자라고 하십니다.

딤전 6:17 네가 이 세대에서 부한 자들을 명하여 마음을 높이지 말고 정함이 없는 재물에 소망을 두지 말고 오직 우리에게 모든 것을 후히 주사 누리게 하시는 하나님께 두며.
약 1:8 두 마음을 품어 모든 일에 정함이 없는 자로다.

마음으로는 오로지 땅에 것 외에는 관심이 없던 사람이 처음 교회를 나가면 어떻게 하면 복을 받고 좀 더 잘 살아볼까 하는 마음에서 시작을 하게 되고 하나님이 기뻐하시는 믿음을 가지려는 마음이 없다는 것입니다.

마 6:24 한 사람이 두 주인을 섬기지 못할 것이니 혹 이를 미워하고 저를 사랑하거나 혹 이를 중히 여기고 저를 경히 여김이라. 너희가 하나님과 재물을 겸하여 섬기지 못하느니라.

처음에는 당연히 이 땅에서 복을 받기 위한 것이 목적이었다 할지라도 믿음이 생기고 하나님을 알게 되면 세상 것을 내려놓고 기도를 하는 것이 믿음이 성장한 사람이라고 할 수가 있습니다. 사실 교회를 다니면서 육신의 것을 전부 내려놓고 진정한 믿음을 가지고 있는 사람은 많지 않은 것 같습니다.

천국에는 많은 사람이 가는 곳이 아니고 아주 극소수만이 가는 곳, 즉 이 땅에서 사는 동안에 이 세상 것을 내려놓고 아버지 안으로 들어간 사람으로서 마음에 천국이 이루어져야 하며 하나님으로부터 너는 내 아들이라는 믿음을 가진 사람들이 죽어서 가는 천국입니다.

눅 12:32 **적은 무리여 무서워 말라. 너희 아버지께서 그 나라를 너희에게 주시기를 기뻐하시느니라.**
마 22:14 **청함을 받은 자는 많되 택함을 입은 자는 적으니라.**
눅 18:8b **그러나 인자가 올 때에 세상에서 믿음을 보겠느냐 하시니라.**

하나님의 아들이 되는 일이 쉽다고 말하는 사람은 거짓말을 하고 있는 것입니다.

마 7:21 **나더러 주여 주여 한다고 다 천국에 들어갈 것이 아니요 다만 하늘에 계신 내 아버지의 뜻대로 행하는 자라야 들어가리라.**
막 12:30-33 **네 마음을 다하고 목숨을 다하고 뜻을 다하고 힘을 다하여 주 너의 하나님을 사랑하라 하신 것이요. 둘째는 이것이니 네 이웃을 네 자신과 같이 사랑하라 하신 것이라. 이보다 더 큰 계명이 없느니라. 서기관이 이르되 선생님이여 옳소이다. 하나님은 한 분이시요 그 외에 다른 이가 없다 하신 말씀이 참이니이다. 또 마음을 다하고 지혜를 다하고 힘을 다하여 하나님을 사랑하는 것과**

또 이웃을 자기 자신과 같이 사랑하는 것이 전체로 드리는 모든 번제물과 기타 제물보다 나으니이다.

이 말씀대로 순종하는 사람에게 하나님의 아들이라고 말을 할 수 있을 텐데 이와 같은 사람은 12제자와 120문도와 바울 선생 또 선지자들과 믿음의 선진들이 있습니다. 마지막 추수 때에는 알곡이 되어야 하니 그리스도화 되어서 마음을 다하고 목숨을 다하고 힘을 다하여서 하나님을 사랑하는 자가 되어야 만이 아버지 나라에 들어갈 수가 있을 것입니다.

이 말씀까지 보시고 나면 자기 자신이 천국을 갈수 있는지 아직 얼마나 부족한지 분별이 되고 기도를 어떻게 해야 할지를 알게 되겠지요. 천국을 쉽게 들어간다고 생각하는 사람은 정확하게 말씀을 드리자면 철저하게 마귀에게 속는 것입니다.

천국을 간다는 것은 예수님을 영접하고 믿음으로 하나님의 아들이 되고 신부단장이 되어야 합니다. 우리가 처음에는 교회를 통해서 그리스도의 초보인 초등학문을 배우고 십자가의 대속함을 믿고 살아계신 하나님의 아들이라는 믿음을 가졌다면 그 다음은 주님께서 나의 죄를 대속해 주신 은혜를 깊이 감사하면서 성령 안에서 목숨을 다하여 주님을 사랑하고 순종하는 일입니다. 그리고 나의 할 일과 사명은 무엇인지를 하나님께 여쭈어 보고 응답 받은 대로 사는 것이 진정한 성도의 생활입니다.

히 6:1-3 그러므로 우리가 그리스도의 도의 초보를 버리고 죽은 행실을 회개함과 하나님께 대한 신앙과 세례들과 안수와 죽은 자의 부활과 영원한 심판에 관한 교훈의 터를 다시 닦지 말고 완전한 데로 나아갈지니라. 하나님께서 허락하시면 우리가 이것을 하리라.

처음에는 말씀을 통해서 예수님을 구주로 믿고 성령으로 거듭나면 그 다음은 보혜사 성령님의 인도를 받으셔야 한다는 것을 명심하셔야 합니다. 주님의 십자가의 대속함은 크게는 온 인류를 구원하시기 위한 것이지만 개인적으로 나를 위해 십자가를 지셨다는 것을 인정해야 만이 나 자신을 주님께 맡겨드릴 수가 있습니다.

요 13:15 **내가 너희에게 행한 것 같이 너희도 행하게 하려 하여 본을 보였노라.**
살후 3:9 **우리에게 권리가 없는 것이 아니요 오직 스스로 너희에게 본을 보여 우리를 본받게 하려 함이니라.**
히 8:5 **그들이 섬기는 것은 하늘에 있는 것의 모형과 그림자라. 모세가 장막을 지으려 할 때에 지시하심을 얻음과 같으니 이르시되 삼가 모든 것을 산에서 네게 보이던 본을 따라 지으라 하셨느니라.**
벧전 2:21 **이를 위하여 너희가 부르심을 받았으니 그리스도도 너희를 위하여 고난을 받으사 너희에게 본을 끼쳐 그 자취를 따라오게 하려 하셨느니라.**

성경을 보면 하나님 말씀에 순종하는 모든 선지자들의 삶처럼 하나님의 아들이 된 자들의 삶이 되어야 완성이 되는 것입니다. 또한 이 시대를 살아가는 우리들도 마찬가지로 바울 선생의 발자취 곧 그리스도의 발자취를 따라 가야하며 결국은 그리스도화, 바울화가 되어야 한다는 것입니다. 우리가 바울의 발자취를 따라가는 것이 가장 쉬운 방법이듯이 성령님의 인도를 받았던 저의 경험담을 말씀드리겠습니다.

제가 저의 신앙 경험담을 말씀드리는 것은 이 글을 보는 사람들에게 성령님의 인도를 받았던 과정들을 말씀드려 이해를 돕고자 합니다. 주 성령님의 인도를 받으려면 철저한 회개와 하나님께서 원하시는 믿음의 간구와 실천하는 행함의 믿음이 있어야만 된다는 말씀을 드립니다.

하나님께서 인간을 창조하신 목적은 결국 거룩한 아들을 얻기 위함이신데 거룩한 아들이 되려면 에덴동산에서 하나님의 말씀을 거역하고 마귀의 말을 들음으로 인하여 영이 죽고 사망권인 마귀 권에서 죄의 종으로 태어나게 된 것을 알아야 합니다. 그러면 이 마귀 권에서 탈출해서 하나님 나라로 돌아가야 하는데 어떻게 해야 돌아갈 수 있을 것인가요? 이 마귀 권에서 나가려면 사람의 능력으로는 단 1%의 가능성도 없습니다. 오로지 십자가를 져주신 주님의 대속하신 은혜만이 유일하게 마귀의 손아귀에서 벗어날 수가 있습니다.

그런데 마귀의 능력에서 벗어나려면 주 성령님의 강권적인 도움이 없이는 불가능한 일이지만 먼저 주님을 구주로 영접하고 믿음을 입으로 고백하고 회개하면 성령께서 하나님의 자녀로 거듭나게 하십니다. 그러고 나서 자신의 모든 삶을 주님께 맡겨드리고 쉬지 말고 기도하며 주님의 뜻대로 살아야 합니다. 그러나 이 세상은 마귀가 지배를 하고 있으므로 예수님의 이름으로 마귀의 세력들과 항상 싸워서 이겨야 합니다.

벧전 5:8-9a 근신하라 깨어라. 너희 대적 마귀가 우는 사자 같이 두루 다니며 삼킬 자를 찾나니 너희는 믿음을 굳건하게 하여 그를 대적하라.

이 말씀에서 다시 말씀을 드리면 기도해야할 문제나 어려운 시련이 없다는 사람은 하나님께 속한 자가 아닐 수 있습니다. 신앙인에게는 어려운 환경과 문제들이 주님께 더욱 가까이 갈 수 있는 기도의 제목들이라고 말씀을 드리고 싶습니다.

또 거짓말을 하거나 진실하지 못한 자들이 죄를 회개하지 않으면 천국에 절대 못 간다는 것을 명심해야 합니다. 세상 것이 하나님의 것보다 더 좋아 보이고 더 커 보이면 세상을 사랑하게 되므로 이런 사람도 회개하지 않으면 천국을 못갑니다.

딤후 3:2-5 사람들이 자기를 사랑하며 돈을 사랑하며 자랑하며 교만하며 비방하며 부모를 거역하며 감사하지 아니하며 거룩하지 아니하며, 무정하며 원통함을 풀지 아니하며 모함하며 절제하지 못하며 사나우며 선한 것을 좋아하지 아니하며, 배신하며 조급하며 자만하며 쾌락을 사랑하기를 하나님 사랑하는 것보다 더하며, 경건의 모양은 있으나 경건의 능력은 부인하니 이같은 자들에게서 네가 돌아서라.

하나님을 믿는다고 하면서도 천국을 못가는 사람들의 이유가 거의 대부분이 세상 것을 목적으로 삼았기 때문입니다. 교회를 다니면 모두 천국을 간다고 착각을 하는 사람들은 성경을 모르고 하나님의 뜻도 전혀 모르기 때문입니다. 천국은 예수님을 구주로 믿고 성령으로 거듭나서 세상 모든 것은 주님께 맡기고 오로지 하나님 말씀에 아멘과 예를 하면서 주님 말씀에 순종하고 날마다 기도하는 자들에게만 허락된 곳이 천국입니다.

잠 8:17 나를 사랑하는 자들이 나의 사랑을 입으며 나를 간절히 찾는 자가 나를 만날 것이니라.
요 3:5 예수께서 대답하여 이르시되 진실로 진실로 네게 이르노니 사람이 거듭나지 아니하면 하나님의 나라를 볼 수 없느니라.
마 7:21 나더러 주여 주여 하는 자마다 다 천국에 들어갈 것이 아니요 다만 하늘에 계신 내 아버지의 뜻대로 행하는 자라야 들어가리라.

처음에 교회를 나갈 때에는 이 세상에서 안정되고 평탄한 삶을 살기 위해 기도하지만 믿음이 성장하면서 십자가의 대속함이 믿어지고 주님의 사랑을 경험하게 됩니다. 앞으로 남은 삶을 살아가면서 성령님의 뜻대로 순종함은 물론이고 문제가 생길 때마다 어떻게 할 것인가를 하나님께 여쭈어 보고 응답하실 때까지 기도하며 신앙 생활하는 것입니다.

성도가 초등학문에서 진리이신 주님 안으로 들어가기 전에는 아무리 바르고 인격을 갖춘 사람이라도 마귀 권 안에서 벗어나지 못한 상태라서 언제든지 귀신의 시험과 유혹을 받을 수밖에 없습니다. 또한 목숨을 주님께 맡겨드리기 위해서 평생 간구나 기도를 하지 않는 사람은 하나님의 아들로 거듭나지 않았다는 증거입니다. 문제는 대부분의 성도들이 하나님을 너무 가볍게 생각하고 성경말씀을 사람의 계명이나 세상 학문 정도로 여기는 것입니다. 하나님의 택함을 받는 아들이 되는 것이 결코 쉬운 일이 아니라는 것을 명심해야 한다는 말씀을 드립니다.

막 4:11 **이르시되 하나님 나라의 비밀을 너희에게는 주었으나 외인에게는 모든 것을 비유로 하나니.**
막 4:12 **이는 그들로 보기는 보아도 알지 못하며 듣기는 들어도 깨닫지 못하게 하여 돌이켜 죄 사함을 얻지 못하게 하려 함이라 하시고.**
마 7:21-23 **나더러 주여 주여 하는 자마다 다 천국에 들어갈 것이 아니요 다만 하늘에 계신 내 아버지의 뜻대로 행하는 자라야 들어가리라. 그 날에 많은 사람이 나더러 이르되 주여 주여 우리가 주의 이름으로 선지자 노릇 하며 주의 이름으로 귀신을 쫓아내며 주의 이름으로 많은 권능을 행하지 아니하였나이까 하리니, 그 때에 내가 그들에게 밝히 말하되 내가 너희를 도무지 알지 못하니 불법을 행하는 자들아 내게서 떠나가라 하리라.**

마 25:11-12 그 후에 남은 처녀들이 와서 이르되 주여 주여 우리에게 열어 주소서. 대답하여 이르되 진실로 너희에게 이르노니 내가 너희를 알지 못하노라 하였느니라.

눅 6:46 너희는 나를 불러 주여 주여 하면서도 어찌하여 내가 말하는 것을 행하지 아니하느냐?

이 본문 말씀의 의미를 깊이 생각을 해보시면 아무나 하나님의 구원이 허락되지 않았다는 말씀입니다. 또한 쉽게 얻어지는 것도 아니라는 의미입니다. 하나님께서는 거룩한 아들을 얻기 위해서 독생자의 생명을 내어주셨다는 것을 깨닫는다면 구원이 얼마나 값진 것임을 알 수 있어야 한다는 말입니다. 하나님을 믿는다고 하면서 하나님의 말씀을 행하지 않으면 죽은 믿음이며 천국에 들어가지 못하는 믿음입니다.

눅 18:25 낙타가 바늘귀로 들어가는 것이 부자가 하나님의 나라에 들어가는 것보다 쉬우니라 하시니.
딤전 6:14 우리 주 예수 그리스도께서 나타나실 때까지 흠도 없고 책망 받을 것도 없이 이 명령을 지키라.
벧후 3:14 그러므로 사랑하는 자들아 너희가 이것을 바라보나니 주 앞에서 점도 없고 흠도 없이 평강 가운데서 나타나기를 힘쓰라.
막 12:30 네 마음을 다하고 목숨을 다하고 뜻을 다하고 힘을 다하여 주 너의 하나님을 사랑하라 하신 것이요.
막 12:33 또 마음을 다하고 지혜를 다하고 힘을 다하여 하나님을 사랑하는 것과 또 이웃을 자기 자신과 같이 사랑하는 것이 전체로 드리는 모든 번제물과 기타 제물보다 나으니이다.
약 2:17 이와 같이 행함이 없는 믿음은 그 자체가 죽은 것이라.

이 말씀을 보면 천국을 소유하고 구원을 얻기가 사람의 힘으로는 불가능하다고 깨달은 사람이 목숨을 주님께 맡길 수 있는 믿음을 주시라고 간구할 수가 있다는 말씀입니다. 구원은 하루아침에 이루어지는 것이 아니고 평생을 깨어 있어야하며 주님 안에 거하는 사람만이 가능한 일이며 성령님의 도와주심이 아니면 사람의 힘으로는 불가능한 일입니다.

앞에 기록된 말씀이 믿음과 함께 행함이 되지 못하면 천국은 갈 수 없습니다. 제가 만나고 경험한 하나님께서는 내 평생 살아온 삶에서 한 번도 실수나 오차가 있는 것을 경험한 적이 없습니다.

하나님께서는 완벽 그 자체라고 한다면 우리의 구원사도 하나님의 계획하심에서 한 치도 틀림없이 변화시켜서 데리고 가신다는 것입니다. 다시 말씀을 해도 하나님께서는 하나님의 약속의 말씀을 어기거나 변개를 안 하시고 약속을 그대로 이루신다는 말씀입니다. 하나님께서는 완전하시므로 하나님 자신도 말씀 밖으로 나가시거나 어기시지 않으신다는 의미입니다.

민 23:19 하나님은 사람이 아니시니 거짓말을 하지 않으시고 인생이 아니시니 후회가 없으시도다. 어찌 그 말씀하신 바를 행하지 않으시며 하신 말씀을 실행하지 않으시랴.

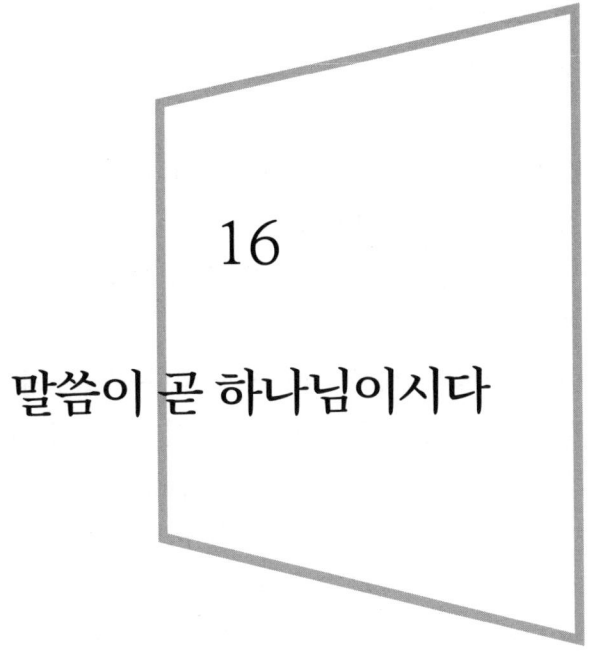

16

말씀이 곧 하나님이시다

정확하게 말씀을 드리자면 하나님께서는 마귀 권에 빠진 아담과 하와와 그의 후손들을 건져내서 하나님의 거룩한 아들로 만들기 위해서 죄인들의 죄를 대속하여 주실 독생자 예수님을 보내셔야 했습니다. 예수님은 말씀이 육신이 되어 이 세상에 오신 것입니다. 하나님의 말씀은 그 자체가 하나님이신데 그 말씀을 어긴다면 그 사람이 어찌 하나님을 사랑한다고 말할 수가 있겠는지요? 말씀을 멀리하면 하나님을 멀리하는 것이고 말씀을 좋아하지 않으면 하나님을 좋아하지 않는다는 증거입니다. 말씀을 주야로 즐거워하며 묵상하고 지키는 자는 하나님을 믿는 자입니다. 말씀을 믿고 지키는 자는 하나님 안에서 사는 자이고 하나님을 사랑하는 자입니다.

요 1:1-3 **태초에 말씀이 계시니라. 말씀이 하나님과 함께 계셨으니 이 말씀은 곧 하나님이시라. 그가 태초에 하나님과 함께 계셨고 만**

물이 그로 말미암아 지은바 되었으니 지은 것이 하나도 그가 없이는 된 것이 없느니라.

계 19:9 천사가 내게 말하기를 기록하라. 어린 양의 혼인 잔치에 청함을 받은 자들은 복이 있도다 하고 또 내게 말하되 이것은 하나님의 참되신 말씀이라 하기로.

계 19:13 또 그가 피 뿌린 옷을 입었는데 그 이름은 하나님의 말씀이라 칭하더라.

히 4:12 하나님의 말씀은 살아 있고 활력이 있어 좌우에 날선 어떤 검보다도 예리하여 혼과 영과 및 관절과 골수를 찔러 쪼개기까지 하며 또 마음의 생각과 뜻을 감찰하나니.

요일 1:1-2 태초부터 있는 생명의 말씀에 관하여는 우리가 들은 바요 눈으로 본 바요 자세히 보고 손으로 만진 바라. 이 생명이 나타내신 바 된지라. 이 영원한 생명을 우리가 보았고 증언하여 너희에게 전하노니 이는 아버지와 함께 계시다가 우리에게 나타내신 바 된 이시니라.

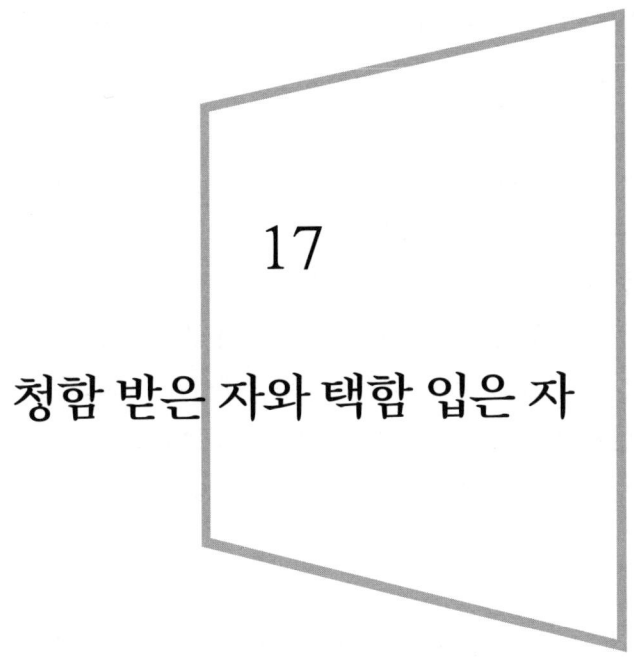

17

청함 받은 자와 택함 입은 자

오늘의 말씀은 청함을 받은 자와 택함을 입은 자의 의미를 말씀을 드리려고 합니다. 청함을 받은 자는 예수를 믿는 모든 성도가 해당 된다고 말씀드릴 수 있습니다.

마 22:14 **청함을 받은 자는 많되 택함을 입은 자는 적으니라.**

청함을 받은 자의 숫자는 정말 바다의 모래같이 또 하늘의 별과 같이 많아서 하나님께서 아브라함에게 약속하신대로 약속을 이루셨지만 이 시대를 사는 우리는 청함을 받은 자들 속에서 택함을 입은 자가 되어야 한다는 말씀을 드립니다. 그런데 택함을 입기가 얼마나 어려운지 성경은 말씀을 하고 있습니다.

이스라엘 백성들이 출애굽 과정에서 애굽의 습관을 버리지 않은 자들은 광야에서 죽었고 오로지 여호수아와 갈렙만 들어갔다는 교훈의 말씀을 보면 이 땅에 것이 목적인 사람, 세상을 사랑하고 세상에 소망을 둔 사람들은 택함을 입을 수 없다는 말씀입니다.

인간의 한계 자체가 오로지 이 세상에서 잘 살고 평탄한 삶을 사는 것이 목적인데 그 삶을 부인한다는 것은 사람의 의지로는 절대적으로 불가능한 일로써 성령님의 도우심이 없이는 못할 일입니다. 이 세상 것을 부인하려면 먼저 하나님의 뜻을 먼저 알아서 하나님의 대한 온전한 믿음이 있어야 자신을 주님께 맡겨드릴 수가 있다는 것을 아셔야 합니다. 그러기 위해서는 주님께서는 나의 죄를 대속하기 위하여 십자가를 져 주셨는데 나 자신은 주님 뜻에 죽기까지 순종할 수 있는 믿음이 없음을 회개하고 죽기까지 순종할 믿음이 있어야 합니다.

> 히 11:6 믿음이 없이는 하나님을 기쁘시게 하지 못하나니 하나님께 나아가는 자는 반드시 그가 계신 것과 또한 그가 자기를 찾는 자들에게 상 주시는 이심을 믿어야 할지니라.
> 요일 5:4 무릇 하나님께로부터 난 자마다 세상을 이기느니라. 세상을 이기는 승리는 이것이니 우리의 믿음이니라.
> 갈 3:6 아브라함이 하나님을 믿으매 그것을 그에게 의로 정하셨다 함과 같으니라.
> 롬 4:5 일을 아니할지라도 경건하지 아니한 자를 의롭다 하시는 이를 믿는 자에게는 그의 믿음을 의로 여기시나니.

하나님의 사랑을 받으려면 제일 먼저 하나님께 대한 믿음을 갖고 있어야 하고 그런 믿음이 없다면 믿음을 얻기 위해 말씀을 읽으면서 간구하고 기도해야 한다는 것입니다. 하나님께서 기뻐하시는 것도 믿음이고 의로 여기시는 것도 믿음입니다. 하나님 앞에 진심을 다하여 간구하고 순종해야하는 것이 믿음이라는 것을 심비에 새기셔서 목숨을 걸고 주님의 뜻대로 순종하는 사람이 되었다고 주님이 인정하시면 그 사람은 하나님의 택함을 받을 수 있다는 것입니다.

그런데 목숨을 건다는 것은 거짓이 아니라 오늘 하나님께서 나를 부르신다 해도 돌아갈 준비가 되어 있어야 하니 그 믿음이 되면 신부단장이 다 된 것입니다. 그 믿음을 평생 가지고 끝까지 인내하는 자만이 구원을 얻는다고 말씀하고 있습니다. 믿음생활의 여정에는 누구에게나 핍박과 고난과 환난과 시련과 연단이 있습니다. 그리고 원수 악한 마귀의 유혹이 있기 마련인데 이것들을 이기는 자가 되어야 천국에 들어갈 수 있는 것입니다.

마 10:22 또 너희가 내 이름으로 말미암아 모든 사람에게 미움을 받을 것이나 끝까지 견디는 자가 구원을 얻으리라.
눅 21:19 너희의 인내로 너희 영혼을 얻으리라.
롬 5:3-4 다만 이뿐 아니라 우리가 환난 중에도 즐거워하나니 이는 환난은 인내를, 인내는 연단을, 연단은 소망을 이루는 줄 앎이로다.
약 1:4 인내를 온전히 이루라. 이는 너희로 온전하고 구비하여 조금도 부족함이 없게 하려 함이라.
약 5:11 보라 인내하는 자를 우리가 복되다 하나니 너희가 욥의 인내를 들었고 주께서 주신 결말을 보았거니와 주는 가장 자비하시고 긍휼히 여기시는 이시니라.
벧후 1:5-7 그러므로 너희가 더욱 힘써 너희 믿음에 덕을, 덕에 지식을, 지식에 절제를, 절제에 인내를, 인내에 경건을, 경건에 형제 우애를, 형제 우애에 사랑을 더하라.
마 24:13 그러나 끝까지 견디는 자는 구원을 얻으리라.

평생을 살면서 오로지 하나님의 아들이 되기를 소망하는 마음을 갖고 눈으로 보이는 것을 부인하고 보이지 않는 하나님을 찾아 가는 삶을 살아가려면 하나님의 대한 흔들리지 않는 믿음을 가져야 하며 그 다음은 인내해야 하는 것입니다.

빌 3:8-11 또한 모든 것을 해로 여김은 내 주 그리스도 예수를 아는 지식이 가장 고상하기 때문이라. 내가 그를 위하여 모든 것을 잃어 버리고 배설물로 여김은 그리스도를 얻고, 그 안에서 발견되려 함이니 내가 가진 의는 율법에서 난 것이 아니요 오직 그리스도를 믿음으로 말미암은 것이니 곧 믿음으로 하나님께로부터 난 의라. 내가 그리스도와 그 부활의 권능과 그 고난에 참여함을 알고자 하여 그의 죽으심을 본받아, 어떻게 해서든지 죽은 자 가운데서 부활에 이르려 하노니.

여러 말보다 바울 선생의 이 고백이 삶이 되지 못하면 하나님의 아들이 아닌 것입니다. 이 세상의 삶 속에서도 어느 한 가지에 집중하지 않고서는 성공할 수가 없는 것처럼 우리 영혼의 구원도 온전히 하나님 한 분만을 바라보는 믿음을 갖지 못하면 구원은 당신에게 허락되지 않을 것입니다.

이 말씀을 읽고 바울화가 안 된 상태를 아신다면 구원에 이르도록 힘써야 합니다. 그러면 구원을 얻기 위해 말씀을 읽으면서 기도하기 시작을 할 터인데 자기 자신이 바울처럼 그리스도를 본받는 생활을 못하고 있으면서 설마 내가 천국을 못 가지는 않겠지 라는 생각을 한다면 당신은 지금 마귀에게 아직 잡혀 있는 것입니다. 지금부터 당신의 영혼 구원과 자녀의 구원을 위해 목숨을 맡길 수 있는 믿음이 없음을 회개하고 눈물로 간구하여야 합니다.

눅 23:28 예수께서 돌이켜 그들을 향하여 이르시되 예루살렘의 딸들아 나를 위하여 울지 말고 너희와 너희 자녀를 위하여 울라.

신앙인이 자기 자신의 심령상태를 알기까지는 꽤나 많은 시간이 걸린다는 사실입니다. 저 같은 경우는 주님의 대속함이 믿어지고 다음날 아침에 제 마음을 들여다보니 주님은 저의 죄를 대속해 죽어주셨다는 십자가의 사건이 믿어져서 오른편 강도의 믿음이 되었습니다. 그러나 저에게는 죽기까지 순종할 믿음이 없었으며 다니엘의 세 친구처럼 풀무불의 시련을 당할 만큼의 믿음이 없었고 너무도 두려워하는 나를 발견하고 너무도 죄송하고 미안했습니다.

그때부터 하루에 네다섯 시간을 눈물을 흘리며 죽기까지 순종할 믿음을 주시라고 20년간 수시로 금식하며 간구했는데도 먼저는 세상을 사랑하는 내가 보이고 보이지 않는 하나님보다 눈으로 보이는 것을 더 사랑하고 있다는 것을 가슴과 마음으로 인정하게 되었습니다. 그래서 주님께 목숨을 맡길 믿음과 하나님만을 사랑할 믿음과 지혜를 주시라고 간구하니 먼저는 나를 알고 주님 앞에 죄송해서 두 손을 들게 해주셨습니다.

그 때에 인간의 힘으로는 하나님을 알 수도 없고 인간 자신의 한계를 도무지 알 수도 없었습니다. 인간의 모든 삶 자체가 아담과 하와 이후로 세상 임금인 마귀에게 얼마나 철저하게 잡혀있는지 주님의 강권적인 도우심이 없이는 사탄의 나라에서 아예 벗어날 수가 없음을 알았습니다. 바울 선생도 육적인 삶에서 벗어나려고 했을 때에 오호라 곤고한 자라고 표현했을 정도이지요.

롬 7:14-25 우리가 율법은 신령한 줄 알거니와 나는 육신에 속하여 죄 아래에 팔렸도다. 내가 행하는 것을 내가 알지 못하노니 곧 내가 원하는 것은 행하지 아니하고 도리어 미워하는 것을 행함이라. 만일 내가 원하지 아니하는 그것을 행하면 내가 이로써 율법이 선한 것을 시인하노니, 이제는 그것을 행하는 자가 내가 아니요 내 속에 거하는 죄니라. 내 속 곧 내 육신에 선한 것이 거하지 아니하는 줄을 아노니 원함은 내게 있으나 선을 행하는 것은 없노라. 내가 원하는 바 선은 행하지 아니하고 도리어 원하지 아니하는바 악을 행하는도다. 만일 내가 원하지 아니하는 그것을 하면 이를 행하는 자는 내가 아니요 내 속에 거하는 죄니라. 그러므로 내가 한 법을 깨달았노니 곧 선을 행하기 원하는 나에게 악이 함께 있는 것이로다. 내 속사람으로는 하나님의 법을 즐거워하되, 내 지체 속에서 한 다른 법이 내 마음의 법과 싸워 내 지체 속에 있는 죄의 법으로 나를 사로잡는 것을 보는도다. 오호라 나는 곤고한 사람이로다. 이 사망의 몸에서 누가 나를 건져내랴! 우리 주 예수 그리스도로 말미암아 하나님께 감사하리로다. 그런즉 내 자신이 마음으로는 하나님의 법을 육신으로는 죄의 법을 섬기노라.

결국 이 상태는 자기 자신 스스로는 하나님의 말씀을 일점일획도 행할 수 없음을 깨달아 자기 자신 자신이 죄인 중의 괴수임이 인정이 된 상태입니다. 25절에서 사람의 한계가 마음으로는 하나님의 법을, 육신으로는 죄의 법을 섬기는 죄인임을 인정하고 온전히 주님의 십자가의 대속함을 감사하는 고백입니다.

정확하게 말씀드리자면 자기 자신의 육적인 한계를 깨닫는 것이 먼저라는 사실입니다. 4대 성인이라고 하는 소크라테스 선생도 "너 자신을 알라."는 말을 그렇게 중요하게 여겼듯이 사람이 죄인임을 알고 성경을 통해서 자기 자신의 심령상태를 온전히 알게 되면 그때에야 주님 앞에 내가 죄인 중에 괴수라는 고백을 하게 되며 하나님 앞에 두 손을 들게 됩니다.

인간의 죄의 속성이 일만 개라고 하면 모든 사람의 죄가 일만 개라고 해야 하는 것입니다. 인간의 죄 자체가 마귀로부터 온 것이기 때문에 죄는 헤아릴 수 없이 많은 것입니다. 어떤 사람은 도덕성이 있고 어떤 사람은 악한 귀신한테 사로잡혀 귀신의 종이 되어 악을 도모하고 있습니다. 그러나 그런 악한 귀신에게 잡히지 않은 사람은 하나님께 감사해야 합니다.

오늘 나 자신이 악한 귀신에게 사로잡히지 않는 것에 대해 감사할 일이지만 귀신에게 붙잡힌 사람을 판단하거나 자기 자신이 도덕적으로 의로운 사람이라고 착각을 한다면 자신은 하나님의 구원과는 상관이 없다는 것입니다. 결국은 도덕적인 것을 가지고는 천국엔 못 가기 때문입니다. 도덕적인 사람이 하나님의 아들이 되고 구원을 받는다면 주님께서 십자가를 지실 필요가 없었다는 말씀입니다.

하나님께서 말씀하신 인간의 죄성은 아담과 하와의 모든 후손들이 마귀의 종이 되어 6천여 년 동안 마귀의 종살이로 살아오게 했습니다. 눈에는 보이지 않는 세상 임금인 사탄이 죄인들을 붙잡고 있다는 것입니다. 그러므로 죄에서 돌이킨다는 것은 결국 6천여 년 동안 붙잡혀 있던 사탄에게서 벗어난다는 것인데 사탄에게서 벗어나는 것은 사람의 힘으로는 아예 불가능한 일입니다. 결국 사람의 힘으로는 구원에 이를 수가 없다는 말씀입니다.

그러므로 하나님께서 인간을 죄와 마귀의 속박에서 구원하시려고 독생자 예수를 이 세상에 보내셨고 그를 믿고 영접한 사람마다 구원받도록 하셨습니다. 이 구원에 이르려면 성령의 인도하심으로 예수님을 마음속에 영접해야 합니다. 결국 구원이라는 것은 예수님을 영접하고 믿음으로 하나님의 자녀가 되어 영생을 누리는 것입니다.

요 1:12-13 **영접하는 자 곧 그 이름을 믿는 자들에게는 하나님의 자녀가 되는 권세를 주셨으니 이는 혈통으로나 육정으로나 사람의 뜻으로 나지 아니하고 오직 하나님께로부터 난 자들이니라.**
요 3:16 **하나님이 세상을 이처럼 사랑하사 독생자를 주셨으니 이는 그를 믿는 자마다 멸망하지 않고 영생을 얻게 하려하심이라.**

요 10:9 **내가 문이니 누구든지 나로 말미암아 들어가면 구원을 받고 또는 들어가며 나오며 꼴을 얻으리라.**
요 17:3 **영생은 곧 유일하신 참 하나님과 그가 보내신 자 예수 그리스도를 아는 것이니이다.**

믿음이란 예수님을 구주로 믿고 하나님의 대한 사랑의 확신을 가지고 말씀대로 순종하는 사람을 믿음의 사람이라고 할 수가 있습니다. 예수님을 믿음으로 하나님의 아들이 되는 것을 거듭남이라고 하는데 거듭남은 육이 죽고 영으로 다시 태어나는 것을 말합니다. 다시 말씀을 드리면 눈으로 보이는 자기 자신과 세상 것을 부인하고 보이지 않는 하나님을 온전히 신뢰할 때 주님께 자신의 목숨을 맡겨 드릴 수가 있고 하나님의 아들이 될 수 있으며 신부단장을 할 수 있게 됩니다. 나의 죄를 대속해주시기 위해 십자가를 지시고 대신 죽어주신 그 큰 사랑을 깨닫고 늘 감사하고 쉬지 않고 기도하며 그분의 말씀대로 순종하는 사람을 신앙인이라고 할 수가 있으며 영의 사람이라고 할 수 있습니다.

구원에 대해서 깊이 생각하고 또 확인을 해야 하는 것은 내 영혼이 구원을 받느냐 아니면 구원에 이르지 못하느냐는 결국 자기 자신의 믿음에 달려 있습니다. 다른 사람 아무도 나의 구원에 대해서 책임을 져줄 사람이 없다는 말씀이지요. 대부분의 성도들이 교회를 다니면 천국을 가는 줄 알고 자신의 구원에 대해 고뇌도 없고 생각도 없이 이 땅에서 잘 살고 평탄한 삶을 원하는 성도라면 이 사람은 믿음의 사람이 아니라 종교인 일뿐 천국하고는 전혀 상관이 없다는 말씀을 드립니다.

마 6:24-25 **한 사람이 두 주인을 섬기지 못할 것이니 혹 이를 미워하고 저를 사랑하거나 혹 이를 중히 여기고 저를 경히 여김이라. 너**

희가 하나님과 재물을 겸하여 섬기지 못하느니라. 그러므로 내가 너희에게 이르노니 목숨을 위하여 무엇을 먹을까 무엇을 마실까 몸을 위하여 무엇을 입을까 염려하지 말라. 목숨이 음식보다 중하지 아니하며 몸이 의복보다 중하지 아니하냐?
마 6:31-32 그러므로 염려하여 이르기를 무엇을 먹을까 무엇을 마실까 무엇을 입을까 하지 말라. 이는 다 이방인들이 구하는 것이라. 너희 하늘 아버지께서 이 모든 것이 너희에게 있어야 할 줄을 아시느니라.

신앙의 목적이 이 세상에서 잘 살기 위해서 교회를 다니는지 아니면 하나님의 뜻대로 살기 위해서 교회를 다니는지를 깊이 생각하지 않는 사람은 모두가 종교인으로서 하나님의 아들이 되는 거듭남과는 아무런 상관이 없다는 말씀을 드립니다. 이 세상 사람들이 쉽게 종교인이라는 말을 많이 사용하고 있지만 종교인이란 말의 뜻은 한자로 으뜸 종 가르칠 교자로써 공자의 철학을 말하는데 이는 내세가 없는 인성교육을 말하는 것입니다.

신앙인이란 말은 신의 성품에 참여하는 자로서 영생을 얻기 위해, 욕심과 사심을 버리기 위하여 기도하고 간구하며 성령님의 인도를 따라 자기 자신을 부인하고 주님께 자신을 맡겨드리는 사람입니다. 이런 사람은 바울 선생처럼 성령님의 강권적인 인도를 받으며 신앙생활을 합니다. 자기 자신의 일이 주님의 뜻보다 중요하게 생각하며 사는 성도는 하나님의 아들이 될 자격이 없습니다.

신앙인은 자기 자신 스스로 자신의 믿음을 늘 확인하고 점검을 해야 합니다. 저는 육십이 넘은 나이를 살면서 육신의 것보다 하나님의 뜻을 더 알고 싶어 하고 세상 것보다 천국에 대한 관심을 더 많이 가진 자들이 많지 않다는 것을 알게 되었습니다.

빌 2:21-22 그들이 다 자기 일을 구하고 그리스도 예수의 일을 구하지 아니하되 디모데의 연단을 너희가 아나니 자식이 아버지에게 함같이 나와 함께 복음을 위하여 수고하였느니라.

마 7:14 생명으로 인도하는 문은 좁고 길이 협착하여 찾는 자가 적음이라.

롬 3:11-12 깨닫는 자도 없고 하나님을 찾는 자도 없고, 다 치우쳐 함께 무익하게 되고 선을 행하는 자는 없나니 하나도 없도다.

히 11:6 믿음이 없이는 하나님을 기쁘시게 하지 못하나니 하나님께 나아가는 자는 반드시 그가 계신 것과 또한 그가 자기를 찾는 자들에게 상 주시는 이심을 믿어야 할지니라.

히 11:14 그들이 이같이 말하는 것은 자기들이 본향 찾는 자임을 나타냄이라.

성경에 바울 선생도 다른 사람을 주께로 인도해주고 자기 자신이 구원에 이르지 못할까하여 깨어 경계하고 자신의 영의 상태를 확인하셨듯이 오늘을 살아가는 우리도 자신의 신앙을 늘 성경 말씀에 비추어 점검해야 합니다.

저도 40년이 넘도록 목숨을 주님께 맡겨드리기 위해 기도하고 간구하는 삶을 살아 왔고 구원의 약속을 받았지만 오늘도 이른 새벽 주님께 기도하면서 정작 나는 교만하고 나태하여 구원에 이르지 못할까 나 자신의 신앙을 늘 점검을 하고 있습니다.

고후 13:5 너희는 믿음 안에 있는가 너희 자신을 시험하고 너희 자신을 확증하라. 예수 그리스도께서 너희 안에 계신 줄을 너희가 스스로 알지 못하느냐? 그렇지 않으면 너희는 버림받은 자니라.

오늘도 주님께 돌아가고 싶은 마음이 있는지 없는지를 늘 확인하며 이 세상 것에 마음을 두지나 않았을까 하여 제 자신을 채찍질하며 새벽에는 주님의 인도를 받기 위해 기도를 합니다. 그리고 주님에게 늘 물어봅니다. 주님께서 부르시면 오늘도 감사함으로 주께로 돌아갈 마음이 되어 있는지를 확인을 해봅니다. 오늘이 내 생에 마지막 날이라고 했을 때 기쁨이 없고 미련이 있다면 돌아갈 준비가 되어 있지 않았다는 증거가 되겠지요. 구원을 가장 중요하게 여기는 사람이라면 이 세상 것과 타협이 있을 수가 없다는 말씀을 드리는 것입니다.

제가 믿음이 어릴 때 누군가를 통해서 신앙인은 오늘이 생에 마지막 날이라는 마음으로 살아야 깨어있는 신앙이라고 하는 말을 듣고 나는 언제쯤부터 매일을 깨어서 생에 마지막 날처럼 살아갈 수가 있을까 하는 생각을 하고 살았는데 주님께 죽기까지 순종할 믿음을 주시라고 간구하고 매달린 삶을 살아온 지 30여 년이 지나서야 내 자신에게 내가 물어보기를 주님께서 세상 것과 주님께 돌아가는 두 가지 것 중에 무엇을 원하느냐고 물어보신다면 주님께 돌아가는 것을 원하는 나의 마음을 보게 되었지요. 오늘도 그런 마음이 없으면 제가 변개했다는 생각을 할 것입니다. 구원이란 하루아침에 이루어지는 것이 절대 아닙니다. 끝까지 견디는 자라야 구원에 이른다는 말씀을 생각합니다.

갈 6:8 자기의 육체를 위하여 심는 자는 육체로부터 썩어질 것을 거두고 성령을 위하여 심는 자는 성령으로부터 영생을 거두리라.
딤전 1:13 내가 전에는 비방자요 박해자요 폭행자였으나 도리어 긍휼을 입은 것은 내가 믿지 아니할 때에 알지 못하고 행하였음이라.
딛 3:3 우리도 전에는 어리석은 자요 순종하지 아니한 자요 속은 자요 여러 가지 정욕과 행락에 종노릇 한 자요 악독과 투기를 일삼은 자요 가증스러운 자요 피차 미워한 자였으나.

고후 7:1 그런즉 사랑하는 자들아 이 약속을 가진 우리는 하나님을 두려워하는 가운데서 거룩함을 온전히 이루어 육과 영의 온갖 더러운 것에서 자신을 깨끗하게 하자.

롬 10:10 사람이 마음으로 믿어 의에 이르고 입으로 시인하여 구원에 이르느니라.

고후 7:10 하나님의 뜻대로 하는 근심은 후회할 것이 없는 구원에 이르게 하는 회개를 이루는 것이요 세상 근심은 사망을 이루는 것이니라.

빌 1:19 이것이 너희의 간구와 예수 그리스도의 성령의 도우심으로 나를 구원에 이르게 할 줄 아는 고로.

딤후 3:15 또 어려서부터 성경을 알았나니 성경은 능히 너로 하여금 그리스도 예수 안에 있는 믿음으로 말미암아 구원에 이르는 지혜가 있게 하느니라.

히 6:9 사랑하는 자들아 우리가 이같이 말하나 너희에게는 이보다 더 좋은 것 곧 구원에 속한 것이 있음을 확신하노라.

히 9:28 이와 같이 그리스도도 많은 사람의 죄를 담당하시려고 단번에 드리신바 되셨고 구원에 이르게 하기 위하여 죄와 상관없이 자기를 바라는 자들에게 두 번째 나타나시리라.

벧전 2:2 갓난아기들 같이 순전하고 신령한 젖을 사모하라. 이는 그로 말미암아 너희로 구원에 이르도록 자라게 하려 함이라.

신앙생활을 시작할 때에는 누구나 이 세상에서 안정되고 평안한 삶을 바라는 소원으로 세상적인 문제들을 기도하게 됩니다.

주님의 열두 제자들도 말씀을 들은 연고가 아니라 떡을 먹고 기적과 이적을 보고 이 세상에서 한자리 해먹을 생각으로 주님을 따라다니다 보니 주님을 팔기까지 하는 제자도 있었던 것입니다. 사람은 처음부터 하나님의 자녀가 될 거야하고 신앙을 시작을 하는 사람은 거의 없을 것입니다. 그것은 마귀가 모든 사람들의 마음을 이미 사로잡아 버렸기에 오로지 삶의 목적은 이 땅에서 어떻게 하면 안락하고 성공한 삶을 살 수가 있을까 하며 신앙생활을 시작할 수밖에 없습니다. 그러므로 하나님의 뜻에는 관심이 없고 오로지 복 받는다는 말에 귀가 혹해서 교회를 다니고 있으니 하나님의 참 자녀가 되기 위해 이 땅에 것을 부인하기까지는 오랜 시간이 걸리게 됩니다.

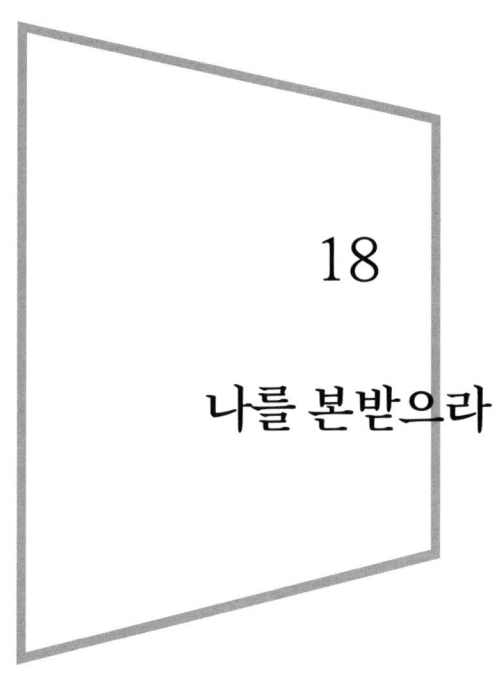

18

나를 본받으라

바울 선생님은 내가 그리스도를 본받는 것처럼 너희는 나를 본받으라고 하셨듯이 이 시대를 살아가는 우리들은 성경을 통해서 하나님께서 인정하시는 모든 선지자들과 바울처럼 그리스도화 된 모습으로 심령상태가 되어야 한다는 말씀입니다. 결국 거듭난 신앙인은 바울의 심령처럼 신부단장이 되어야 한다는 말씀입니다.

고전 4:16 **그러므로 내가 너희에게 권하노니 너희는 나를 본받는 자가 되라.**
고전 11:1 **내가 그리스도를 본받는 자가 된 것 같이 너희는 나를 본받는 자가 되라.**

하나님께서 선지자들이 예언하신 말씀과 제자들의 행적과 바울 선생의 편지들을 성경에 기록하신 것은 하나님의 자녀들이 성경을 읽고 듣고 배워서 믿음으로 구원과 영생을 얻게 하시고 행함과 순종으로 하나님의 자녀가 되기 위한 것입니다.

하나님의 참된 자녀가 되는 일이 사람의 힘이나 능으로는 불가능한 일이라는 것을 아신다면 성령 하나님께 도와주시라고 간구해야 하는 것입니다.

빌 2:21 그들이 다 자기 일을 구하고 그리스도 예수의 일을 구하지 아니하되.
눅 12:29-31 너희는 무엇을 먹을까 무엇을 마실까 하여 구하지 말며 근심하지도 말라. 이 모든 것은 세상 백성들이 구하는 것이라. 너희 아버지께서는 이런 것이 너희에게 있어야 할 것을 아시느니라. 다만 너희는 그의 나라를 구하라. 그리하면 이런 것들을 너희에게 더하시리라.

너희가 그의 나라와 그의 의를 구하면 이 세상의 모든 것을 알아서 주신다고 말씀하셨습니다. 이 땅에 것을 목적으로 구하는 자는 이방인이라고 말씀하셨습니다. 진정한 기도는 이 땅의 복을 구하는 것이 아니라 주님께서 나의 구원을 이루시기 위해서 죽어주셨다는 믿음을 갖고 이제부터는 내가 어떻게 살아야 하고 나의 사명은 무엇이냐고 물어 보아야 하는 것이 도리입니다. 거의 많은 성도들이 이 땅에 것을 주시라고 날마다 기도하고 있는 것을 많이 보았는데 자기 자신의 믿음이 없다고 근심하거나 성령 충만을 간구하는 사람은 적었습니다. 교회마다 수능시험이나 입시철이나 승진 때가 되면 특새를 하는 것이 이 땅에 것을 구하는 것입니다.

주님께서 십자가를 져 주신 것은 이 땅의 복을 구하는 것이 목적이 아니라 영혼의 구원이 목적이며 하나님의 뜻대로 순종하는 마음의 소원을 갖고 그의 나라를 구하는 자들에게 이 땅에 것도 더 주시는 것이 기도 응답의 공식입니다.

요삼 1:2 사랑하는 자여 네 영혼이 잘됨 같이 네가 범사에 잘되고 강건하기를 내가 간구하노라.

앞에서도 분명히 말씀하셨습니다. 하나님께서는 우리 인간이 이 땅에서 무엇이 필요한지 더 잘 아시고 하나님 알기를 원하는 자들에게 모든 것을 더 주신다고 하셨는데 하나님의 그런 계획에는 관심도 없고 오로지 땅에 것에 매여 마귀의 종노릇을 하고 있으니 참으로 가슴이 답답한 일입니다.

주님께서 나의 구원을 위해 대신 십자가를 지시고 죽어주셨으니 이제부터 나는 어떻게 살아야하며 나의 사명이 무엇입니까 하고 응답을 주실 때까지 간구해야 하지 않을까요? 기도란 하나님의 뜻이 무엇인지 나에게 무엇을 원하시는지 여쭈어 보고 하나님의 뜻대로 이루어지게 해주시라고 기도해야 합니다. 오늘날 설교 홍수 시대에 복을 천 배 만 배 받는다는 말로 기복주의와 인본주의 설교만 듣고 있으니 성도들의 믿음의 기준이 세상 복을 받아야 만이 믿음의 증거인 것처럼 착각하고 있다는 것은 마귀의 계획대로 속고 있는 것입니다.

세상 임금인 마귀는 돼지 먹는 쥐엄 열매도 사람에게 주지 않으려고 하지만 하나님의 은혜는 그의 자녀들에게 최고의 천국과 영생을 허락하시며 이 땅에 것도 필요한 모든 것을 넘치게 주신다는 것입니다.

롬 15:13 소망의 하나님이 모든 기쁨과 평강을 믿음 안에서 너희에게 충만하게 하사 성령의 능력으로 소망이 넘치게 하시기를 원하노라.

고후 9:8 하나님이 능히 모든 은혜를 너희에게 넘치게 하시나니 이는 너희로 모든 일에 항상 모든 것이 넉넉하여 모든 착한 일을 넘치게 하게 하려 하심이라.

엡 1:8 이는 그가 모든 지혜와 총명을 우리에게 넘치게 하사.

골 2:7 그 안에 뿌리를 박으며 세움을 받아 교훈을 받은 대로 믿음에 굳게 서서 감사함을 넘치게 하라.

살전 3:12 또 주께서 우리가 너희를 사랑함과 같이 너희도 피차간과 모든 사람에 대한 사랑이 더욱 많아 넘치게 하사.

롬 8:32 자기 아들을 아끼지 아니하시고 우리 모든 사람을 위하여 내주신 이가 어찌 그 아들과 함께 모든 것을 우리에게 주시지 아니하겠느냐?

하나님께서는 천국을 바라고 믿음으로 사는 모든 성도들에게 필요한 것들을 주시기를 기뻐하신다는 것입니다. 성도들이 하나님의 마음과 전지전능하심과 사랑하심을 모르고 하나님께 땅에 것만을 구하는 것은 참으로 안타까울 뿐입니다. 하나님의 계획하심과 하나님의 마음을 알기를 원하고 죽기까지 순종할 믿음을 구하면 믿음의 분량만큼 모든 것을 더하시고 성도의 필요한 것을 먼저 아시고 가장 좋은 것으로 주신다고 하시는데 하나님을 믿는다는 성도가 이 세상 것을 구한다는 것은 이방인들이 구하는 것이라는 말씀을 깨달으면 좋겠습니다.

눅 12:29-30 너희는 무엇을 먹을까 무엇을 마실까 하여 구하지 말며 근심하지도 말라. 이 모든 것은 세상 백성들이 구하는 것이라. 너희 아버지께서는 이런 것이 너희에게 있어야 할 것을 아시느니라.

하나님께서 의식주에 필요한 것만 구하는 성도들을 보시면 얼마나 답답하실지 조금 이해가 됩니다. 그러면서 현 시대를 살아가는 성도들과 바울 선생의 믿음을 비교를 해보겠습니다. 바울 선생님은 성령 안에서 온전한 마음으로 삶 전부를 목숨을 다해 하나님을 사랑하고 복음 전파에 헌신한 것입니다.

> 빌 3:6-11 **열심으로는 교회를 박해하고 율법의 의로는 흠이 없는 자라. 그러나 무엇이든지 내게 유익하던 것을 내가 그리스도를 위하여 다 해로 여길뿐더러, 또한 모든 것을 해로 여김은 내 주 그리스도 예수를 아는 지식이 가장 고상하기 때문이라. 내가 그를 위하여 모든 것을 잃어버리고 배설물로 여김은 그리스도를 얻고, 그 안에서 발견되려 함이니 내가 가진 의는 율법에서 난 것이 아니요 오직 그리스도를 믿음으로 말미암은 것이니 곧 믿음으로 하나님께로부터 난 의라. 내가 그리스도와 그 부활의 권능과 그 고난에 참여함을 알고자 하여 그의 죽으심을 본받아 어떻게 해서든지 죽은 자 가운데서 부활에 이르려 하노니.**

빌립보서 3장 8절을 보면 이 땅의 모든 부와 명예와 욕심과 지식을 모두 분토와 배설물로 여겼다고 하십니다. 하나님을 아는 지식보다 고상하고 값진 것이 없다는 것입니다.

성경을 보면 세상에서 많이 배우거나 똑똑한 사람들을 쓰시지 않았음을 보게 됩니다. 고전 1:26절에서 하나님의 일꾼을 부르실 때에 육체를 따라 지혜로운 자가 많지 아니하며 능한 자가 많지 아니하며 문벌 좋은 자가 많지 아니 하도다.라고 말씀하십니다.

이는 이 세상에서 어떤 약하고 부족한 자일지라도 하나님을 찾고 찾는 자에게 모든 것을 주시겠다는 약속이시며 세상의 지식이나 물질이나 사람의 능력으로 하나님의 일을 할 수가 없고 하나님의 능력을 소유할 수가 없다는 말씀이십니다.

고전 1:26-29 **형제들아 너희를 부르심을 보라. 육체를 따라 지혜로운 자가 많지 아니하며 능한 자가 많지 아니하며 문벌 좋은 자가 많지 아니하도다. 그러나 하나님께서 세상의 미련한 것들을 택하사 지혜 있는 자들을 부끄럽게 하려 하시고 세상의 약한 것들을 택하사 강한 것들을 부끄럽게 하려 하시며, 하나님께서 세상의 천한 것들과 멸시 받는 것들과 없는 것들을 택하사 있는 것들을 폐하려 하시나니, 이는 아무 육체도 하나님 앞에서 자랑하지 못하게 하려 하심이라.**

하나님께서는 이 세상의 지식이 많거나 능력이 출중한 사람을 많이 쓰시지 않으셨는데 이는 아무 육체도 하나님 앞에서 자랑하지 못하게 하려 하심이라고 말씀하셨습니다. 그런데 마지막 때 하나님이 그 당시 최고의 학문을 배우고 연구한 바울을 쓰심은 이방인을 위해서 택한 그릇이라고 말씀하셨습니다.

이는 하나님 홀로 영광받기를 원하심도 되지만 사람이 마귀의 종으로 살아온 습관대로 자기 자신이 조금이라도 내놓을 것이 있으면 자신의 능력을 과시하고 자기 자신이 영광을 받으려는 교만 때문에 능한 자를 쓰시지 않는다는 것입니다. 그런데 하나님께서는 세상 끝에 복음전파의 종으로 세우신 바울 선생을 그 시대에 최고의 학문인 가말리엘 문하에서 학문을 하고 로마 시민권을 가진 사울(바울)을 선택했다는 것입니다. 이는 최고의 지식을 가진 자라고 해도 자신의 모든 지식과 경험과 권위를 모두 내려놓고 예수 그리스도를 전파하는 일에 힘쓰라는 교훈으로 그 시대에 사울을 선택하셔서 바울을 만드신 것입니다.

행 26:24 **바울이 이같이 변명하매 베스도가 크게 소리 내어 이르되 바울아 네가 미쳤도다. 네 많은 학문이 너를 미치게 한다 하니.**

하나님께서 말씀하신 거듭남이란 세상지식으로 살아온 사울과 같은 삶에서 완전하게 변화하여 바울이 된 것처럼 이 시대를 사는 성도들이 거듭나려면 그리스도를 본받아 사는 바울처럼 되어야 한다는 말씀입니다.

사람들은 누구나 자기 자신이 꽤나 괜찮은 사람이라는 생각을 하고 살고 있습니다. 그것은 세상 임금인 마귀가 모든 사람들이 자기 자신을 바로 알지 못하고 착각하게 만들어 놓은 것입니다. 성도들이 하나님을 만나서 인도를 받다보면 인간의 한계가 너무도 연약함을 알게 되는데 자기 자신의 정체를 알게 되면 하나님께 기도하지 않고서는 견딜 수가 없게 됩니다. 그렇게 되면 하나님의 인도하심을 받게 되고 결국은 예수님을 구주로 믿고 거듭남에 이르고 하나님의 아들이 되니 마귀의 계략은 사람의 거듭남을 막는 일에 전념하고 있다는 것입니다. 저 또한 주님께 목숨을 맡겨 놓고 그토록 금식하며 간구했어도 20년이 지나고 나를 알기 시작해서 30년이 지나고서야 인간들의 모든 한계가 보이기 시작한 것입니다.

모든 사람들은 하나같이 자신이 자신의 마음을 알고 있다고 착각하고 있는 것입니다. 저 또한 나를 모른다는 생각을 하지 못했었지요. 주 예수 그리스도께서 나의 인간의 수준을 알게 하셔서 그때에 잠에서 깨어난 자처럼 나를 알아가기 시작을 했었고 나를 알고 나니 사람들의 한계를 알게 된 것입니다.

19

하나님의 성전과 귀신의 집

사람의 몸은 귀신들이 들어와 사는 집이 될 수도 있고 성령님이 들어오셔서 사실 수 있는 존재입니다. 사람은 마귀에게 속할 수도 있고 하나님께 속할 수도 있습니다.

요 8:47 **하나님께 속한 자는 하나님의 말씀을 듣나니 너희가 듣지 아니함은 하나님께 속하지 아니하였음이로다.**
고전 6:19-20 **너희 몸은 너희가 하나님께로 받은바 너희 가운데 계신 성령의 전인 줄을 알지 못하느냐? 너희는 너희 자신의 것이 아니라 값으로 산 것이 되었으니 그런즉 너희 몸으로 하나님께 영광을 돌리게 하라.**

그렇지요 모든 하나님의 아들들이 하나님의 성전이 되기 전에는 하나님께 속하지 아니하였고 귀신들의 거처로서 꽤나 여러 명의 귀신들이 들어있다고 봐야 합니다.

막 5:12-15 이에 간구하여 이르되 우리를 돼지에게로 보내어 들어가게 하소서 하니, 허락하신대 더러운 귀신들이 나와서 돼지에게로 들어가매 거의 이천 마리 되는 떼가 바다를 향하여 비탈로 내리달아 바다에서 몰사하거늘, 치던 자들이 도망하여 읍내와 여러 마을에 말하니 사람들이 어떻게 되었는지를 보러 와서, 예수께 이르러 그 귀신 들렸던 자 곧 군대 귀신 지폈던 자가 옷을 입고 정신이 온전하여 앉은 것을 보고 두려워하더라.

그런데 사람이 참 나약한 것은 인간의 힘으로는 귀신의 능력에서 벗어날 수가 없다는 것입니다. 주님의 강권적인 능력으로만이 사탄의 졸개인 귀신의 손아귀에서 벗어날 수가 있다는 것이지요. 결국 인간은 하나님을 모시는 거룩한 성전이 되든지 아니면 귀신의 집이 되든지 둘 중의 하나일 수밖에 없다는 것입니다.

고전 3:16-17 너희는 너희가 하나님의 성전인 것과 하나님의 성령이 너희 안에 계시는 것을 알지 못하느냐? 누구든지 하나님의 성전을 더럽히면 하나님이 그 사람을 멸하시리라. 하나님의 성전은 거룩하니 너희도 그러하니라.
고후 6:16 하나님의 성전과 우상이 어찌 일치가 되리요? 우리는 살아 계신 하나님의 성전이라. 이와 같이 하나님께서 이르시되 내가 그들 가운데 거하며 두루 행하여 나는 그들의 하나님이 되고 그들은 나의 백성이 되리라.

이쯤에서 영적인 성도가 되려면 하나님에 대하여 확실하게 알아야 하지만 귀신의 정체도 정확하게 알아야 만이 진정한 영적인 사람이 되는 것입니다. 손자병법에 적을 알아야 적을 이길 수 있다는 지 피지기 백전백승이라는 말이 있습니다. 성도가 마귀를 알아야 하는 이유는 마귀가 하나님을 못 믿도록 방해하고 사람이 죄를 범하도록 유혹하여 하나님과 멀어지게 해서 지옥에 가도록 미혹하기 때문입니다. 곧 내 삶에 문제를 일으키는 귀신의 정체를 알면 주님의 도우심을 요청할 것이고 주님께 모든 삶을 맡기고 간구하면 주님의 능력으로 마귀를 이기게 하십니다.

하나님께서 마귀가 있는 이 세상에 에덴동산을 지으신 의미가 여기에 있습니다. 마귀의 유혹이 있을 줄을 몰라서 이 세상에 우리들을 지으신 것이 아니라 이 모든 시련의 과정을 통과해서 하나님의 아들들로 태어나는 것이 바로 거룩한 아들들이 되는 것입니다. 대부분의 사람들은 귀신에 대한 말씀들을 듣는 것과 아는 것을 아주 싫어합니다. 이는 사람들이 귀신들의 실체를 알게 되면 귀신들을 쫓아낼까 봐 겁이 나서 귀신들이 싫어하게 한 것인 줄을 알지 못합니다.

신약 성경에 귀신에 대한 말씀이 백 열일곱 구절이 있습니다. 귀신들의 실체에 대해 몇 구절만 적어 드리겠습니다.

마 9:32-33 **그들이 나갈 때에 귀신 들려 말 못하는 사람을 예수께 데려오니, 귀신이 쫓겨나고 말 못하는 사람이 말하거늘 무리가 놀랍게 여겨 이르되 이스라엘 가운데서 이런 일을 본 적이 없다 하되.**

마 12:43 **더러운 귀신이 사람에게서 나갔을 때에 물 없는 곳으로 다니며 쉬기를 구하되 쉴 곳을 얻지 못하고.**

마 12:45 **이에 가서 저보다 더 악한 귀신 일곱을 데리고 들어가서 거하니 그 사람의 나중 형편이 전보다 더욱 심하게 되느니라. 이 악한 세대가 또한 이렇게 되리라.**

마 15:22 **가나안 여자 하나가 그 지경에서 나와서 소리 질러 이르되 주 다윗의 자손이여 나를 불쌍히 여기소서. 내 딸이 흉악하게 귀신**

들렸나이다 하되.

마 17:18 이에 예수께서 꾸짖으시니 귀신이 나가고 아이가 그 때부터 나으니라.

막 1:23 마침 그들의 회당에 더러운 귀신 들린 사람이 있어 소리 질러 이르되.

막 1:26-27 더러운 귀신이 그 사람에게 경련을 일으키고 큰 소리를 지르며 나오는지라. 다 놀라 서로 물어 이르되 이는 어찜이냐? 권위 있는 새 교훈이로다. 더러운 귀신들에게 명한즉 순종하는도다 하더라.

막 1:32 저물어 해 질 때에 모든 병자와 귀신 들린 자를 예수께 데려오니

막 1:34 예수께서 각종 병이든 많은 사람을 고치시며 많은 귀신을 내쫓으시되 귀신이 자기를 알므로 그 말하는 것을 허락하지 아니하시니라.

막 1:39 이에 온 갈릴리에 다니시며 그들의 여러 회당에서 전도하시고 또 귀신들을 내쫓으시더라.

막 3:11 더러운 귀신들도 어느 때든지 예수를 보면 그 앞에 엎드려 부르짖어 이르되 당신은 하나님의 아들이니이다 하니.

막 3:15 귀신을 내쫓는 권능도 가지게 하려 하심이러라.

고전 10:20-21 무릇 이방인이 제사하는 것은 귀신에게 하는 것이요 하나님께 제사하는 것이 아니니 나는 너희가 귀신과 교제하는 자가 되기를 원하지 아니하노라. 너희가 주의 잔과 귀신의 잔을 겸하여 마시지 못하고 주의 식탁과 귀신의 식탁에 겸하여 참여하지 못하리라.

딤전 4:1 그러나 성령이 밝히 말씀하시기를 후일에 어떤 사람들이 믿음에서 떠나 미혹하는 영과 귀신의 가르침을 따르리라 하셨으니.

약 2:19 네가 하나님은 한 분이신 줄을 믿느냐? 잘하는도다 귀신들

도 믿고 떠느니라.

약 3:14-15 그러나 너희 마음속에 독한 시기와 다툼이 있으면 자랑하지 말라. 진리를 거슬러 거짓말하지 말라. 이러한 지혜는 위로부터 내려온 것이 아니요 땅 위의 것이요 정욕의 것이요 귀신의 것이니.

성경 말씀을 제대로 알고 주 예수 그리스도를 믿고 성령 충만하게 되면 영적인 체험을 하게 되며 귀신의 실체를 알게 해 주심으로 사탄의 종살이 습관에서 벗어나게 해주시는데 그것이 바로 영적 전쟁에서 승리하는 것입니다.

사탄은 모든 사람들을 세상 것으로 잡고 있기 때문에 성도들도 세상 것에 매여 종노릇하기를 원하고 있습니다. 사탄은 성도들이 하나님을 알고 믿는 것을 무척이나 싫어함으로 영원한 하나님의 나라에 관심을 갖지 못하도록 미혹하고 방해하는 것이 마귀의 일임을 절대 잊어서는 안 됩니다.

요 12:46-47 나는 빛으로 세상에 왔나니 무릇 나를 믿는 자로 어둠에 거하지 않게 하려 함이로라. 사람이 내 말을 듣고 지키지 아니할지라도 내가 그를 심판하지 아니하노라. 내가 온 것은 세상을 심판하려 함이 아니요 세상을 구원하려 함이로라.

그렇지요. 주 예수 그리스도께서는 세상을 심판하기 위해서 오신 것이 목적이 아니라 영혼을 구원하기 위해 이 땅에 육체를 입고 오셔서 십자가를 지시고 믿는 자들의 죄를 대속해 주셨습니다. 그런데 그 주님의 그 크신 십자가 사랑을 믿지 않는 사람들은 이 세상 임금인 사탄에게 속박 당함으로 인하여 결국 사탄과 함께 지옥 영벌의 심판을 받게 된다는 것입니다.

그러므로 믿는 자라고 해도 자기 자신과 이 세상을 부인하고 그리스도 안에 들어가기까지 자신과의 싸움, 마귀와의 싸움에서 승리하기 위해서는 목숨을 주님께 맡겨 드려야 이길 수가 있습니다.

요일 5:4-5 무릇 하나님께로 난 자마다 세상을 이기느니라. 세상을 이기는 승리는 이것이니 우리의 믿음이니라. 예수께서 하나님의 아들이심을 믿는 자가 아니면 세상을 이기는 자가 누구냐?

주님의 십자가의 대속으로 인하여 죄인들을 구원하시기 원하시는데 성도들은 이 땅에 것을 부인하고 악한 원수 마귀를 대적하면서 하나님께 믿음으로 간구하고 승리하는 자가 아니면 구원에 이르지 못하는 것입니다. 세상 것을 사랑하는 자는 마귀의 손아귀에서 벗어날 수가 없기에 이 세상을 사랑하는 것에서 벗어나기 위해서는 하나님의 전신갑주를 입어야 영적 전쟁에서 승리할 수 있습니다. 그 싸움은 혈과 육의 싸움이 아닌 정사와 권세 잡은 자와의 싸움인 것입니다.

엡 6:11-20 마귀의 간계를 능히 대적하기 위하여 하나님의 전신 갑주를 입으라. 우리의 씨름은 혈과 육을 상대하는 것이 아니요 통치자들과 권세들과 이 어둠의 세상 주관자들과 하늘에 있는 악의 영들을 상대함이라. 그러므로 하나님의 전신 갑주를 취하라. 이는 악한 날에 너희가 능히 대적하고 모든 일을 행한 후에 서기 위함이라. 그런즉 서서 진리로 너희 허리띠를 띠고 의의 호심경을 붙이고, 평안의 복음이 준비한 것으로 신을 신고, 모든 것 위에 믿음의 방패를 가지고 이로써 능히 악한 자의 모든 불화살을 소멸하고, 구원의 투구와 성령의 검 곧 하나님의 말씀을 가지라. 모든 기도와 간구를 하되 항상 성령 안에서 기도하고 이를 위하여 깨어 구하기를 항상 힘쓰며 여러 성도를 위하여 구하라. 또 나를 위하여 구할 것은 내게 말씀을 주사 나로 입을 열어 복음의 비밀을 담대히 알리게 하옵소서 할 것이니, 이 일을 위하여 내가 쇠사슬에 매인 사신이 된 것은 나로 이 일에 당연히 할 말을 담대히 하게 하려 하심이라.

이 말씀처럼 하나님의 전신갑주를 입고 있는 깨어있는 자 만이 택함을 받을 수가 있으며 구원에 이를 수 있는 사람이라고 볼 수 있습니다. 이는 하루아침에 되는 일이 아니라 오직 예수님을 믿음으로 하나님의 아들이 되어서 평생을 죽으면 죽으리라 하는 바울과 같은 믿음을 갖고 헌신하는 자들만이 하나님의 거룩한 아들이 되는 것입니다.

성경 말씀은 땅에 것과 하늘의 것을 겸하여 섬기지 못한다고 말씀하고 있는데 성도들은 예수를 믿는 목적이 하나님의 거룩한 아들 됨에 있는 것이 아니고 오로지 이 땅에서 복을 받기 위한 것이라면 이는 하나님의 뜻과 반대 방향인 것입니다.

마 6:24 한 사람이 두 주인을 섬기지 못할 것이니 혹 이를 미워하고 저를 사랑하거나 혹 이를 중히 여기고 저를 경히 여김이라 너희가 하나님과 재물을 겸하여 섬기지 못하느니라.

막 10:30 현세에 있어 집과 형제와 자매와 어머니와 자식과 전토를 백배나 받되 박해를 겸하여 받고 내세에 영생을 받지 못할 자가 없느니라.

고전 10:21 너희가 주의 잔과 귀신의 잔을 겸하여 마시지 못하고 주의 식탁과 귀신의 식탁에 겸하여 참여하지 못하리라.

세상을 사랑함은 마귀의 법아래서 사는 것입니다. 세상을 부인하고 죽으면 죽으리라 결단하고 하나님의 뜻을 이루고자 하면 하나님께서 먹이시고 입히시고 하나님께서 온전히 지키신다는 말씀입니다. 그런데 세상 것에 미련을 버리지 못하면 하나님 편도 못되고 그냥 마귀의 편이 되는 것입니다.

요 15:19 **너희가 세상에 속하였으면 세상이 자기의 것을 사랑할 것이나 너희는 세상에 속한 자가 아니요 도리어 내가 너희를 세상에서 택하였기 때문에 세상이 너희를 미워하느니라.**

그러나 성도의 삶에서 시험과 유혹이 많고 막힘이 있다면 그 일로 인하여 원인을 깨닫고 회개해야 하며 주님께 자신의 삶을 맡길 수 있는 믿음을 구하고 지혜를 구하며 하나님의 뜻대로 순종하기 위하여 온힘을 다하고 기도할 때에 그 시험과 유혹의 풍랑은 잔잔해질 것이고 구원에 이를 수 있다는 말씀을 드립니다.

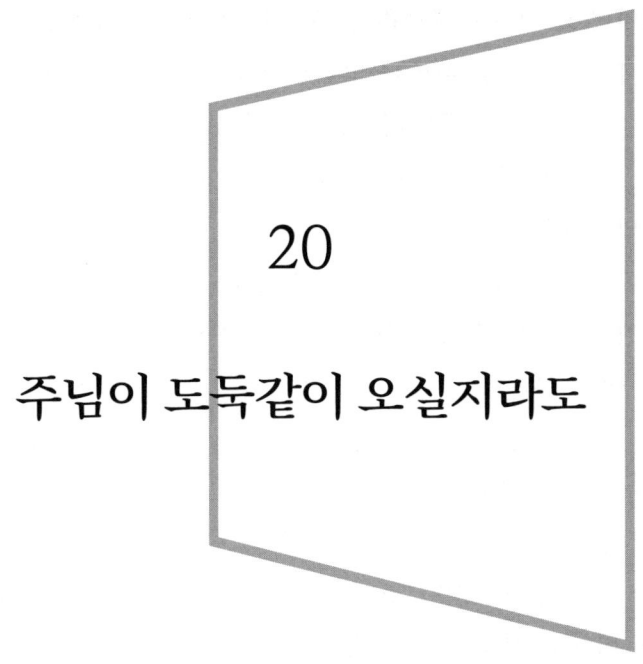

20

주님이 도둑같이 오실지라도

　농부이신 하나님께서 구약 4천 년 동안 메시아의 보내심을 약속하시고 때가 차매 2천여 년 전에 이 땅에 메시아를 보내시고 십자가에서 죽게 하신 대속의 복음을 땅 끝까지 전파하라고 하셨습니다. 메시아로 오신 예수님은 십자가에서 죽으시고 장사한지 3일 만에 부활하시고 40일 계시다가 승천하셨고 다시 심판의 주로 오신다고 약속하셨습니다. 그러나 주님께서는 잠자는 성도들에게는 도둑같이 오시므로 주님을 만날 수 없으며 이들은 하나님의 창조 계획과 아무런 상관이 없는 것입니다. 어둠에 있지 아니하고 깨어있는 자들에게는 주님이 도둑같이 오실지라도 주님을 만날 수 있습니다.

　살전 5:2-6 주의 날이 밤에 도둑 같이 이를 줄을 너희 자신이 자세히 알기 때문이라. 그들이 평안하다, 안전하다 할 그 때에 임신한 여자에게 해산의 고통이 이름과 같이 멸망이 갑자기 그들에게 이르리니 결코 피하지 못하리라. 형제들아 너희는 어둠에 있지 아니하매 그 날이 도둑 같이 너희에게 임하지 못하리니, 너희는 다 빛의 아들이요 낮의 아들이라. 우리가 밤이나 어둠에 속하지 아니하나니 그러므로 우리는 다른 이들과 같이 자지 말고 오직 깨어 정신을 차릴지니라.

계 16:15 보라 내가 도둑같이 오리니 누구든지 깨어 자기 옷을 지켜 벌거벗고 다니지 아니하며 자기의 부끄러움을 보이지 아니하는 자는 복이 있도다.

농부는 일 년 내내 피땀을 흘리는 것은 가을 추수를 위해 애를 쓰는데 가장 중요한 시기는 추수 때인데 온힘을 다해서 추수를 위해 전부를 걸으신다는 것입니다. 성도가 바울화가 되고 신부단장이 되어 정결하게 되면 그 숫자가 찼을 때 주님께서 깨어 정신을 차린 하나님의 아들들을 데리러 구름을 타고 오신다는 것입니다. 그렇다면 깨어있지 않고 어둠에 있는 사람들은 모래 위에 집을 짓는 사람들과 기름 준비를 하지 아니한 미련한 다섯 처녀들과 1달란트를 받은 청지기와 또는 왼편에 있는 염소의 무리인 것입니다. 이들도 또한 믿는 자들에 대한 비유입니다.

막 12:33 또 마음을 다하고 지혜를 다하고 힘을 다하여 하나님을 사랑하는 것과 또 이웃을 자기 자신과 같이 사랑하는 것이 전체로 드리는 모든 번제물과 기타 제물보다 나으니이다.

이 말씀을 통해서 말씀화가 되었으면 바울화가 된 것입니다. 이 모습이 되지 못하면 하나님께서 계신 천국하고는 거리가 멀어진 것 같습니다. 왜냐하면 양과 염소로 하나님께서 나누시게 될 때 믿는 자들 중에서 바울화가 된 사람은 양이고 바울화가 되지 못한 사람은 염소라고 말할 수 있습니다.

다시 말씀을 드리자면 성경 말씀은 하나님의 뜻을 깨닫고 행하는 자와 그 분의 뜻을 알지 못하고 땅에 것만을 찾는 자를 양과 염소로 나뉘는 것입니다. 성경은 이방인을 위한 말씀이 아니라 하나님을 믿는다고 하는 하나님의 선민을 위한 말씀입니다. 그런데 이 백성들이 하나님의 뜻을 알고자 하지도 않고 예수님을 그리스도로 인정하지도 않고 오히려 의로우신 예수님을 죄인으로 심판하고 십자가에 달아서 못 박았습니다. 그들은 전통적으로 선민이라고 하는 율법학자들이고 제사장들이고 바리새인들이었습니다. 오늘날도 기독교인 중에는 성령세례를 받지 못하고 인본주의와 율법주의와 권위주의와 다원주의에 얽매여 있는 현대판 바리새인과 율법학자와 니골라당과 이세벨이 참으로 많은 세상입니다.

잠 8:17 **나를 사랑하는 자들이 나의 사랑을 입으며 나를 간절히 찾는 자가 나를 만날 것이니라.**

하나님께서는 당신을 찾고 찾는 자들을 만나주시는데 이 마지막 때는 성경을 통해서 가장 강권적으로 만나주시는 것입니다.

행 2:16-18 **이는 곧 선지자 요엘을 통하여 말씀하신 것이니 일렀으되. 하나님이 말씀하시기를 말세에 내가 내 영을 모든 육체에 부어주리니 너희의 자녀들은 예언할 것이요 너희의 젊은이들은 환상을 보고 너희의 늙은이들은 꿈을 꾸리라. 그 때에 내가 내 영을 내 남종과 여종들에게 부어 주리니 그들이 예언할 것이요.**

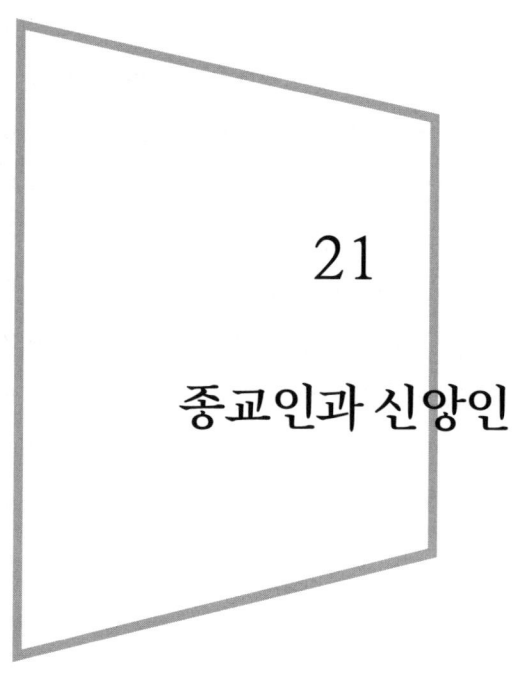

21

종교인과 신앙인

　주님께서 목숨을 내어주시면서 주님을 찾고 찾는 자들을 위해 죽으셨는데 하나님을 믿고 십자가의 대속함을 믿는다고 하는 성도들이 자기 자신의 목숨을 주님께 맡기지도 않고 이 세상을 사랑하면서도 주님만 사랑하는 사람으로 변화시켜달라고 간구하지 않는다는 것은 진정한 믿음이 아니고 결국 종교생활일 뿐인 것입니다.
　마지막 때에는 하나님께서 당신의 택한 아들들을 위해서 성경에 기록하신 모든 약속들을 이루시며 그 어느 때보다 최고의 강권적인 역사로 신부단장과 추수에 임하신다는 것입니다.
　마지막 때에 바울을 통해서 신앙의 본을 보여주신 하나님께서는 하나님을 구하고 찾는 자들에게 죽으면 죽으리라는 각오로 자신의 삶 전부를 맡겨드리게 하시며 가족과 자녀들을 구원하게 하시며 모든 능력을 부어주신다는 것입니다.
　주님께서 내 죄를 대속해 주심은 결국 내 목숨을 주님께 맡겨서 주님께서 나를 주관할 수 있게 하심은 에덴에서 죽었던 영혼을 다시 살리시기 위함인데 주님께 나를 맡기지 못하면 자기 자신의 영혼은 그대로 끝인 것입니다.

모든 인간들이 악한 마귀에게 볼모로 잡혀 간 이후 얼마나 철저하게 그들에게 조정을 당하는지 사람의 힘으로는 알 수가 없고 주님의 강권적인 도우심이 없이는 마귀의 능력에서 벗어날 수가 없다는 것입니다. 신앙인들의 최고의 관심사는 바울 선생이 받았던 주님의 인도하심을 받고 싶은 것이어야 합니다.

그런데 주님을 믿는다고 하는 성도들마저 땅에 것만이 관심이라면 그 사람은 신앙인이 아니고 결국 종교인이라는 말씀이지요. 적어도 자신이 땅에 것 전부를 부인하고 주님의 도우심을 간구하며 자기 자신의 영혼 구원을 위해 자신의 생명을 주님께 맡겨야 합니다. 그렇게 하지 않으면서 자신의 믿음이 바른 믿음이라고 생각하는 사람은 그 누구도 그 사람을 바른 믿음으로 도와줄 수가 없다는 것입니다.

고전 3:18-19 **아무도 자신을 속이지 말라. 너희 중에 누구든지 이 세상에서 지혜 있는 줄로 생각하거든 어리석은 자가 되라. 그리하여야 지혜로운 자가 되리라. 이 세상 지혜는 하나님께 어리석은 것이니 기록된바 하나님은 지혜 있는 자들로 하여금 자기 꾀에 빠지게 하시는 이라 하였고.**

어느 날 주 성령님께서 저에게 이런 말씀을 하시는 것입니다.
너는 산채로 들림을 받으리라.
이 말씀에 정말 깜짝 놀랐습니다. 그것이 무슨 말씀이냐고 여쭈어 보았더니 성경에 나온 인물들 중에 에녹과 엘리야가 산채로 들림을 받았는데 저에게 하신 말씀은 이 세상 소망을 모두 버리고 마음이 오로지 천국과 하나님의 뜻을 이루고자 하는 하늘의 소망과 주님의 뜻을 이룰 마음 밖에 없으니 산채로 들림을 받는다는 비유입니다. 이는 제가 임의로 말을 하거나 저의 생각으로 푼 것이 아니고 내 주 성령님의 음성으로 말씀하신 내용입니다.

요 17:16 **내가 세상에 속하지 아니함 같이 그들도 세상에 속하지 아니하였사옵나이다.**

하나님의 아들로 거듭나려면 이 세상 것을 모두 부인해야 하는데 사람이 육체를 입은 상태로 살아있는 한 사람의 힘으로나 능력으로는 이 세상 것을 부인을 할 수가 없습니다.

저도 주님께 저의 삶을 죽기까지 순종하는 마음으로 바꿔주시라고 20년간 수시로 금식기도와 간구로 하나님 제일주의가 된 것입니다. 이때부터 성경말씀이 열리기 시작한 것입니다.

주님을 영접하고 나서 첫 번째 기도는 오로지 비유로 기록된 성경을 열어 주시라고 하는 것과 두 딸과 아이들 아버지 구원을 위해 저는 주님의 뜻을 위해 오늘 죽어도 좋사오니 이 세 사람의 영혼을 구원해 주신다는 약속을 해주시라고 날마다 간구하기 시작을 하면서 금식하라 하시면 금식을 했었고 말씀을 주시고 먹으라 하시면 말씀을 먹을 수가 있었으니 그 세월이 이 글을 시작하기까지는 30년이라는 세월이 걸린 것입니다.

그 과정에 참으로 기이한 경험은 삼일 금식을 할 때 이틀째 온전히 주님을 의지하게 되었고 세상 것이 부인이 되었고 주님의 세미한 음성을 듣게 되었지요. 결국 삼일을 물도 먹지 않고 기도하면 이틀째 하루는 영으로 들어가고 삼일 째에는 오로지 하루를 밤 열두시까지 채울 생각으로 가득 차 있었습니다. 5일을 작정 기도하면 삼일 간 영적인 시간을 가질 수 있었고 7일을 기도하면 5일을 영적으로 주님과 한 몸을 이룰 수가 있었기에 오로지 주님께서 먹으라고 하시면 먹고 금식하라 하시면 언제든지 아멘과 예로 30년 동안 자주 금식기도하면서 순종했습니다.

약 2:5 내 사랑하는 형제들아 들을지어다. 하나님이 세상에서 가난한 자를 택하사 믿음에 부요하게 하시고 또 자기를 사랑하는 자들에게 약속하신 나라를 상속으로 받게 하지 아니하셨느냐?

약 4:4 간음한 여인들아 세상과 벗된 것이 하나님과 원수 됨을 알지 못하느냐? 그런즉 누구든지 세상과 벗이 되고자 하는 자는 스스로 하나님과 원수 되는 것이니라.

요일 2:15-17 이 세상이나 세상에 있는 것들을 사랑하지 말라. 누구든지 세상을 사랑하면 아버지의 사랑이 그 안에 있지 아니하니, 이는 세상에 있는 모든 것이 육신의 정욕과 안목의 정욕과 이생의 자랑이니 다 아버지께로부터 온 것이 아니요 세상으로부터 온 것이라. 이 세상도, 그 정욕도 지나가되 오직 하나님의 뜻을 행하는 자는 영원히 거하느니라.

요일 4:1 사랑하는 자들아 영을 다 믿지 말고 오직 영들이 하나님께 속하였나 분별하라. 많은 거짓 선지자가 세상에 나왔음이라.

30년 동안 자주 금식하면서 땅에 것을 구한 적이 없이 오로지 하나님의 뜻이 이루어지기를 바라는 마음이었고 두 자녀와 부모님 형제 구원과 또 내게 맡겨준 영혼을 구원하기 위해 나의 삶 전부를 걸고 하나님의 뜻이 나의 삶에서 이루어지게 해주시라고 간구하는 삶을 살아왔지요.

그런데 대부분의 모든 성도들의 기도가 이 땅에 것을 들어주시라는 소원뿐이지 하나님의 뜻을 알게 해주시라고 기도하는 것은 거의 없었습니다. 신앙인은 세상적인 나의 소원을 말하는 것이 아니라 하나님께서 나에게 무엇을 원하시는지 알기를 원하고 주님의 뜻을 순종하게 해주시라고 기도하는 것입니다. 이 땅에 것에 목적을 두고 신앙생활하면 종교인이 되고 하나님의 뜻을 이루기 위해 간구하는 자는 신앙인이라고 할 수가 있습니다. 그런데 지금까지 성도들이 하나님께서 나에게 무엇을 원하시는 지를 궁금해 하지도 않고 세상적인 소원만을 들어주시라고 기도하는 것이 대부분입니다.

교회를 나가기 시작할 때에는 모두가 세상에서 평안하고 안정된 삶을 바라는 마음으로 종교생활을 시작하지만 살아계신 하나님을 경험하고 십자가의 대속함을 믿어지게 되면 하나님의 뜻을 알고 싶어져야 하는 것이 순리입니다.

예수님 시대에도 열두 제자들은 처음에는 이 땅의 복을 꿈꾸고 주님을 따라다녔기에 주님께서 십자가를 지실 때는 무서워서 함께 하지도 못하고 베드로는 조그마한 여자아이 비자가 주님과 함께 있던 것을 보았다고 하니 저주하면서 세 번이나 부인했습니다. 그러나 부활의 주님을 만난 이후 열한 제자들은 모두 부활의 신앙인이 되어 목숨을 다하여 죽기까지 순종하는 제자들이 된 것처럼 이 시대를 살아가는 성도들도 부활의 신앙인으로 성숙해야 한다는 말씀을 드립니다. 주님께서 인간들을 이 땅에서 잘 살게 하기 위해 인간으로 오셔서 십자가의 고난을 당해 주신 것은 아니라는 말씀입니다.

> 벧전 1:13-20 그러므로 너희 마음의 허리를 동이고 근신하여 예수 그리스도께서 나타나실 때에 너희에게 가져다 주실 은혜를 온전히 바랄지어다. 너희가 순종하는 자식처럼 전에 알지 못할 때에 따르던 너희 사욕을 본받지 말고, 오직 너희를 부르신 거룩한 이처럼 너희도 모든 행실에 거룩한 자가 되라. 기록되었으되 내가 거룩하니 너희도 거룩할지어다 하셨느니라. 외모로 보시지 않고 각 사람의 행위대로 심판하시는 이를 너희가 아버지라 부른즉 너희가 나

그네로 있을 때를 두려움으로 지내라. 너희가 알거니와 너희 조상이 물려 준 헛된 행실에서 대속함을 받은 것은 은이나 금 같이 없어질 것으로 된 것이 아니요, 오직 흠 없고 점 없는 어린 양 같은 그리스도의 보배로운 피로 된 것이니라. 그는 창세 전부터 미리 알린 바 되신 이나 이 말세에 너희를 위하여 나타내신바 되었으니.

하나님께서는 이 세상을 지으신 목적이 분명히 하나님의 거룩한 자녀를 얻기 위함이라고 하셨으니 우리는 하나님의 뜻하심이 자기 자신의 삶에서 이루어지기를 간구하고 소원이 되어야 한다는 말씀을 드립니다.

유 1:20 **사랑하는 자들아 너희는 너희의 지극히 거룩한 믿음 위에 자신을 세우며 성령으로 기도하며.**
계 22:11 **불의를 행하는 자는 그대로 불의를 행하고 더러운 자는 그대로 더럽고 의로운 자는 그대로 의를 행하고 거룩한 자는 그대로 거룩하게 하라.**
계 22:19 **만일 누구든지 이 두루마리의 예언의 말씀에서 제하여 버리면 하나님이 이 두루마리에 기록된 생명나무와 및 거룩한 성에 참여함을 제하여 버리시리라.**

하나님의 말씀은 순종을 해도 되고 불순종을 해도 되는 것이 아니라 자신의 삶에서 꼭 순종해야만 하는 것입니다. 땅에 것을 원하는 자는 영원히 심판을 받는 자로 전락할 것을 아신다면 잠시 잠깐 있을 이 세상 것에 목숨의 전부를 걸지는 않겠지요.

지금까지의 거의 많은 성도들은 자신이 거듭난 성도라고 생각을 하고 있습니다. 성도들이 착각을 하는 것은 이 말씀 때문인 것입니다. 예수 그리스도를 시인하는 영마다 하나님의 아들이라고 하셨는데 이는 예수 그리스도를 믿는다는 것은 참으로 깊은 의미로써 성령으로 거듭나야 하고 성경말씀을 온전히 믿어서 하나님의 뜻을 행하고 주님과 한 몸을 이룬 자만이 예수 그리스도를 알고 시인한다고 하는 것입니다. 그런데 입으로만 예수는 그리스도이시다 라는 말을 고백한다고 하나님의 아들이 된다는 것은 성경 말씀을 잘못 이해를 한 것입니다.

주님을 안다는 말은 주님과 내가 한 몸을 이루었다는 말로써 히브리어의 의미는 부부가 동침하여 한 몸을 이루었다는 체험적 의미입니다. 예수 그리스도를 안다는 말은 성경을 모두 믿고 예수님을 영접하여 성령으로 거듭나고 주님과 한 몸을 이루어 구원받고 순종하는 하나님의 자녀가 된 것을 예수 그리스도를 안다고 할 수 있습니다.

요일 2:22-24 **거짓말하는 자가 누구냐? 예수께서 그리스도이심을 부인하는 자가 아니냐? 아버지와 아들을 부인하는 그가 적그리스도니, 아들을 부인하는 자에게는 또한 아버지가 없으되 아들을 시인하는 자에게는 아버지도 있느니라. 너희는 처음부터 들은 것을 너희 안에 거하게 하라. 처음부터 들은 것이 너희 안에 거하면 너희가 아들과 아버지 안에 거하리라.**

예수님이 그리스도이심을 시인한다는 말은 예수님이 구주이심을 마음으로 믿고 성령으로 거듭나서 주님과 한 몸이 이루어졌음을 고백한다는 뜻입니다. 목숨을 주님께 맡겨 죽기까지 순종하는 사람들을 그리스도를 시인한 사람들이라 할 수가 있으며 땅에 것을 바라고 주여 주여 하는 자들은 거짓말을 하는 자들입니다.

아버지 안에 거한다는 말은 이 땅에서 맘속에 천국이 이루어진 사람을 말씀하고 계시는데 하나님 안에 들어간 사람은 하나님 앞에 모든 죄를 사함을 받고 주님께서 그 사람 안에 성전삼고 계시고 그 사람은 신부단장을 한 사람으로서 주님께서 보시기에 점도 흠도 없어야 합니다.

벧후 3:14 그러므로 사랑하는 자들아 너희가 이것을 바라보나니 주 앞에서 점도 없고 흠도 없이 평강 가운데서 나타나기를 힘쓰라.
고전 3:17 누구든지 하나님의 성전을 더럽히면 하나님이 그 사람을 멸하시리라. 하나님의 성전은 거룩하니 너희도 그러하니라.
벧전 1:16 기록되었으되 내가 거룩하니 너희도 거룩할지어다 하셨느니라.

믿는 자 중에 누군가가 나는 하나님을 온전히 안다고 고백을 한다면 그 사람의 영적인 상태가 적어도 바울화가 되어 있어야 한다는 말씀입니다. 그리고 또 이 시대를 살고 있는 우리들이 알아 두어야 할 것은 죽어서 천국을 가려고 생각하는 성도들은 먼저 마음속에 성령 하나님을 모시고 마음의 천국을 이루고 있어야 합니다.

왜냐하면 이 시대는 은혜와 진리시대이므로 목숨을 주님께 맡겨 기도하고 간구하는 성도들은 모든 죄를 사함 받고 성령님이 들어오셔서 그 몸을 성전삼고 계시면 그 사람은 이미 이 땅에서 천국이 이루어 진 것입니다.

이 땅에서 살면서 주님께서 내안에 오시면 에덴이 회복된 것이며 이런 사람은 온전히 성령 하나님의 주관을 받으며 이 땅에서 천국을 누리다가 생이 마감 하는 날 하나님께서 계신 천국을 가는 것입니다.

눅 18:25 낙타가 바늘귀로 들어가는 것이 부자가 하나님의 나라에 들어가는 것보다 쉬우니라 하시니.

이 땅에 것에 대한 욕심과 소망을 가진 자나 세상 것이 목적을 둔 자는 주님과 아무런 상관이 없다는 말씀입니다.

약 1:8 두 마음을 품어 모든 일에 정함이 없는 자로다.
약 4:8 하나님을 가까이하라. 그리하면 너희를 가까이하시리라. 죄인들아 손을 깨끗이 하라. 두 마음을 품은 자들아 마음을 성결하게 하라.
마 6:24 한 사람이 두 주인을 섬기지 못할 것이니 혹 이를 미워하고 저를 사랑하거나 혹 이를 중히 여기고 저를 경히 여김이라. 너희가 하나님과 재물을 겸하여 섬기지 못하느니라.
눅 16:13 집 하인이 두 주인을 섬길 수 없나니 혹 이를 미워하고 저를 사랑하거나 혹 이를 중히 여기고 저를 경히 여길 것임이니라. 너희는 하나님과 재물을 겸하여 섬길 수 없느니라.

그러므로 나 자신을 주님께 맡겨드리지 못하면 이 세상 것을 사람의 힘으로는 절대 부인을 하기가 얼마나 어렵던지 부자가 천국에 들어가기가 낙타가 바늘귀로 들어가는 것보다 어렵다는 말씀입니다.

진정한 신앙인이 되려면 돈과 명예를 사랑하지 말고 이 세상 것에 대한 소망들을 배설물처럼 버려야 합니다. 이것들을 버리기 위해서는 첫째로 철저한 회개를 해야 합니다. 둘째는 성경 말씀을 날마다 정독해야 합니다. 셋째는 성경에 기록된 말씀대로 순종하기 위해 기도와 찬양을 해야 합니다. 이렇게 하지 않으면 마귀가 틈을 타서 다시 세상 것들을 사랑하도록 미혹합니다. 그리고 교회생활에도 열심히 충성해야 합니다. 또한 가족 구원을 위해서도, 친구들과 친척 이웃들의 구원을 위해서도 전도해야 합니다. 영혼 구원을 위해 목숨을 거는 사람이 이웃을 내 몸처럼 사랑하고 하나님을 목숨 다하여 사랑하는 진정한 신앙인이며 바울 선생의 믿음을 본받은 신앙인이라 할 수가 있습니다.

하나님의 창조의 목적은 이런 사람들을 택하시고 변화시켜 하나님의 거룩한 아들들로 신부단장을 시켜서 영원히 함께 하시겠다는 것입니다.

막 12:33 또 마음을 다하고 지혜를 다하고 힘을 다하여 하나님을 사랑하는 것과 또 이웃을 자기 자신과 같이 사랑하는 것이 전체로 드리는 모든 번제물과 기타 제물보다 나으니이다.

요 10:11-15 나는 선한 목자라. 선한 목자는 양들을 위하여 목숨을 버리거니와, 삯꾼은 목자가 아니요 양도 제 양이 아니라 이리가 오는 것을 보면 양을 버리고 달아나나니 이리가 양을 물어 가고 또 헤치느니라. 달아나는 것은 그가 삯꾼인 까닭에 양을 돌보지 아니함이나, 나는 선한 목자라. 나는 내 양을 알고 양도 나를 아는 것이, 아버지께서 나를 아시고 내가 아버지를 아는 것 같으니 나는 양을 위하여 목숨을 버리노라.

하나님의 아들들이 되기 위해서 택함을 입은 사람들은 하나님의 마음을 모두 깨달아 주님께서 부르실 때에 그 어떠한 일이라도 아멘과 예가 되어야 합니다. 또한 하나님의 뜻을 알아야 하겠지만 아는 것만 가지고는 안 된다는 사실입니다. 주님의 말씀을 알고 실천하지 않는 믿음은 죽은 믿음이니 자신의 영혼을 사랑하는 사람이 아니면 주님의 뜻에 순종할 수가 없습니다.

그런데 자신의 영혼을 사랑하는 사람들이 많지 않습니다. 육신의 욕심과 자신의 자존심이 중요하다고 생각들을 하는데 그 자존심이 주님의 말씀보다 중요하게 생각하는 사람을 육적인 종교인이라고 합니다. 이들은 주님 안에 들어갈 수 없을 뿐 아니라 귀신들에게 붙들려 있는 것입니다.

다시 말씀을 드리지만 이 세상의 습관과 자신의 세상의 경험 등 이 모든 것은 에덴동산에서 선악과 사건 이후로 사탄에게 잡혀서 종살이를 했던 습관들입니다. 이 세상에서 살아있는 동안에 이것들을 벗어 버리고 구원을 받기 위해서 예수님을 구주로 영접하고 믿어야 합니다. 그리하면 성령의 인도하심으로 거듭나게 되고 완전히 새사람으로 변화가 되며 그리스도화가 된 성도만이 주님께서 내안에 내가 주님 안에 들어가서 내 마음과 이 땅에서 천국이 이루어지는 것입니다.

하나님 말씀을 온전히 믿는 사람은 주님께 자신을 100% 맡기게 되며 자신을 주님께 맡겨드리지 못한 자는 주님을 믿는 자가 아니라 이 세상에서 복을 받기 위해 의지할 뿐 하나님의 창조의 계획하고는 아무런 상관이 없고 주님의 십자가 고난과 상관이 없는 자입니다.

요 6:56 내 살을 먹고 내 피를 마시는 자는 내 안에 거하고 나도 그의 안에 거하나니.

요 14:20 그 날에는 내가 아버지 안에, 너희가 내 안에, 내가 너희 안에 있는 것을 너희가 알리라.

요 15:4-6 내 안에 거하라. 나도 너희 안에 거하리라. 가지가 포도나무에 붙어 있지 아니하면 스스로 열매를 맺을 수 없음 같이 너희도 내 안에 있지 아니하면 그러하리라. 나는 포도나무요 너희는 가지라. 그가 내 안에, 내가 그 안에 거하면 사람이 열매를 많이 맺나니 나를 떠나서는 너희가 아무 것도 할 수 없음이라. 사람이 내 안에 거하지 아니하면 가지처럼 밖에 버려져 마르나니 사람들이 그것을 모아다가 불에 던져 사르느니라.

요 17:21 아버지여, 아버지께서 내 안에, 내가 아버지 안에 있는 것 같이 그들도 다 하나가 되어 우리 안에 있게 하사 세상으로 아버지께서 나를 보내신 것을 믿게 하옵소서.

요 17:23 곧 내가 그들 안에 있고 아버지께서 내 안에 계시어 그들로 온전함을 이루어 하나가 되게 하려 함은 아버지께서 나를 보내신 것과 또 나를 사랑하심 같이 그들도 사랑하신 것을 세상으로 알게 하려 함이로소이다.

고후 13:3 이는 그리스도께서 내 안에서 말씀하시는 증거를 너희가 구함이니 그는 너희에게 대하여 약하지 않고 도리어 너희 안에서 강하시니라.

갈 2:20 내가 그리스도와 함께 십자가에 못 박혔나니 그런즉 이제는 내가 사는 것이 아니요 오직 내 안에 그리스도께서 사시는 것이라. 이제 내가 육체 가운데 사는 것은 나를 사랑하사 나를 위하여 자기 자신을 버리신 하나님의 아들을 믿는 믿음 안에서 사는 것이라.

이 본문 말씀이 당신 안에서 이루어지지 않으면 천국과는 아무런 상관이 없습니다. 이 말씀을 읽고 주님과 동거 동행하는 성도, 신부단장하는 성도가 되게 해주시라고 지금부터라도 주님께 회개하고 기도드려야 합니다.

신부단장하는 성도가 되기까지는 사탄과의 영적 전쟁을 날마다 치러야 합니다. 이 싸움은 결국 자신과의 싸움이며 이 세상 임금인 정사와 권세 잡은 자와의 싸움이지요. 사탄은 귀신들을 동원해서 성도들이 하나님보다 세상을 더 사랑하도록 사람들의 마음과 생각을 쉬지 않고 미혹을 합니다. 그러므로 사탄의 유혹에서 벗어나기 위해서는 주님께 목숨을 맡겨드리고 나를 온전히 주관해주시라고 하루에도 몇 번씩 간구하면서 그들을 예수이름으로 대적해야 합니다. 저는 20년 동안에 금식기도하면서 마귀의 손아귀에서 벗어날 수가 있었습니다.

빌 1:30 너희에게도 그와 같은 싸움이 있으니 너희가 내 안에서 본 바요 이제도 내 안에서 듣는 바니라.
약 4:7 그런즉 너희는 하나님께 복종할지어다. 마귀를 대적하라. 그리하면 너희를 피하리라.
요 16:33 이것을 너희에게 이르는 것은 너희로 내 안에서 평안을 누리게 하려 함이라. 세상에서는 너희가 환난을 당하나 담대하라 내가 세상을 이기었노라.

하나님께서 허락하신 구원은 환란과 핍박 중에도 끝까지 견디는 자가 얻는다고 말씀하셨습니다. 자신과의 싸움에서도 인내하고 부지런하며 진심을 다하여 간구하며 주님의 말씀에 순종하는 열매를 풍성히 맺어야 합니다. 하나님께서 기뻐하시는 선지자들의 삶처럼 성도들도 거듭난 자들의 행함과 삶으로 바뀌어 있어야 합니다. 이런 사람이 세상을 이긴 삶이고 모든 삶을 주님께 맡겨서 진정한 평안을 누리는 것입니다.

그러나 우리가 알아야 할 것은 하나님을 믿는다고 하는 사람도 세상을 사랑하는 것과 자신을 사랑하는 생각이 머리카락 수만큼이나 많이 들어 있으므로 평생 동안 어둠의 세력들과 날마다 영적 전쟁을 해서 이겨야 된다는 것입니다.

엡 6:10-13 끝으로 너희가 주 안에서와 그 힘의 능력으로 강건하여지고, 마귀의 간계를 능히 대적하기 위하여 하나님의 전신 갑주를 입으라. 우리의 씨름은 혈과 육을 상대하는 것이 아니요 통치자들과 권세들과 이 어둠의 세상 주관자들과 하늘에 있는 악의 영들을 상대함이라. 그러므로 하나님의 전신 갑주를 취하라. 이는 악한 날에 너희가 능히 대적하고 모든 일을 행한 후에 서기 위함이라.

하나님의 말씀을 붙잡고 간구하여 변화되고 하나님의 전신갑주로 무장하지 못하면 자신을 구원에 이르게 할 수가 없다는 말씀입니다. 하나님을 모르는 자들의 목적이 세상 것에 있는 것처럼 성도들의 마음에 이 세상 것들이 하나님의 진정한 구원보다 크게 보인다면 그 사람은 양이 아닌 염소입니다.

처음에는 모든 사람이 세상 것 외에는 관심이 없을 수밖에 없지만 하나님을 경험하고 주님의 십자가의 대속함이 믿어지고 예수를 내 구주로 믿게 되면 하나님의 뜻을 알기를 원하며 자기 자신의 사명이 무엇인지 주님께 간구하는 것이 먼저라는 말씀을 드립니다.

제가 경험한 바에 따르면 세상 것에 대한 미련이 하루아침에 버릴 수 있는 것이 아니기에 세상 것을 사랑하고 돈을 사랑하며 눈에 보이는 것을 하나님보다 더 사랑하고 있다고 얼마나 죄송해하고 20년을 울며 간구하고서야 세상의 종살이에서 벗어난 것입니다.

믿음의 기본이 있고 양심에 화인 맞은 성도가 아니라면 주님 앞에 자신이 적어도 나의 죄를 대속하시기 위해서 십자가를 져 주셨다 꼭 믿어야 합니다. 그런데도 나는 주님을 위해서 죽어드릴 믿음이 없고 주님보다는 돈이 좋고 자식이 주님보다 더 중요하며 세상을 더 사랑하고 있다면 나는 죄인 중의 괴수임을 깨닫고 회개해야 합니다. 회개하는 것보다 더 중요한 것은 없습니다. 이 과정을 경험하지 않으면 주님의 인도를 받지 못하며 천국이나 하나님의 아들은 꿈도 꿀 수가 없다는 말씀을 드립니다. 이 과정은 하나님의 아들이 되는 데 절대 필요한 것입니다.

롬 3:9-12 그러면 어떠하냐? 우리는 나으냐? 결코 아니라. 유대인이나 헬라인이나 다 죄 아래에 있다고 우리가 이미 선언하였느니라. 기록된바 의인은 없나니 하나도 없으며, 깨닫는 자도 없고 하나님을 찾는 자도 없고, 다 치우쳐 함께 무익하게 되고 선을 행하는 자는 없나니 하나도 없도다.

그런데 거의 모든 사람들은 자신의 심령 상태를 모르며 사람들은 자신이 꽤나 의리가 있고 괜찮은 사람이라고 착각들을 하고 있습니다. 모든 사람들이 검은 봉지를 쓰고 있는 것 같이 자기 자신의 심령 상태를 모를 수밖에 없는 것은 세상 임금인 마귀가 사람들의 마음과 생각을 잡고 있기 때문입니다.

고후 3:15-18 오늘까지 모세의 글을 읽을 때에 수건이 그 마음을 덮었도다. 그러나 언제든지 주께로 돌아가면 그 수건이 벗겨지리라. 주는 영이시니 주의 영이 계신 곳에는 자유가 있느니라. 우리가 다 수건을 벗은 얼굴로 거울을 보는 것 같이 주의 영광을 보매 그와 같은 형상으로 변화하여 영광에서 영광에 이르니 곧 주의 영으로 말미암음이니라.

이 세상에서 살아있을 때에 주의 영으로 말미암아 수건이 벗겨지는 상태가 되지 않고서는 거듭남의 경험을 할 수 없다는 말씀을 드립니다. 거듭남이란 말씀 그대로 새로 다시 태어남을 말하는데 예수님을 구주로 영접하고 믿을 때 지금까지 마귀의 종으로 살아왔던 습관을 모두 버리고 성령의 역사로 하나님의 자녀로 태어나는 것을 말합니다. 점진적으로 믿음이 성장하면서 성령의 열매를 맺게 되고 바울화가 되고 그리스도화가 되어서 신부단장을 하게 됩니다.

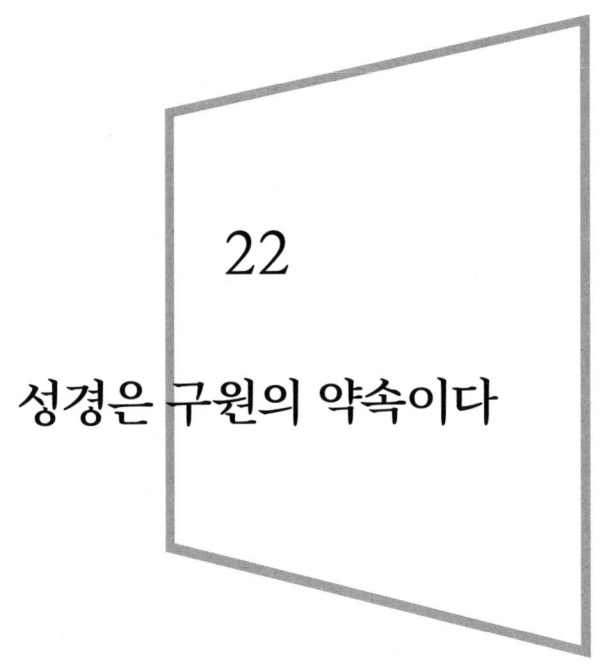

22

성경은 구원의 약속이다

성경은 하나님의 약속의 책이라고 말씀을 드릴수가 있습니다. 구약은 메시아가 어떻게 어느 지역에 오셔서 하나님을 간절히 찾고 메시아를 믿는 자들에게 잃어 버렸던 에덴을 회복해주시고 거룩한 아들로 신부단장을 하여 하나님 나라로 들어갈 수 있도록 약속하신 책입니다. 신약은 구약의 약속대로 하나님의 독생자 예수님이 이 땅에 오셔서 복음을 전파하시고 십자가에 죽으시고 장사한지 3일 만에 부활하심으로 믿는 자들에게 영생과 구원을 완성하셨습니다.

에덴동산에서 아담과 하와가 쫓겨났다는 것은 아담과 하와가 하나님의 말씀을 거역하고 뱀의 말을 들음으로 인하여 하나님의 은혜의 옷이 벗어져 버린 것입니다. 하나님께서는 아담과 하와를 만드시고 선악을 알게 하는 나무의 열매를 먹지 말라고 하셨지만 하나님은 미래에 생길 일을 아시므로 그들이 뱀의 유혹을 받아서 선악과를 따 먹을 것을 알고 계신 것입니다.

에덴에서 쫓겨났다는 것은 하나님의 품에서 쫓겨났으니 영이 죽어서 마귀의 종이 된 것입니다. 그러므로 하나님께서는 하나님의 거룩한 아들을 낳기 위한 구원계획을 세우셨습니다.

아담과 하와가 타락한 이후에 하나님의 구원계획 속에는 분명히 사탄의 방해 활동이 있다는 것을 아시므로 죄인들을 하나님의 아들들로 낳으시기 위해서 메시아를 약속하셨고 약속대로 이 땅에 오신 독생자를 십자가에서 죽게 하신 것입니다.

창 3:15 내가 너로 여자와 원수가 되게 하고 네 후손도 여자의 후손과 원수가 되게 하리니 여자의 후손은 네 머리를 상하게 할 것이요 너는 그의 발꿈치를 상하게 할 것이니라 하시고.

본문 말씀에서 여자의 후손은 마리아를 통해서 오실 예수님을 말하고 뱀의 머리를 상하게 한다는 것은 사탄을 이기신다는 표현으로 예수님의 상징이 십자가라면 사탄의 상징은 뱀으로 표현이 됩니다. 참으로 놀라운 것은 사탄과 귀신들이 하나님의 택함을 입은 자들에게 하나님께로 가는 길을 막으면 막을수록 이들은 목숨을 걸고 예수님의 십자가 공로를 믿고 기도하여 하나님의 거룩한 아들이 된다는 사실입니다.

히 9:25-26 대제사장이 해마다 다른 것의 피로써 성소에 들어가는 것 같이 자주 자기를 드리려고 아니하실지니, 그리하면 그가 세상을 창조한 때부터 자주 고난을 받았어야 할 것이로되 이제 자기를 단번에 제물로 드려 죄를 없이 하시려고 세상 끝에 나타나셨느니라.

그리고 복음시대 즉 은혜와 진리시대는 하나님을 간절하게 찾는 자들에게 신부단장을 할 수 있는 시간이며 하나님의 택함을 입은 자들을 주님께서 목자가 양을 치시듯이 바울을 택하시고 교육하시듯 직접 인도하시고 신부단장을 시키시는 것입니다.

이 시대에 태어난 사람은 참으로 행운이라고 말씀을 드릴 수 있는데 성경상의 모든 선지자들이 이 시대에 열어주실 성경과 주님의 강권적인 역사를 사모하면서 자신들의 사명을 감당하고 하나님께 돌아갔지만, 이 시대에 신부단장을 하고 하나님의 계획대로 완성이 된 아들들과 함께 천국에서 영생을 누리게 될 것입니다.

히 11:13 이 사람들은 다 믿음을 따라 죽었으며 약속을 받지 못하였으되 그것들을 멀리서 보고 환영하며 또 땅에서는 외국인과 나그네임을 증언하였으니.

눅 7:28 내가 너희에게 말하노니 여자가 낳은 자 중에 요한보다 큰 자가 없도다. 그러나 하나님의 나라에서는 극히 작은 자라도 그보다 크니라 하시니.

눅 16:16 율법과 선지자는 요한의 때까지요 그 후부터는 하나님 나라의 복음이 전파되어 사람마다 그리로 침입하느니라.

마 11:13 모든 선지자와 율법이 예언한 것은 요한까지니

정확하게 말씀을 드리자면 구약의 율법과 선지자는 세례 요한의 때까지입니다.

눅 23:42-45 이르되 예수여 당신의 나라에 임하실 때에 나를 기억하소서 하니, 예수께서 이르시되 내가 진실로 네게 이르노니 오늘 네가 나와 함께 낙원에 있으리라 하시니라. 때가 제육 시쯤 되어 해가 빛을 잃고 온 땅에 어둠이 임하여 제구 시까지 계속하며, 성소의 휘장이 한가운데가 찢어지더라.

그러나 주님께서 십자가를 지시기 전에도 옥이 있었고 낙원도 있었습니다. 주님께서 아브라함이 낙원에 계셨음을 나사로와 부자의 이야기에서 말씀하셨습니다.

벧전 3:18-20 그리스도께서도 단번에 죄를 위하여 죽으사 의인으로서 불의한 자를 대신하셨으니 이는 우리를 하나님 앞으로 인도하려 하심이라. 육체로는 죽임을 당하시고 영으로는 살리심을 받으셨으니, 그가 또한 영으로 가서 옥에 있는 영들에게 선포하시니라. 그들은 전에 노아의 날 방주를 준비할 동안 하나님이 오래 참고 기다리실 때에 복종하지 아니하던 자들이라. 방주에서 물로 말미암아 구원을 얻은 자가 몇 명뿐이니 겨우 여덟 명이라.

하나님께 드렸던 구약의 제사법은 예수님이 십자가에서 화목제물로 단번에 드려졌기 때문에 없어지게 되었습니다. 주님께서 다시 오시기 전에 목숨을 다하여 하나님을 사랑하는 성도들을 택하여 신부단장을 시키시고 신부단장이 끝난 사람은 그 수가 차면 주님께서 구름을 타고 심판 주로 오시는 것입니다. 그러므로 제일 먼저 해야 할 일은 마음과 목숨과 뜻을 다하여 하나님을 사랑하는 일입니다.

막 12:30 네 마음을 다하고 목숨을 다하고 뜻을 다하고 힘을 다하여 주 너의 하나님을 사랑하라 하신 것이요.

이 땅의 무엇보다도 제일 순위로 주님을 목숨을 다하여 사랑하는 사람이 될 때에 주님께서 그를 신부로 영접해 주십니다. 그러니 사람의 힘으로는 이 세상 것을 부인도 할 수가 없으며 자신의 죄를 감당할 수 없다는 것을 아시고 주님께서 십자가를 지신 것입니다. 그리고 십자가의 공로를 믿는 성도들은 항상 깨어있어야 도둑같이 오시는 주님을 만날 수 있는 것입니다.

살전 5:6 **그러므로 우리는 다른 이들과 같이 자지 말고 오직 깨어 정신을 차릴지라.**

히 13:8 **예수 그리스도는 어제나 오늘이나 영원토록 동일하시니라.**

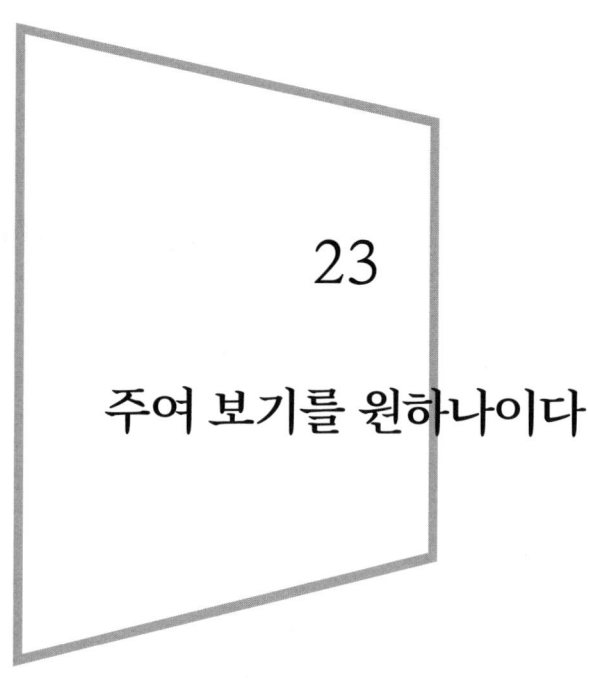

23

주여 보기를 원하나이다

눅 18:35-43 여리고에 가까이 가셨을 때에 한 맹인이 길 가에 앉아 구걸하다가, 무리가 지나감을 듣고 이 무슨 일이냐고 물은대, 그들이 나사렛 예수께서 지나가신다 하니, 맹인이 외쳐 이르되 다윗의 자손 예수여 나를 불쌍히 여기소서 하거늘, 앞서 가는 자들이 그를 꾸짖어 잠잠하라 하되 그가 더욱 크게 소리 질러 다윗의 자손이여 나를 불쌍히 여기소서 하는지라. 예수께서 머물러 서서 명하여 데려오라 하셨더니 그가 가까이 오매 물어 이르시되, 네게 무엇을 하여 주기를 원하느냐? 이르되 주여 보기를 원하나이다. 예수께서 그에게 이르시되 보라 네 믿음이 너를 구원하였느니라 하시매, 곧 보게 되어 하나님께 영광을 돌리며 예수를 따르니 백성이 다 이를 보고 하나님을 찬양하니라.

길가에 앉아 구걸하던 맹인도 예수님께 불쌍히 여겨달라고 크게 소리 질러 부르짖었을 때에 그의 믿음을 보시고 고쳐주셨습니다. 예수님을 믿는 믿음을 예수님께 인정받으면 구원을 받습니다. 옛날이나 지금이나 동일하신 예수님께서는 오늘날에도 믿음을 보시고 치유하심을 믿어야 합니다. 오늘날의 교회들마다 살아있는 믿음을 갖고 치유와 귀신 쫓는 표적을 보여서 세상 사람들에게 소문나게 하고 하나님께 영광을 돌려야 합니다.

신약에 기록된 말씀을 보면 주님을 만난 사람들 중에는 주님께서 직접 택하셔서 부르신 제자들도 있고 병자들이나 귀신들린 사람들이 예수님의 소문을 듣고 믿음으로 찾아 온 사람들도 있습니다. 귀신들린 자들과 한센 병 환자들과 혈루증을 앓고 있는 여인도 주님을 한 번이라도 만나보고 치료받고자 죽을 각오로 주님을 찾아 온 것입니다.

마 15:22-28 가나안 여자 하나가 그 지경에서 나와서 소리 질러 이르되 주 다윗의 자손이여 나를 불쌍히 여기소서. 내 딸이 흉악하게 귀신 들렸나이다 하되, 예수는 한 말씀도 대답하지 아니하시니 제자들이 와서 청하여 말하되 그 여자가 우리 뒤에서 소리를 지르오니 그를 보내소서. 예수께서 대답하여 이르시되 나는 이스라엘 집의 잃어버린 양 외에는 다른 데로 보내심을 받지 아니하였노라 하시니, 여자가 와서 예수께 절하며 이르되 주여 저를 도우소서. 대답하여 이르시되 자녀의 떡을 취하여 개들에게 던짐이 마땅하지 아니하니라. 여자가 이르되 주여 옳소이다마는 개들도 제 주인의 상에서 떨어지는 부스러기를 먹나이다 하니, 이에 예수께서 대답하여 이르시되 여자여 네 믿음이 크도다. 네 소원대로 되리라 하시니 그 때로부터 그의 딸이 나으니라.

이 상황이 나 자신에게 일어난 사건이라면 나는 어떻게 했을까를 생각해 보십시오. 이 이방인 여인은 자존심이 없었나요? 무시당했을 때에 화를 냈나요? 개들이라고 말씀하신다고 섭섭해 했나요? 이 모든 것이 먼저 주님께서 하신 말씀은 모두 옳습니다. 이렇게 상에서 떨어지는 부스러기만큼의 은혜도 감사한다는 심정으로 허락해주시기를 간절히 구할 때에 그 여인의 믿음을 보시고 그의 딸은 주님의 은혜를 입어 나을 수가 있었습니다. 특이한 것은 병자 자신이 오지 못하고 그의 어머니가 대신 예수님을 찾아왔는데 어머니의 믿음을 보시고 집에 있는 딸이 고침을 받게 된 것입니다. 또 백부장의 하인도 백부장의 믿음을 보시고 집에 있는 하인의 병을 고쳐주셨습니다. 중풍병자도 그를 메고 온 사람들의 믿음을 보시고 고침을 받았습니다.

주님께로부터 큰 문제들을 해결 받은 사람들의 특징은 자존심을 모두 버렸고 그 누구보다도 주님을 한 번 만나거나 옷자락이라도 한 번 잡으면 병이 나을 거라는 믿음을 갖고 찾아왔을 때 그들의 믿음을 보시고 병을 고치셨습니다. 또 특이한 것은 중풍병자는 혼자 주님을 만나러 갈 수도 없었기에 상을 든 자들의 믿음으로도 그 사람의 병을 고칠 수가 있다는 말씀을 하고 계신 것입니다.

막 2:2-5 **많은 사람이 모여서 문 앞까지도 들어설 자리가 없게 되었는데 예수께서 그들에게 도를 말씀하시더니, 사람들이 한 중풍병자를 네 사람에게 메워 가지고 예수께로 올새, 무리들 때문에 예수께 데려갈 수 없으므로 그 계신 곳의 지붕을 뜯어 구멍을 내고 중풍병자가 누운 상을 달아내리니, 예수께서 그들의 믿음을 보시고 중풍병자에게 이르시되 작은 자야 네 죄 사함을 받았느니라 하시니.**

막 2:9-12 **중풍병자에게 네 죄 사함을 받았느니라 하는 말과 일어나 네 상을 가지고 걸어가라 하는 말 중에서 어느 것이 쉽겠느냐? 그러나 인자가 땅에서 죄를 사하는 권세가 있는 줄을 너희로 알게 하**

려 하노라 하시고 중풍병자에게 말씀하시되 내가 네게 이르노니 일어나 네 상을 가지고 집으로 가라 하시니, 그가 일어나 곧 상을 가지고 모든 사람 앞에서 나가거늘 그들이 다 놀라 하나님께 영광을 돌리며 이르되 우리가 이런 일을 도무지 보지 못하였다 하더라.

성경에서 주님을 만난 사람들을 보게 되면 얼마나 간절하고 자기 자신의 생각이나 자존심 경험을 뒤로하고 어떤 사람은 죽으면 죽으리라 하고 생명을 건 사람들만이 주님을 만나서 문제를 해결 받은 것이 기록되어 있으며 또 세리장인 삭개오는 자기 자신의 키가 작으므로 오로지 주님을 보고자 자존심을 모두 내려놓고 뽕나무로 올라감을 통해 주님께서 만나주신 것입니다.

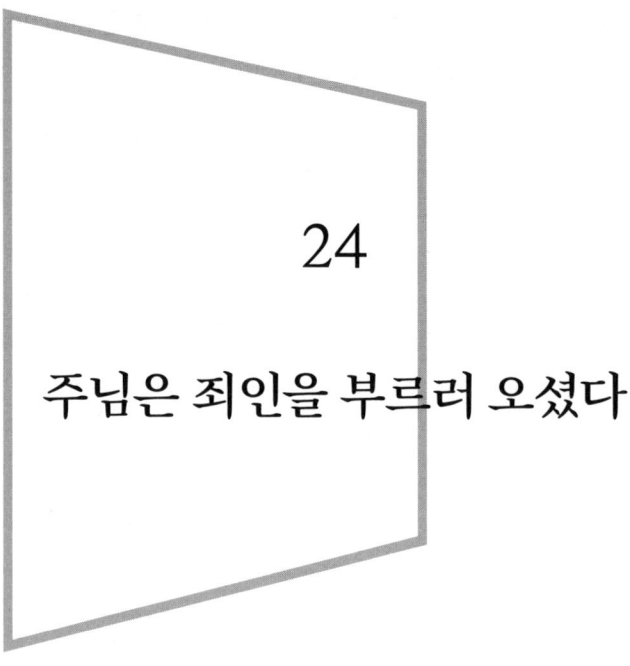

24

주님은 죄인을 부르러 오셨다

마 9:10-13 예수께서 마태의 집에서 앉아 음식을 잡수실 때에 많은 세리와 죄인들이 와서 예수와 그의 제자들과 함께 앉았더니, 바리새인들이 보고 그의 제자들에게 이르되 어찌하여 너희 선생은 세리와 죄인들과 함께 잡수시느냐? 너희는 가서 내가 긍휼을 원하고 제사를 원하지 아니하노라 하신 뜻이 무엇인지 배우라. 나는 의인을 부르러 온 것이 아니요 죄인을 부르러 왔노라 하시니라.

마 11:19 인자는 와서 먹고 마시매 말하기를 보라 먹기를 탐하고 포도주를 즐기는 사람이요 세리와 죄인의 친구로다 하니 지혜는 그 행한 일로 인하여 옳다 함을 얻느니라.

막 2:15-17 그의 집에 앉아 잡수실 때에 많은 세리와 죄인들이 예수와 그의 제자들과 함께 앉았으니 이는 그러한 사람들이 많이 있어서 예수를 따름이러라. 바리새인의 서기관들이 예수께서 죄인 및 세리들과 함께 잡수시는 것을 보고 그의 제자들에게 이르되 어찌

하여 세리 및 죄인들과 함께 먹는가? 예수께서 들으시고 그들에게 이르시되 건강한 자에게는 의사가 쓸 데 없고 병든 자에게라야 쓸 데 있느니라. 나는 의인을 부르러 온 것이 아니요 죄인을 부르러 왔노라 하시니라.

눅 5:8 시몬 베드로가 이를 보고 예수의 무릎 아래에 엎드려 이르되 주여 나를 떠나소서 나는 죄인이로소이다 하니.

눅 5:30 바리새인과 그들의 서기관들이 그 제자들을 비방하여 이르되 너희가 어찌하여 세리와 죄인과 함께 먹고 마시느냐?

눅 5:32 내가 의인을 부르러 온 것이 아니요 죄인을 불러 회개시키러 왔노라.

눅 7:34 인자는 와서 먹고 마시매 너희 말이 보라 먹기를 탐하고 포도주를 즐기는 사람이요 세리와 죄인의 친구로다 하니.

눅 7:39 예수를 청한 바리새인이 그것을 보고 마음에 이르되 이 사람이 만일 선지자라면 자기를 만지는 이 여자가 누구며 어떠한 자 곧 죄인인 줄을 알았으리라 하거늘.

눅 15:1-2 모든 세리와 죄인들이 말씀을 들으러 가까이 나아오니, 바리새인과 서기관들이 수군거려 이르되 이 사람이 죄인을 영접하고 음식을 같이 먹는다 하더라.

눅 15:7 내가 너희에게 이르노니 이와 같이 죄인 한 사람이 회개하면 하늘에서는 회개할 것 없는 의인 아흔아홉으로 말미암아 기뻐하는 것보다 더하리라.

눅 15:10 내가 너희에게 이르노니 이와 같이 죄인 한 사람이 회개하면 하나님의 사자들 앞에 기쁨이 되느니라.

눅 18:13 세리는 멀리 서서 감히 눈을 들어 하늘을 쳐다보지도 못하고 다만 가슴을 치며 이르되 하나님이여 불쌍히 여기소서. 나는 죄인이로소이다 하였느니라.

눅 19:7 뭇 사람이 보고 수군거려 이르되 저가 죄인의 집에 유하러 들어갔도다 하더라.

요 9:16 바리새인 중에 어떤 사람은 말하되 이 사람이 안식일을 지키지 아니하니 하나님께로부터 온 자가 아니라 하며 어떤 사람은 말하되 죄인으로서 어떻게 이러한 표적을 행하겠느냐 하여 그들 중에 분쟁이 있었더니.

롬 5:8 우리가 아직 죄인 되었을 때에 그리스도께서 우리를 위하여 죽으심으로 하나님께서 우리에 대한 자기의 사랑을 확증하셨느니라.

롬 5:19 한 사람이 순종하지 아니함으로 많은 사람이 죄인 된 것 같이 한 사람이 순종하심으로 많은 사람이 의인이 되리라.

딤전 1:9-10 알 것은 이것이니 율법은 옳은 사람을 위하여 세운 것이 아니요 오직 불법한 자와 복종하지 아니하는 자와 경건하지 아니한 자와 죄인과 거룩하지 아니한 자와 망령된 자와 아버지를 죽이는 자와 어머니를 죽이는 자와 살인하는 자며. 음행하는 자와 남색하는 자와 인신매매를 하는 자와 거짓말하는 자와 거짓 맹세하는 자와 기타 바른 교훈을 거스르는 자를 위함이니.

딤전 1:15 미쁘다 모든 사람이 받을 만한 이 말이여 그리스도 예수께서 죄인을 구원하시려고 세상에 임하셨다 하였도다. 죄인 중에 내가 괴수니라.

딤후 2:9 복음으로 말미암아 내가 죄인과 같이 매이는 데까지 고난을 받았으나 하나님의 말씀은 매이지 아니하니라.

약 4:8 하나님을 가까이하라. 그리하면 너희를 가까이하시리라. 죄인들아 손을 깨끗이 하라. 두 마음을 품은 자들아 마음을 성결하게 하라.

약 5:20 너희가 알 것은 죄인을 미혹된 길에서 돌아서게 하는 자가 그의 영혼을 사망에서 구원할 것이며 허다한 죄를 덮을 것임이라.

이 성경 말씀들을 보면 주님께서 공생애를 사시면서 나는 죄인을 부르고 회개시키고 구원하러 왔다고 누누이 말씀을 하십니다. 당신이 죄인이라고 눈물을 흘릴 때에 주님께서 만나 주심을 잊으면 안 되는 것입니다.

롬 5:8 우리가 아직 죄인 되었을 때에 그리스도께서 우리를 위하여 죽으심으로 하나님께서 우리에 대한 자기의 사랑을 확증하셨느니라.

살아계신 주님을 만났을 때를 생각해 보십시오. 자기 자신이 무엇을 해서 만나주신 것이 아니고 의인이라서 만나주신 것도 아닌 주님을 위해서 해드린 것이 아무 것도 없는 죄인을 만나주신 것입니다. 하나님께서는 당신이 주님을 위해서 무엇을 해서 만나주신 것이 아님을 생각해 보시지요. 그때를 보면 주님을 위해 해드린 것도 없고 다만 죄인 중의 괴수라고 손을 든 마음이고 그런 고백을 했지요. 그러나 사람들은 자신이 주님을 위해 일을 하였으니 하나님께서 자신을 더 많이 사랑하실 것이라는 자기 선행과 자기 공로를 생각하게 합니다. 그때부터 주님과 더욱더 멀어져가고 주님과의 벽이 두꺼워져 가는 것입니다. 이런 때에는 기도를 해도 아무런 응답이 없으며 보여주시는 것도 없습니다. 성도들의 심령 상태가 하나님께서 원하시는 뜻대로 되는 것이 아니라 반대로 가고 있다는 것을 깨달아야 합니다. 왜냐하면 성도의 믿음이 자기 공로를 생각하지 않을 때 만나 주셨던 것을 생각을 해 보세요.

롬 4:5 일을 아니할지라도 경건하지 아니한 자를 의롭다 하시는 이를 믿는 자에게는 그의 믿음을 의로 여기시나니

그러나 아무 일도 하지 말라는 말은 절대 아닙니다. 하나님의 사랑하심과 십자가의 대속함이 믿어진 사람이라면 당연히 첫째는 하나님의 뜻을 알아가기 시작을 해야 하고 둘째는 주님의 뜻을 따라 전도하고 봉사하며 헌신이 따라야 하겠지만 그것은 당연한 것인데 그런 선행 때문에 주님께서 당신을 특별하게 사랑하신 것이 아니란 말씀입니다. 그런 일을 하지 않을 때 당신을 만나주셨고 당신의 영혼을 구원하시기 위해서 십자가를 져 주셨다는 것을 알고 있어야 합니다.

다시 말씀을 드리자면 아무 일도 하지 않았을 때에 당신을 위해 십자가를 져 주셨는데 무엇을 해서 사랑한다고 생각하게 되면 주님의 십자가의 대속해 주신 사랑이 너무 작아지고 빛을 일어 가기 시작하는 것입니다. 주를 위해 무엇을 하든지 그 어떠한 것을 하든지 어떤 봉사와 헌신으로 인해서 주님께서 당신을 사랑하시는 것이 아니라 아무 것도 하지 않았을 때에도 당신을 만나주셨다는 것을 잊지 않으셨으면 합니다.

오늘날 주님께서 당신을 축복하시고 삶이 윤택하여 하나님 앞에 봉사하고 헌신하는 모든 것은 주님의 은혜입니다. 성도 자신들이 주님의 일을 많이 해서 더 사랑한다고 생각한다면 주님의 첫사랑은 어디를 간 것 입니까?

계 2:4-7 **그러나 너를 책망할 것이 있나니 너의 처음 사랑을 버렸느니라. 그러므로 어디서 떨어졌는지를 생각하고 회개하여 처음 행위를 가지라. 만일 그리하지 아니하고 회개하지 아니하면 내가 네게 가서 네 촛대를 그 자리에서 옮기리라. 오직 네게 이것이 있으니 네가 니골라 당의 행위를 미워하는도다. 나도 이것을 미워하노라. 귀 있는 자는 성령이 교회들에게 하시는 말씀을 들을지어다. 이기는 그에게는 내가 하나님의 낙원에 있는 생명나무의 열매를 주어 먹게 하리라.**

당신이 주님을 위해서 아무 것도 하지 않고 세상 임금 아래 있을 때에 당신을 만나주셨고 그때도 지키시고 인도하고 계셨다는 것입니다.

롬 5:8 우리가 아직 죄인 되었을 때에 그리스도께서 우리를 위하여 죽으심으로 하나님께서 우리에 대한 자기의 사랑을 확증하셨느니라.

오늘도 우리가 무엇을 함으로 주님께서 나를 사랑하심이 아니요 내가 죄인 되었을 때 나를 불러주시고 나의 모든 죄를 사하여 주신 은혜에 감사해서 주님을 믿고 주님께 간구하고 주님의 말씀에 순종하려고 또 간구합니다.

주님께서는 오늘도 당신이 무엇을 하든 아니하든 당신을 사랑하고 계시는 것입니다. 주님께서는 우리들을 변함없이 사랑하고 계시는데 자기 자신이 주님의 은혜에 감사하는 삶을 살지 못함으로 인하여 양심에 가책을 받아 하나님께서 당신을 사랑하지 않는다고 생각하고 있을 뿐 주님께서는 그때나 지금이나 동일하게 당신을 사랑하시는 것입니다. 문제는 주님께서 변하신 것이 아니라 당신이 아들답게 삶을 살지 못하므로 주님에 대한 믿음이 작아진 것이지요.

또 다른 점은 주님의 일을 많이 함으로 주님께로부터 일하는 삶을 받는 것입니다.

롬 4:4 일하는 자에게는 그 삯이 은혜로 여겨지지 아니하고 보수로 여겨지거니와, 일을 아니할지라도 경건하지 아니한 자를 의롭다 하시는 이를 믿는 자에게는 그의 믿음을 의로 여기시나니, 일한 것이 없이 하나님께 의로 여기심을 받는 사람의 복에 대하여 다윗이 말한 바, 불법이 사함을 받고 죄가 가리어짐을 받는 사람들은 복이 있고, 주께서 그 죄를 인정하지 아니하실 사람은 복이 있도다 함과 같으니라.

하나님 앞에 죄 사함을 한번 받은 사람은 일을 하든지 아니 하든지 끝까지 사랑하시는데 자기 자신이 하나님 아들의 삶을 살지 못함으로 인하여 주님께서 당신을 덜 사랑한다는 생각을 하였다면 감사를 놓친 것일 뿐입니다. 주님께서는 당신을 처음 만나 주실 때나 지금도 변함없이 사랑하시는 완전한 하나님이시라는 말씀입니다. 결국 하나님께서는 변하지 않으신데 자기 자신이 양심의 가책으로 인하여 판단하고 주님을 멀리하고 있는 것이라고 말씀을 드립니다.

결국에 자기 자신의 믿음이 흔들리고 주님의 대한 사랑의 확신이 없어지는 것은 하나님의 마음을 알려고도 하지 않고 하나님께 가까이 가게 해달라는 기도도 하지 않기 때문입니다.

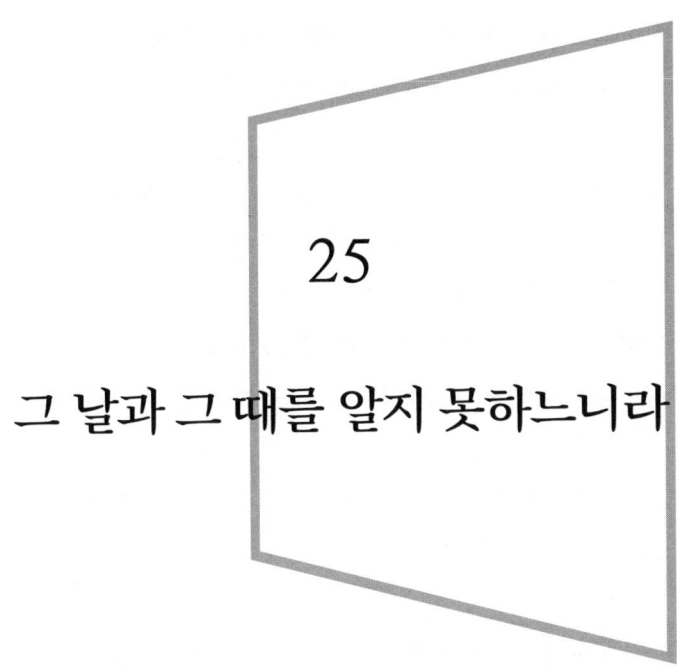

25

그 날과 그 때를 알지 못하느니라

마 25:11-13 그 후에 남은 처녀들이 와서 이르되 주여 주여 우리에게 열어 주소서. 대답하여 이르되 진실로 너희에게 이르노니 내가 너희를 알지 못하노라 하였느니라. 그런즉 깨어있으라.

깨어있다는 것은 결국에 날마다 주님의 인도를 받으며 어제와 다르게 성장하고 있다는 것입니다. 제가 경험한 바에 따르면 어느 때에 나의 과거를 돌아보면 이전에 제가 가지고 있던 욕심과 나쁜 습관들이 사라지고 삶 자체가 말씀으로 변화되어 있음을 발견하곤 했지요.

마 25:24-30 한 달란트 받았던 자는 와서 이르되 주인이여 당신은 굳은 사람이라. 심지 않은 데서 거두고 헤치지 않은 데서 모으는 줄을 내가 알았으므로, 두려워하여 나가서 당신의 달란트를 땅에 감추어 두었었나이다. 보소서 당신의 것을 가지셨나이다. 그 주인이 대답하여 이르되 악하고 게으른 종아 나는 심지 않은 데서 거두고 헤치지 않은 데서 모으는 줄로 네가 알았느냐? 그러면 네가 마땅히 내 돈을 취리하는 자들에게나 맡겼다가 내가 돌아와서 내 원금과 이자를 받게 하였을 것이니라 하고, 그에게서 그 한 달란트를 빼앗아 열 달란트 가진 자에게 주라. 9 무릇 있는 자는 받아 풍족하게 되고 없는 자는 그 있는 것까지 빼앗기리라. 이 무익한 종을 바깥 어두운 데로 내쫓으라. 거기서 슬피 울며 이를 갈리라 하니라.

우리 주님께서 십자가를 져 주심은 우리들의 믿음이 성장하여 하나님의 장성한 아들이 되기를 원하신다는 것입니다. 일 년 전에 당신의 마음이나 오늘의 당신의 모습이나 똑같은 상태라면 당신은 한 달란트 그대로라는 말씀입니다. 성장이 없이 한 달란트 그대로인 사람은 하나님께서 계신 천국엘 아예 갈 수 없다는 말씀을 드립니다. 사랑으로 행함이 없는 죽은 믿음을 가지고 있으면 염소와 같은 인생이 된다는 것을 교훈하고 있습니다.

내 자신도 깜짝 놀랄 정도로 저의 마음과 생각들이 새롭게 바뀐 것은 저 스스로 바꾼 것이 아니라 말씀대로 바꾸고 싶어서 율법을 지키려고 애를 써 보았지만 되지 않아서 손을 들었던 부분인데 성령 하나님께 맡기고 기도했더니 어느 사이에 변해 있었습니다. 결국에 저의 삶이 변하거나 바뀐 것은 제 스스로 한 것이 하나도 없고 주님께 나를 변화시켜 주시라고 간구하고 기도한 것 외에는 자랑할 것이 하나도 없다는 말씀입니다. 내가 나 된 것이 주님의 은혜임을 고백합니다.

사람의 힘으로는 지금까지 세상 임금인 사탄의 법으로 살았기 때문에 인간 스스로는 하나님의 법을 따를 수도 없고 지킬 수도 없다는 것을 확실하게 체험하고서야 하나님께 간절한 기도를 하게 되었습니다.

내가 말씀을 지키려고 애를 써보고 또 아무리 노력을 해도 얻지 못할 때에 나 자신의 의지는 포기하게 되고 비로소 주님께 맡겨드릴 때에 주님께서 역사를 하시더라는 것입니다. 지금까지 살아온 삶의 모든 습관을 새롭게 바꾼다는 것과 하나님의 말씀을 일점 일 획이라도 순종하는 일은 사람의 힘으로 불가능한 일이라는 것입니다.

롬 8:5-8 육신을 따르는 자는 육신의 일을, 영을 따르는 자는 영의 일을 생각하나니, 육신의 생각은 사망이요 영의 생각은 생명과 평안이니라. 육신의 생각은 하나님과 원수가 되나니 이는 하나님의 법에 굴복하지 아니할 뿐 아니라 할 수도 없음이라. 육신에 있는 자들은 하나님을 기쁘시게 할 수 없느니라.

이런 일은 마지막 때에 신부단장을 위해 주님께서 바울을 인도하시듯이 온전히 주님께서 강권함이 없이는 불가능한 일이라는 말씀을 드립니다. 이 세상에서 마귀가 6천여 년 동안 인간을 종으로 잡고 있었는데 쉽게 절대 놓아주지 않는다는 말씀입니다.

그래서 주님께서는 십자가를 져 주신 것입니다. 주님께서 나를 위해 죽어 주심이 믿어졌다면 나도 당연하게 남은 삶은 목숨을 주님께 맡겨드릴 믿음을 갖고 살도록 간구해야 한다는 말입니다. 죽으면 죽으리라는 각오가 없이는 마귀의 손아귀에서 절대 벗어날 수가 없기 때문입니다.

롬 8:13 너희가 육신대로 살면 반드시 죽을 것이로되 영으로써 몸의 행실을 죽이면 살리니.

요 6:63 살리는 것은 영이니 육은 무익하니라. 내가 너희에게 이른 말은 영이요 생명이라.

지금까지 제가 목숨 바쳐 살게 해달라고 기도하면서부터 저의 영적인 상태가 계속 성장하게 해주셨습니다. 하나님의 뜻에 나를 맡겨드리고 목숨을 주님께 맡겨드린 후에는 언제든지 주님께서 부르시면 감사함으로 돌아갈 준비가 되어 있으니 죽음이 두렵지 않아서 항상 여유가 있게 하셨습니다. 삶속에서 주님의 지키심과 평안함으로 범사에 감사하고 있으며 요즈음은 오로지 내가 만난 주님을 전해주고자 하는 마음으로 정신이 맑은 새벽을 주님께 드립니다. 이 글을 쓰는 과정에 믿음의 분량만큼 성경이 열리는 것을 체험하며 날로 은혜가 충만합니다.

성령님께서는 믿음이 어린 어느 날 저에게 성경을 모두 열어 주시는 것이 아닌 믿음의 분량만큼씩 열어 주실 것이란 것을 알게 하시더니 오늘까지도 성경을 대하면서 어쩌면 이리도 섬세하게 기록이 되었을까 생각하면서 나 자신이 말씀을 대할 때마다 감사와 감격이 충만함을 경험합니다. 만약 성경을 한 번에 모두 열어 주셨더라면 주님을 사십여 년을 살아오는 과정에서 지금과 같은 은혜의 충만함과 감사가 없었으리라 하는 생각에 하나님께 더욱 감사를 드립니다.

이 고백의 글을 드리는 것은 이 글을 읽는 성도들이 자신을 주님께 맡겨드리면 주님 앞에 서는 그 날까지 하나님의 아들로 성장하게 하신다는 말씀을 드리는 것입니다. 만약 일 년 전이나 십년 전이나 변함이 없는 상태라면 그것은 바른 신앙인으로 성장하고 있는 사람이 아닙니다.

빌 3:7-14 그러나 무엇이든지 내게 유익하던 것을 내가 그리스도를 위하여 다 해로 여길뿐더러, 또한 모든 것을 해로 여김은 내 주 그리스도 예수를 아는 지식이 가장 고상하기 때문이라. 내가 그를 위하여 모든 것을 잃어버리고 배설물로 여김은 그리스도를 얻고, 그 안에서 발견되려 함이니 내가 가진 의는 율법에서 난 것이 아니요 오직 그리스도를 믿음으로 말미암은 것이니 곧 믿음으로 하나님께로부터 난 의라. 내가 그리스도와 그 부활의 권능과 그 고난에 참여함을 알고자 하여 그의 죽으심을 본받아, 어떻게 해서든지 죽은 자 가운데서 부활에 이르려 하노니, 내가 이미 얻었다 함도 아니요 온전히 이루었다 함도 아니라 오직 내가 그리스도 예수께 잡힌바 된 그것을 잡으려고 달려가노라. 형제들아 나는 아직 내가 잡은 줄로 여기지 아니하고 오직 한 일 즉 뒤에 있는 것은 잊어버리고 앞에 있는 것을 잡으려고, 푯대를 향하여 그리스도 예수 안에서 하나님이 위에서 부르신 부름의 상을 위하여 달려가노라.

여러 말로 설명할 필요가 없는 말씀입니다. 오늘 저도 바울 선생의 이 고백처럼 이 길을 가고자 오늘도 달려가고 있는 것입니다. 여러 번 말씀을 드리지만 자신의 생각과 마음을 변할 생각을 하지 않고, 주님께 자기 자신의 생각을 새롭게 바꿔주시라고 간구하지 않는 사람은 하나님의 아들이 될 수가 없습니다.

저와 거리가 먼 사람들은 저를 모르지만 저와 같이 매일 함께하는 사람들은 저를 아주 잘 알지요. 또한 저는 예전에 가난해도 좋사오니 저를 주님께서 원하시는 심령으로 변화되게 해주시고 목숨을 맡길 수 있는 믿음과 비유로 기록된 성경을 열어서 알게 해주시라고 간구하고 기도를 30년 동안 자주 금식하면서 매달린 결과 오늘에 이 충만함을 누리고 있는 것입니다.

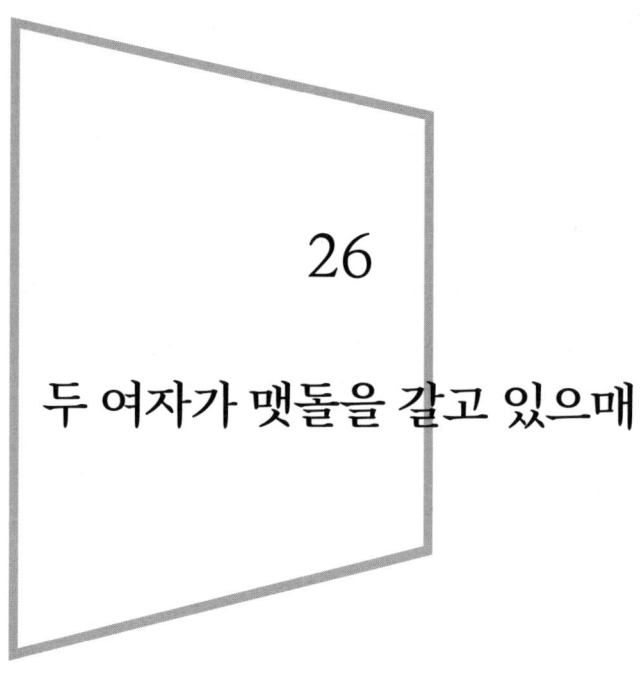

26

두 여자가 맷돌을 갈고 있으매

눅 17:33-35 **무릇 자기 목숨을 보전하고자 하는 자는 잃을 것이요 잃는 자는 살리리라. 내가 너희에게 이르노니 그 밤에 둘이 한 자리에 누워 있으매 하나는 데려감을 얻고 하나는 버려둠을 당할 것이요, 두 여자가 함께 맷돌을 갈고 있으매 하나는 데려감을 얻고 하나는 버려둠을 당할 것이니라.**

본문 말씀을 보면 자기 목숨을 주님께 맡긴 자는 깨어있는 자로써 마지막 때에 데려감을 당하고 이 세상에서 자기 목숨을 오래 살고자 땅에 것이 목적인 사람은 쭉정이로 버림을 받는다는 비유의 말씀입니다. 성경은 여러 가지의 비유의 말씀으로 기록되어 있지만 가장 작게 압축해서 말씀을 드리자면 이 세상을 만드시고 사람을 지으신 목적은 하나님의 거룩한 아들을 얻기 위함이신데 그 선택은 결국 우리들에게 있는 것입니다. 그런데 거룩한 아들이 되기 위해서는 하나님의 말씀과 믿음으로 전신 갑주를 입고 하나님으로 충만해야 합니다. 그러기 위해서는 주님께 죽기까지 순종하고 싶은 마음이 삶의 소원이 되어야 주님께서 온전히 주관을 해주시는 것입니다.

아담과 하와는 에덴동산에서 하나님께서 주신 선택의 자유를 하나님의 말씀을 거역하고 뱀의 말을 듣는데 사용하므로 사탄의 종이 되었고 아버지의 집을 나갔다가 하나님의 마음을 깨달은 탕자는 자유를 환원하고 품꾼의 한사람으로 봐달라는 생각을 하면서 아버지 집으로 돌아왔습니다. 그 선택의 자유로 마귀의 종이 되었으나 자신의 모습을 깨닫고 그 자유를 하나님 아버지께 환원하겠다는 것이 목숨을 주님께 맡겨드리고 마귀의 종살이 습관을 모두 지워달라는 것입니다.

눅 15:16-24 그가 돼지 먹는 쥐엄 열매로 배를 채우고자 하되 주는 자가 없는지라. 이에 스스로 돌이켜 이르되 내 아버지에게는 양식이 풍족한 품꾼이 얼마나 많은가 나는 여기서 주려 죽는구나! 내가 일어나 아버지께 가서 이르기를 아버지 내가 하늘과 아버지께 죄를 지었사오니, 지금부터는 아버지의 아들이라 일컬음을 감당하지 못하겠나이다. 나를 품꾼의 하나로 보소서 하리라 하고, 이에 일어나서 아버지께로 돌아가니라. 아직도 거리가 먼데 아버지가 그를 보고 측은히 여겨 달려가 목을 안고 입을 맞추니, 아들이 이르되 아버지 내가 하늘과 아버지께 죄를 지었사오니 지금부터는 아버지의 아들이라 일컬음을 감당하지 못하겠나이다 하나, 아버지는 종들에게 이르되 제일 좋은 옷을 내어다가 입히고 손에 가락지를 끼우고 발에 신을 신기라. 그리고 살진 송아지를 끌어다가 잡으라 우리가 먹고 즐기자. 이 내 아들은 죽었다가 다시 살아났으며 내가 잃었다가 다시 얻었노라 하니 그들이 즐거워하더라.

성경 말씀을 모두 깨달아 하나님의 마음을 알게 되면 결국 말씀화가 된다는 것입니다. 하나님께서는 누군가를 억지로 무엇을 시키시지 않으시며 하나님을 찾고 간구하고 소원하는 자를 변화시켜 주시는 것입니다. 선택의 자유는 오늘날도 우리들에게 허락이 되어 있는데 오늘도 세상에 있는 선악과를 선택할지 하나님의 완전하시는 사랑의 법을 선택할지는 자기 자신에게 달려있는 것입니다.

자신의 목숨을 주님께 맡겼을 때만이 주님께 자기 자신을 맡겼다고 말을 할 수 있으며 한 번 맡겨졌다고 끝난 것이 아니라 매사를 평생 동안 주님께 목숨을 맡겨드리기를 원하오니 마귀의 종살이 습관을 빼달라고 간구해서 이 세상 습관을 모두 빼내는 것이 신부단장 하는 것입니다. 신부단장하기 위해서는 내가 날마다 예수님과 함께 십자가에서 죽어야 되는 것입니다.

> 고전 15:31 **형제들아 내가 그리스도 예수 우리 주 안에서 가진 바 너희에 대한 나의 자랑을 두고 단언하노니 나는 날마다 죽노라.**
> 갈 5:24 **그리스도 예수의 사람들은 육체와 함께 그 정욕과 탐심을 십자가에 못 박았느니라.**

육신의 습관을 빼낸 자리에는 성령님을 모시고 하나님의 말씀을 채워야 아들로 성장을 해가는 것이겠지요. 이 세상 임금인 마귀의 종살이 습관을 죽이는 것은 사람의 힘으로는 불가능하므로 성령의 능력을 힘입어서 매일 자신은 산 제물이 되어 하나님 앞에 자신을 맡겨드리는 산제사를 드려야 합니다.

> 롬 12:1 **그러므로 형제들아 내가 하나님의 모든 자비하심으로 너희를 권하노니 너희 몸을 하나님이 기뻐하시는 거룩한 산 제물로 드리라 이는 너희가 드릴 영적 예배니라.**

구약에는 소나 양이나 비둘기를 잡아서 제사를 드렸고 복음시대 곧 은혜와 진리시대에는 예수님께서 십자가를 지셨다는 말씀을 믿고 이 복음을 땅 끝까지 전파하고 신부단장을 해야 합니다. 나를 주님께 맡겨드리기 위해서는 주님께서 나의 죄를 대속해주시기 위해서 십자가를 져 주셨는데 나에게도 나의 목숨을 맡겨드릴 수 있는 믿음을 주시고 애굽의 종살이 습관을 깨끗하게 씻겨주시라고 간구하는 자들만 주님께서 주관을 해주시는 것입니다. 그렇게 하지 않고서는 하나님의 아들이 될 수도 천국을 갈 수도 없기 때문에 은혜와 진리시대에는 나 자신을 하나님께 날마다 맡겨드리는 것이 산 제물이 되어 산제사를 드리는 것입니다. 하나님의 거룩한 아들이 되는 것은 신부단장이 끝나야 완성이 되는 것이니 하나님의 제사법은 그리스도를 통해서 개혁이 된 것입니다.

히 9:6-17 이 모든 것을 이같이 예비하였으니 제사장들이 항상 첫 장막에 들어가 섬기는 예식을 행하고, 오직 둘째 장막은 대제사장이 홀로 일 년에 한 번 들어가되 자기와 백성의 허물을 위하여 드리는 피 없이는 아니하나니, 성령이 이로써 보이신 것은 첫 장막이 서 있을 동안에는 성소에 들어가는 길이 아직 나타나지 아니한 것이라. 이 장막은 현재까지의 비유니 이에 따라 드리는 예물과 제사는 섬기는 자를 그 양심상 온전하게 할 수 없나니, 이런 것은 먹고 마시는 것과 여러 가지 씻는 것과 함께 육체의 예법일 뿐이며 개혁할 때까지 맡겨 둔 것이니라. 그리스도께서는 장래 좋은 일의 대제사장으로 오사 손으로 짓지 아니한 것 곧 이 창조에 속하지 아니한 더 크고 온전한 장막으로 말미암아, 염소와 송아지의 피로 하지 아니하고 오직 자기의 피로 영원한 속죄를 이루사 단번에 성소에 들어가셨느니라. 염소와 황소의 피와 및 암송아지의 재를 부정한 자에게 뿌려 그 육체를 정결하게 하여 거룩하게 하거든, 하물며 영원하신 성령으로 말미암아 흠 없는 자기를 하나님께 드린 그리스도의 피가 어찌 너희 양심을 죽은 행실에서 깨끗하게 하고 살아 계신 하나님을 섬기게 하지 못하겠느냐? 이로 말미암아 그는 새 언약의 중보자시니 이는 첫 언약 때에 범한 죄에서 속량하려고 죽으사 부르심을 입은 자로 하여금 영원한 기업의 약속을 얻게 하려 하심이라. 유언은 유언한 자가 죽어야 되나니, 유언은 그 사람이 죽은 후에야 유효한즉 유언한 자가 살아 있는 동안에는 효력이 없느니라.

시 51:17 하나님께서 구하시는 제사는 상한 심령이라. 하나님이여 상하고 통회하는 마음을 주께서 멸시하지 아니하시리이다.

잠 15:8 악인의 제사는 여호와께서 미워하셔도 정직한 자의 기도는 그가 기뻐하시느니라.

27

보지 않고 믿는 자는 복이 있다

결국에 하나님께서는 유월절 제사를 통해서 오실 메시아가 믿는 자들의 완전한 죄 사함을 예비하시고 약속하시고 이루신 것입니다.

유월절 제사를 통해서 이스라엘 1년 동안의 죄를 사하시는 것은 완전한 사함이 아니라 매해마다 제사를 드리게 하신 것은 오실 메시아를 기다리라는 의미로 약속을 잊어버리지 말고 기억하라고 그리하신 것입니다. 그러나 유월절 제사로는 완전하게 죄 사함을 받을 수가 없는 것을 아시기에 메시아가 오시기까지 믿음으로 약속을 잡고 메시아를 기다리게 하신 것입니다.

구약성경을 보면 이스라엘 백성은 메시아에 대한 하나님의 약속을 잊어버릴 때마다 나라가 완전히 혼란에 빠지며 이웃 나라가 쳐들어와서 환란과 고통을 받았고 하나님의 약속을 깨달아 말씀으로 돌아서면 평화를 회복시켜 주셨습니다. 이스라엘 백성들에게 이러한 일을 반복하게 하심은 오늘날에도 하나님의 약속을 잡고 믿음으로 사는 자들에게는 하나님께서 지키시고 영생의 복을 주시지만 하나님을 믿자 아니하는 자들에게는 하나님의 진노와 심판을 받게 된다는 것입니다.

성경은 결국에 메시아의 대속의 복음이 땅 끝까지 전파되게 하시고 믿고 순종하는 자들을 하나님의 거룩한 아들이 되게 하시고 이들을 신부단장하게 하시는 것입니다. 그러므로 성경의 완성은 사람들이 주님을 만나서 성장하고 변화되어 그리스도화가 되어 주님 안에 들어가서 주님과 하나가 되는 것입니다.

> 요 14:11 내가 아버지 안에 거하고 아버지께서 내 안에 계심을 믿으라 그렇지 못하겠거든 행하는 그 일로 말미암아 나를 믿으라.
> 요 14:20 그 날에는 내가 아버지 안에, 너희가 내 안에, 내가 너희 안에 있는 것을 너희가 알리라.
> 요 17:21 아버지여, 아버지께서 내 안에, 내가 아버지 안에 있는 것 같이 그들도 다 하나가 되어 우리 안에 있게 하사 세상으로 아버지께서 나를 보내신 것을 믿게 하옵소서.
> 요일 2:24 너희는 처음부터 들은 것을 너희 안에 거하게 하라 처음부터 들은 것이 너희 안에 거하면 너희가 아들과 아버지 안에 거하리라.

이렇게 하나님과 하나 되지 못하고 성장하지 못하면 열매도 없으므로 한 달란트 받은 자로써 예수님을 믿는다고 하면서 십년 전이나 오늘이나 변화가 안 되는 성도는 결국 염소가 되는 것으로 하나님의 완전한 구원에 참여를 할 수 없다는 말씀입니다.

> 요 20:29 예수께서 이르시되 너는 나를 본 고로 믿느냐? 보지 못하

고 믿는 자들은 복되도다 하시니라.

예수님을 보지 않고 믿는 자가 복이 있다는 말씀은 우리가 이 세상에 있을 때 주님과 한 몸이 되어서 그리스도화가 된 사람들을 의미하는 말씀입니다.

예수님을 보지 않고 믿는 자가 복이 있다는 말씀은 이 세상에서 살아있는 동안에 제대로 하나님을 알아야 한다는 말씀을 하시는 것입니다.

성경은 전체가 구약과 신약 곧 약속의 말씀으로 구약은 그리스도가 오신다는 약속이고 신약은 구약의 약속이 이뤄졌으며 오신 그리스도께서 죽으셨다가 부활하시고 승천하신 그리스도가 다시 오신다는 약속의 책입니다. 구약에서 하나님의 계획과 뜻을 모든 선지자들에게 미리 말씀하셨고 약속을 하셨으며 또한 선지자들의 모든 기도를 응답하셨습니다. 하나님의 가장 크신 창조의 계획은 믿는 자가 거룩한 아들이 되어 구원하시는 것이 목적이신데 아들이 되려면 당연히 그리스도를 믿고 교육과 연단을 받고 마음과 생각과 습관이 새롭게 변화하여 어떤 삶속에서라도 언행심사가 그리스도화 되어야 완성이 됩니다.

빌 4:12 나는 비천에 처할 줄도 알고 풍부에 처할 줄도 알아 모든 일 곧 배부름과 배고픔과 풍부와 궁핍에도 처할 줄 아는 일체의 비결을 배웠노라.
히 13:8 예수 그리스도는 어제나 오늘이나 영원토록 동일하시니라.

하나님의 아들이 된 성도는 하나님께서 삶 전부를 주관하시고 인도하시며 하나님의 뜻을 따라 간구하면 바울을 인도하셨듯이 오늘날도 인도하시고 응답하신다는 말씀입니다. 기도해도 응답이 없으신 것은 하나님의 뜻을 구하는 것이 아니라 이 땅에 것이 목적이고 세상 것을 욕심으로 구하니 응답이 없으신 것입니다.

> 약 4:3 **구하여도 받지 못함은 정욕으로 쓰려고 잘못 구하기 때문이라.**
>
> 마 6:31-33 **그러므로 염려하여 이르기를 무엇을 먹을까 무엇을 마실까 무엇을 입을까 하지 말라. 이는 다 이방인들이 구하는 것이라 너희 하늘 아버지께서 이 모든 것이 너희에게 있어야 할 줄을 아시느니라. 그런즉 너희는 먼저 그의 나라와 그의 의를 구하라 그리하면 이 모든 것을 너희에게 더하시리라.**

성경에 기록된 선지자들의 모습은 미래에 나타날 성도들의 거울이며 하나님의 아들들의 모습을 미리 보여준 것입니다. 그런데 그들의 기도에 응답하셨던 하나님께서 오늘날 하나님의 거룩한 아들들이 될 성도들에게 응답하시지 않겠는지요?

지금 이 시대가 은혜와 진리시대로 알곡과 쭉정이를 가르는 추수 때인데 당신의 기도에 응답하시지 않는 것은 당신의 기도가 하나님의 뜻을 이루기 위함이 아니고 당신의 욕심을 위해 구하고 있기 때문입니다. 하나님 말씀에 그 나라의 의를 구하라고 하신 것은 하나님의 뜻을 깨달아 그 뜻대로 간구하라는 말씀입니다. 하나님은 그 성도들에게는 이 땅에서도 무엇이 필요한지를 먼저 아시고 모든 것을 알아서 주신다는 말씀입니다.

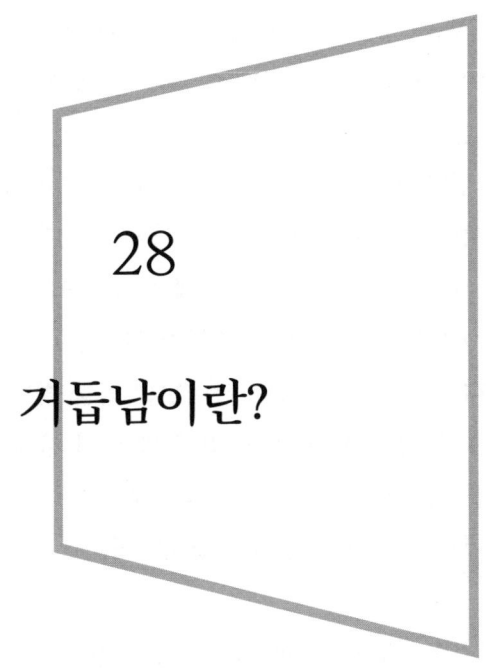

28

거듭남이란?

거듭난다는 말은 말 그대로 두 번 태어난다는 말씀입니다. 사람은 먼저 어머니를 통해서 이 세상에 태어나고 두 번째는 예수님을 영접하고 믿으면 하나님의 자녀로 다시 태어남을 말합니다. 이는 혈통이나 육정이나 사람의 힘으로는 할 수 없는 일이며 성령 하나님께서 만이 하실 수 있는 일입니다.

요 1:12-13 **영접하는 자 곧 그 이름을 믿는 자에게는 하나님의 자녀가 되는 권세를 주셨으니 이는 혈통으로나 육정으로나 사람의 뜻으로 나지 아니하고 오직 하나님께로 난 자들이니라.**

롬 7:14-24 **우리가 율법은 신령한 줄 알거니와 나는 육신에 속하여 죄 아래에 팔렸도다. 내가 행하는 것을 내가 알지 못하노니 곧 내가 원하는 것은 행하지 아니하고 도리어 미워하는 것을 행함이라. 만일 내가 원하지 아니하는 그것을 행하면 내가 이로써 율법이 선**

한 것을 시인하노니, 이제는 그것을 행하는 자가 내가 아니요 내 속에 거하는 죄니라. 내 속 곧 내 육신에 선한 것이 거하지 아니하는 줄을 아노니 원함은 내게 있으나 선을 행하는 것은 없노라. 내가 원하는 바 선은 행하지 아니하고 도리어 원하지 아니하는바 악을 행하는도다. 만일 내가 원하지 아니하는 그것을 하면 이를 행하는 자는 내가 아니요 내 속에 거하는 죄니라. 그러므로 내가 한 법을 깨달았노니 곧 선을 행하기 원하는 나에게 악이 함께 있는 것이로다. 내 속사람으로는 하나님의 법을 즐거워하되, 내 지체 속에서 한 다른 법이 내 마음의 법과 싸워 내 지체 속에 있는 죄의 법으로 나를 사로잡는 것을 보는도다. 오호라 나는 곤고한 사람이로다. 이 사망의 몸에서 누가 나를 건져내랴.

사람이 죄인임을 깨닫는 과정이 없이는 회개를 할 수 없고 회개하지 아니하면 예수님을 구주로 믿을 수가 없기에 거듭날 수가 없습니다. 구약에서는 율법을 지키고 짐승을 잡아 제사를 드림으로 죄사함을 받게 하셨는데 은혜의 법 즉 복음시대에는 제일 먼저 복음을 믿음으로 십자가의 공로를 힘입어 죄사함을 받게 하셨습니다. 율법으로는 하나님의 말씀을 지키지 못한 죄를 깨닫게 하십니다.

막 12:30 네 마음을 다하고 목숨을 다하고 뜻을 다하고 힘을 다하여 주 너의 하나님을 사랑하라 하신 것이요.

이렇게 온 마음을 다하여 하나님을 섬겨보려고 하지 않는 사람은 성경 말씀도 하나님의 마음도 알 수가 없다는 말씀입니다. 그러니까 출애굽을 했던 이스라엘 백성이 전쟁에서 칼을 들고 싸울 수 있는 장정의 수만 육십만 삼천 오백 오십 명인데 그 상대편의 여자의 수와 나이가 많은 노인들 또 청소년들까지 육십만을 사로 곱하면 이백 사십 만 명정도입니다. 이들 중에 애굽의 습관을 아는 자들 중에 가나안 땅에 들어간 사람은 오직 여호수아와 갈렙 두 사람 뿐으로 연약한 여자나 늙은 노인처럼 애굽의 습관인 세상의 법을 가지고 있는 사람은 천국엘 들어갈 수 없다는 비유의 말씀이십니다.

그러면 어떻게 살아야 가나안 땅에 들어가는지도 하나님께서는 모세를 통해서 십계명과 율법과 규례들을 가르쳐주셨습니다. 하나님의 계명을 지키면서 전쟁에 나아갈 용사처럼 강하고 담대하고 두려워하지 말고 죽으면 죽으리라하고 하나님의 약속의 말씀을 잡고 청년의 마음으로 나아가라고 말씀하셨습니다.

수 1:6-7 강하고 담대하라. 너는 내가 그들의 조상에게 맹세하여 그들에게 주리라 한 땅을 이 백성에게 차지하게 하리라. 오직 강하고 담대하여 나의 종 모세가 네게 명령한 그 율법을 다 지켜 행하고 우로나 좌로나 치우치지 말라. 그리하면 어디로 가든지 형통하리니.

딤후 2:4-5 군사로 다니는 자는 자기 생활에 얽매이는 자가 하나도 없나니 이는 군사로 모집한 자를 기쁘게 하려 함이라. 경기하는 자가 법대로 경기하지 아니하면 승리자의 관을 얻지 못할 것이며.

하나님의 아들이 될 자들을 여호와의 군대라고 하시는데 여호와의 군대란 자신의 맘대로 그 무엇도 할 수가 없으며 그야말로 성령님께서 인도하시는 대로 살기를 원하는 사람만이 하나님의 군대가 되는 것입니다.

예수님을 믿고 이 세상과 자기 자신을 부인하며 하나님의 은혜를 사모하고 기도하면 아들의 삶을 살아가는 만큼씩 성경 말씀이 열린다는 말씀을 드립니다. 평생을 살면서 하나님의 아들로 살아가는 것보다 귀한 삶이 없다는 것을 단언합니다.

그런데 육신적 종교인처럼 율법으로 하나님의 말씀을 지키려고 아무리 애를 쓴다고 말씀을 이룰 수가 없습니다. 자기 자신의 힘으로 하나님의 말씀을 지키려고 애를 썼을 때에 하나님의 말씀은 일점일획도 지킬 수가 없다는 것을 알게 됩니다. 그러므로 하나님 앞에 자기 자신의 삶 전부를 걸고 변화시켜 주시라고 간구하기 시작을 하면 성령님께서 인도하시는 것입니다. 여기에서 절대 알아 두어야 할 것은 자기 자신의 삶 전부를 걸지 않고서는 하나님께로부터 택함을 받을 수가 없습니다.

주님께서 십자가를 져주셨는데 피조물인 우리가 하나님의 아들이 되어서 천국을 가고 싶다고 하면서 이 땅에서의 삶을 주님께 온전히 맡겨드리지 못하면 그 사람을 하나님께서는 온전하게 주관을 할 수가 없기 때문입니다. 또한 하나님께 나 자신을 맡겨드리는 것이 소원이 되어 하나님의 아들이 되게 해주시라고 간구하고 매달린 사람이라야 하나님께서 택해주시는 겁니다.

잠 8:17 **나를 사랑하는 자들이 나의 사랑을 입으며 나를 간절히 찾는 자가 나를 만날 것이니라.**

다시 말씀을 드려도 성령 하나님의 완전한 도우심이 없이는 거듭남과 하나님의 아들이 되는 것과 신부단장도 불가능한 일입니다. 하나님께서 가장 기뻐하시는 것은 하나님에 대한 믿음입니다.

히 11:6 **믿음이 없이는 하나님을 기쁘시게 하지 못하나니 하나님께 나아가는 자는 반드시 그가 계신 것과 또한 그가 자기를 찾는 자들에게 상 주시는 이심을 믿어야 할지니라.**
롬 4:24 **의로 여기심을 받을 우리도 위함이니 곧 예수 우리 주를 죽은 자 가운데서 살리신 이를 믿는 자니라.**

당신이 말씀으로 천지를 지으신 하나님을 믿는다면 지금 하나님께 대한 순종하는 행함이 있어야겠지요. 오늘도 역사하시는 진리의 영이신 성령님과 구약에서 이스라엘 백성들과 모세와 함께 하셨던 하나님은 같은 하나님이심을 믿는 믿음이라야 믿음이 있다고 말을 할 수가 있습니다.

자기 자신의 수준에서 믿음이라고 정한 것이나 생각하는 것은 하나님께서 원하시는 믿음이 아닙니다. 예수님의 열두 제자들도 부활하신 예수님을 만나기 전에는 이 땅에서 한자리 해먹고 인정받고 싶어서 주님을 따라 다녔듯이 이 시대를 살고 있는 성도들도 이런 과정을 모두가 다 겪고 있다는 것을 하나님도 아시고 계십니다.

처음에는 교회를 다니다가 이 땅에서 복을 받아보려고 기도하고 교회생활을 하지만 하나님을 경험하지 못하고 그냥 남들이 가는 길을 따라 간다면 부활의 신앙으로 거듭나지 못하게 됩니다. 거듭남이란 자기 자신의 모든 죄를 인정하고 고백하게 되면 그때에 예수님의 십자가 공로로 죄사함을 받고 주 성령님께서 내 안으로 들어오는 것을 거듭남이라고 합니다.

요 14:10 내가 아버지 안에 거하고 아버지는 내 안에 계신 것을 네가 믿지 아니하느냐? 내가 너희에게 이르는 말은 스스로 하는 것이 아니라 아버지께서 내 안에 계셔서 그의 일을 하시는 것이라.

요 14:11 내가 아버지 안에 거하고 아버지께서 내 안에 계심을 믿으라. 그렇지 못하겠거든 행하는 그 일로 말미암아 나를 믿으라.

요 14:20 그 날에는 내가 아버지 안에, 너희가 내 안에, 내가 너희 안에 있는 것을 너희가 알리라.

요 17:21 아버지여, 아버지께서 내 안에, 내가 아버지 안에 있는 것 같이 그들도 다 하나가 되어 우리 안에 있게 하사 세상으로 아버지께서 나를 보내신 것을 믿게 하옵소서.

요일 2:24 너희는 처음부터 들은 것을 너희 안에 거하게 하라. 처음부터 들은 것이 너희 안에 거하면 너희가 아들과 아버지 안에 거하리라.

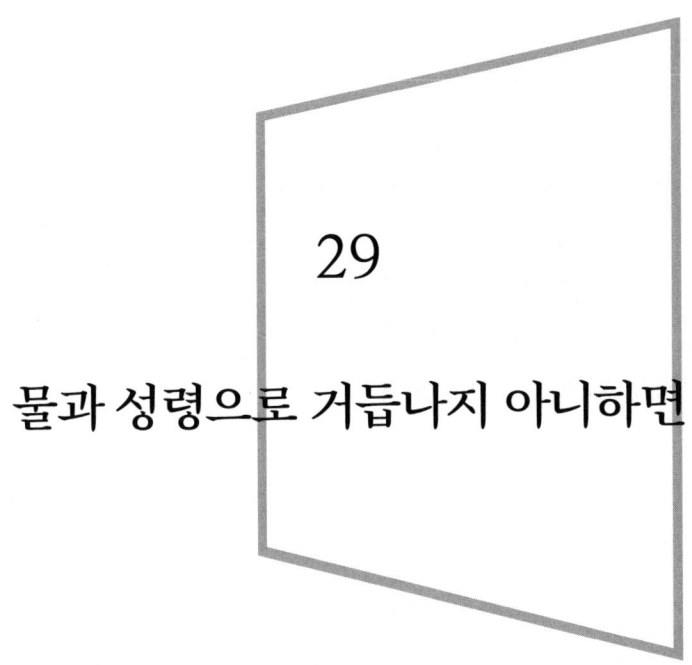

29

물과 성령으로 거듭나지 아니하면

주님 안에 들어가려면 먼저 주님으로부터 죄 사함을 받아야 합니다. 죄 사함은 인간으로서의 한계와 마귀의 종살이 습관으로 호흡하는 것부터 삶 전부가 마귀의 지배를 받고 살아온 죄인임을 인정하고 죄들을 회개하게 될 때에 주님께서 죄를 사하여 주시고 성령으로 거듭나게 하시는 것입니다.

요 3:5 예수께서 대답하시되 진실로 진실로 네게 이르노니 사람이 물과 성령으로 나지 아니하면 하나님의 나라에 들어갈 수 없느니라.

본문에서 물은 말씀을 의미하므로 말씀을 자기 자신에게 주신 말씀으로 믿으면 성령께서 하나님의 아들로 다시 태어나게 하신다는 뜻이며, 하나님의 아들로 태어났을 때부터 하나님의 뜻대로 살고 싶어지고 또 자신의 삶을 주님께 맡겨드리고 싶은 믿음이 생기는 것입니다.

마 6:33 그런즉 너희는 먼저 그의 나라와 그의 의를 구하라 그리하면 이 모든 것을 너희에게 더하시리라.

먼저 해야 할 일은 하나님을 알고 성경말씀을 통한 약속을 하나님으로부터 받아야 하는 것입니다. 저는 성경을 통해서 구약의 모르드개에게 하신 약속을 받았지요.

에 6:9-11 그 왕복과 말을 왕의 신하 중 가장 존귀한 자의 손에 맡겨서 왕이 존귀하게 하시기를 원하시는 사람에게 옷을 입히고 말을 태워서 성 중 거리로 다니며 그 앞에서 반포하여 이르기를 왕이 존귀하게 하기를 원하시는 사람에게는 이같이 할 것이라 하게 하소서 하니라. 이에 왕이 하만에게 이르되 너는 네 말대로 속히 왕복과 말을 가져다가 대궐 문에 앉은 유다 사람 모르드개에게 행하되 무릇 네가 말한 것에서 조금도 빠짐이 없이 하라. 하만이 왕복과 말을 가져다가 모르드개에게 옷을 입히고 말을 태워 성 중 거리로 다니며 그 앞에서 반포하되 왕이 존귀하게 하시기를 원하시는 사람에게는 이같이 할 것이라 하니라.

이 약속은 하나님의 아들로 삼아 주신다는 약속이며 아들에게는 예복을 입히고 존귀하게 대우하신다는 말씀입니다.

히 2:11 거룩하게 하시는 이와 거룩하게 함을 입은 자들이 다 한 근원에서 난지라. 그러므로 형제라 부르시기를 부끄러워하지 아니하시고.

제가 하나님의 아들이 되고자 수십 년을 기도하였더니 성령님의 인도를 받았고 모든 영적 전쟁에서 이기고 하나님의 뜻 안에서 구하면 모든 것을 능히 이뤄주시는 것을 경험함으로써 하나님께 나의 삶 전부를 맡겨드릴 믿음이 된 것입니다. 이 과정이 없이는 하나님의 아들도 천국도 에덴동산의 회복도 불가능한 일임을 알게 된 것입니다.

이 일을 경험하고 주님의 십자가 대속함이 믿어지고 나서 다음 날 나의 마음을 들여다보니 주님께서 나의 죄를 대속해주시기 위하여 십자가를 져 주셨는데 나는 주님을 위해 죽기까지 순종할 믿음이 없음을 보고 죽기까지 순종할 믿음을 주시라고 4년을 하루에 4~5번씩을 눈물을 흘리며 기도하고 간구했더니 스데반 집사의 순교 과정의 말씀을 통해서 죽기까지 순종할 믿음을 주시마고 약속을 받았습니다.

주님을 영접한 이후로 몇 가지의 기도를 했던 제목들이 있습니다. 앞에서 말씀드린 것처럼 죽기까지 순종하는 것과 나의 사명이 무엇인지 또 가족구원의 약속을 주시라고 기도했으며. 가난해도 좋으니 비유로 기록된 성경을 열어 주시라고 간구했습니다. 그런데 나의 사명은 7년 만에 응답을 받았으며, 죽기까지 순종하겠다는 믿음을 얻었으며, 오늘 죽는다 해도 좋사오니 가족을 구원해 주신다는 약속을 해주시라고 날마다 간구했더니 그 약속도 꽤나 오랜 시간이 걸려 5년 만에 약속을 해주셨습니다.

나의 사명과 가족의 구원의 약속을 받은 후에 나머지 기도는 성경을 열어주시라는 기도와 믿음을 도와주시라는 것과 지혜를 주시라는 기도를 했습니다. 모든 기도는 기도의 제목에 따라 바로 주시는 것이 있는가 하면 그리스도 안에 들어가기까지 간구해야할 기도가 있습니다. 목숨을 주님께 맡겨드리기 시작하면서 밥을 먹으라 하시면 먹고 먹지 말라 하시면 금식하는 삶을 20년을 하고 나서야 하나님의 말씀과 아버지의 마음을 알기 시작했습니다. 그리고 나서도 나의 육신의 의지를 온전히 꺾기까지 시간은 30년이 더 걸려서 나의 의지와 모든 경험과 하나님께서 시키신 일을 순종할 수 있는 삶이 된 것입니다.

결국 주님을 만나서 삼십년이라는 시간을 나와의 싸움에서 내 의지와 생각을 내려놓기 위해서 금식을 시키신 것입니다. 지금에 와서 생각을 해보면 금식이라는 것이 정말 쉬운 것은 아니었다는 생각을 하지만 육신의 의지를 꺾고 하나님의 말씀에 굴복할 수 있었던 것은 금식기도의 힘이었습니다.

롬 8:7 육신의 생각은 하나님과 원수가 되나니 이는 하나님의 법에 굴복하지 아니할 뿐 아니라 할 수도 없음이라

제가 목숨을 주님께 맡겨드릴 수 있었기에 가능했었고 30년이라는 삶을 주님께 올인 했기에 오늘이 있는 것입니다. 오늘도 저의 생각은 하나님의 뜻이 내게서 이루어지기를 바랄뿐입니다.

그리스도 안에 들어가기까지는 환도 뼈가 위골이 되도록 기도를 쉬지 않아야 한다는 의미입니다. 저는 제자 훈련을 하면서 사람들을 내 몸처럼 가족들처럼 섬기고 사랑하며 하나님의 인도 받는 방법을 가르쳐 주었습니다. 그런데 그 방법대로 간구하고 기도를 하는 것이 아니라 겉모습만 흉내를 내고 가르쳐 준 그대로 하는 사람은 성도들 중에 한명도 없었습니다. 사람들은 참으로 자기들이 보고 싶은 것만 보고, 듣고 싶은 것만 듣고 사람에게 보이려고 하는 짓거리만 하더란 것입니다. 거듭남 하고는 아무런 상관도 없는 일만 하는 것을 보아 왔습니다.

그 이유인즉 사람들의 생각이 이미 아담과 하와 때에 역사했던 사탄의 지배를 받고 있다는 것입니다. 귀신의 역사는 어떻게 하든지 자기들의 정체가 발견되지 못하게 하는 것이 그들의 일입니다. 제가 경험한 바에 의하면 목숨을 주님께 맡겨지고 죽기까지 순종하고자 하는 믿음을 주님께서 주시는 과정에서도 믿음의 분량만큼 귀신이 저를 방해하더라는 것입니다. 그 과정들이 그리스도 안에 들어가기까지 귀신의 역사로 인하여 더욱더 기도하고 간구함으로 인하여 승리자가 되도록 채찍질을 하더라는 것입니다. 결국 주님께 자신의 전부를 맡겨진 자들에게는 달리는 말에게 더 빨리 가도록 채찍을 가하는 것처럼 능히 이기고도 남았습니다.

> 고전 10:13 **사람이 감당할 시험 밖에는 너희가 당한 것이 없나니 오직 하나님은 미쁘사 너희가 감당하지 못할 시험 당함을 허락하지 아니하시고 시험 당할 즈음에 또한 피할 길을 내사 너희로 능히 감당하게 하시느니라.**
>
> 약 1:13 **사람이 시험을 받을 때에 내가 하나님께 시험을 받는다 하지 말지니 하나님은 악에게 시험을 받지도 아니하시고 친히 아무도 시험하지 아니하시느니라.**
>
> 약 1:14 **오직 각 사람이 시험을 받는 것은 자기 욕심에 끌려 미혹됨이니.**
>
> 벧전 1:6 **그러므로 너희가 이제 여러 가지 시험으로 말미암아 잠깐 근심하게 되지 않을 수 없으나 오히려 크게 기뻐하는도다.**
>
> 벧전 4:12 **사랑하는 자들아 너희를 연단하려고 오는 불 시험을 이상한 일 당하는 것 같이 이상히 여기지 말고.**
>
> 벧후 2:9 **주께서 경건한 자는 시험에서 건지실 줄 아시고 불의한 자는 형벌 아래에 두어 심판 날까지 지키시며.**
>
> 롬 8:2 **이는 그리스도 예수 안에 있는 생명의 성령의 법이 죄와 사망의 법에서 너를 해방하였음이라.**

전지전능하신 하나님께서는 하나님의 아들을 낳는 과정에 사탄을 채찍의 도구로 사용하십니다. 하나님은 성도들이 믿음의 방향을 맞추지 못할 때 바른 길을 가도록 귀신으로 하여금 회초리 역할로 사용하십니다.

약 1:13 **사람이 시험을 받을 때에 내가 하나님께 시험을 받는다 하지 말지니 하나님은 악에게 시험을 받지도 아니하시고 친히 아무도 시험하지 아니하시느니라.**
롬 14:23 **의심하고 먹는 자는 정죄되었나니 이는 믿음을 따라 하지 아니하였기 때문이라 믿음을 따라 하지 아니하는 것은 다 죄니라.**

주님의 인도하심이 없고 믿음으로 하지 않는 모든 일이 다 죄라는 것입니다. 하나님께서 이 세상을 만드신 목적이 두 가지가 있는데 그중에 한 가지는 하나님의 거룩한 아들을 낳기 위함이고 두 번째는 마귀의 일을 멸하시기 위함입니다.

벧전 1:14-17 **너희가 순종하는 자식처럼 전에 알지 못할 때에 따르던 너희 사욕을 본받지 말고, 오직 너희를 부르신 거룩한 이처럼 너희도 모든 행실에 거룩한 자가 되라. 기록되었으되 내가 거룩하니 너희도 거룩할지어다 하셨느니라. 외모로 보시지 않고 각 사람의 행위대로 심판하시는 이를 너희가 아버지라 부른즉 너희가 나그네로 있을 때를 두려움으로 지내라.**
요일 3:8 **죄를 짓는 자는 마귀에게 속하나니 마귀는 처음부터 범죄함이라. 하나님의 아들이 나타나신 것은 마귀의 일을 멸하려 하심이라.**

그러므로 우리는 이 세상에 태어나기 전에 우리를 만드신 주인의 목적이 우리를 거룩한 자녀를 얻기 위해 마귀를 가두어 놓은 이 땅에서 아담을 지으신 것입니다. 마귀는 인간이 하나님의 아들이 될 수 없도록 하기 위해서 온힘으로 막아서지만 하나님께서는 주님의 십자가의 대속하심으로 승리할 수 있도록 허락하신 것입니다. 예수 그리스도의 이름으로 죽으면 죽으리라는 각오를 갖고 기도하고 간구하는 성도는 승리할 수 있는 것입니다. 다시 말씀을 드리는 것은 사람의 힘으로는 사탄의 힘을 이길 수는 없지만 단 하나님의 뜻을 이루기 위하여 그리스도의 이름으로 구하는 것은 모두 이루시겠다는 것입니다.

요 14:13-14 **너희가 내 이름으로 무엇을 구하든지 내가 행하리니 이는 아버지로 하여금 아들로 말미암아 영광을 받으시게 하려 함이라. 내 이름으로 무엇이든지 내게 구하면 내가 행하리라.**

단 성도들의 기도는 하나님의 뜻을 이루기 위한 것이 목적이 되어야 한다는 것을 명심하셔야 합니다. 그러기 위해서는 이 땅에 있는 동안에 하나님께서 인정하실 믿음의 장성한 자가 되어야겠지요.

빌 4:12-13 **나는 비천에 처할 줄도 알고 풍부에 처할 줄도 알아 모든 일 곧 배부름과 배고픔과 풍부와 궁핍에도 처할 줄 아는 일체의 비결을 배웠노라. 내게 능력 주시는 자 안에서 내가 모든 것을 할 수 있느니라.**
엡 6:18 **모든 기도와 간구를 하되 항상 성령 안에서 기도하고 이를 위하여 깨어 구하기를 항상 힘쓰며 여러 성도을 위하여 구하라.**

이 모든 과정을 겪어서 하나님의 연단을 받고 주 성령님으로부터 너는 내 아들이라는 약속을 받은 자라야 하나님의 아들이며 거듭난 자라고 할 수가 있는 것입니다. 사람의 생각이나 힘으로는 하나님의 뜻을 이룰 수가 없으며 하나님께서는 성령 안에서 기도하지 않고서 행하는 것을 받지 않으신다는 말씀입니다. 믿음의 행함이란 성령 안에서 기도하고 간구하여 성령의 강권적인 인도하심으로 행하라는 말씀을 하시는 것입니다. 사람이 성령 안에서의 기도 없이 직접 행하는 행함을 율법의 행위라고 한다면 은혜와 진리시대에는 성령의 강권적인 주관하심을 통해서 행하는 것을 하나님께서는 원하시는 것입니다.

그러나 인간이 말씀을 지키기 위해서 안간의 힘을 모두 써보고 애를 쓰고 했을 때 비로소 자기 자신의 힘으로는 일점일획도 행할 수도 없음을 온전히 느꼈을 때 주님께 목숨을 맡기고 말씀을 행할 수 있게 도와주시라고 간구하게 됩니다.

마 11:28 수고하고 무거운 짐 진 자들아 다 내게로 오라 내가 너희를 쉬게 하리라.

본문 말씀을 깊이 묵상해 보면 말씀을 이루기 위해 애를 써보지 않는 사람들은 수고하거나 무거운 것이 무엇인지도 모릅니다. 죄 짐을 지고 있는지 아는 사람을 수고하고 무거운 짐 진 자들이라고 합니다. 성경 전체의 말씀은 하나님의 아들이 되고자 하는 사람들의 구원을 위해서 모두 이루어져야 하는 것입니다.

계 22:17 성령과 신부가 말씀하시기를 오라 하시는도다. 듣는 자도 오라 할 것이요 목마른 자도 올 것이요 또 원하는 자는 값없이 생명수를 받으라 하시더라. 내가 이 두루마리의 예언의 말씀을 듣는 모든 사람에게 증언하노니 만일 누구든지 이것들 외에 더하면 하나님이 이 두루마리에 기록된 재앙들을 그에게 더하실 것이요, 만

일 누구든지 이 두루마리의 예언의 말씀에서 제하여 버리면 하나님이 이 두루마리에 기록된 생명나무와 및 거룩한 성에 참여함을 제하여 버리시리라.

성경에 기록된 모든 선지자들의 예언하신 말씀이 자기 자신을 위한 말씀으로 받아드려야 한다는 말씀이지요. 그러니 성령님의 강권적인 주관이 없으면 믿는다고 하는 성도들이 하나님의 말씀을 흉내만 낼 뿐이며 주님의 택함을 받지 못하고 말씀의 일점일획도 지킬 수가 없다는 말씀입니다.

마 5:15-20 사람이 등불을 켜서 말 아래에 두지 아니하고 등경 위에 두나니 이러므로 집 안 모든 사람에게 비치느니라. 이같이 너희 빛이 사람 앞에 비치게 하여 그들로 너희 착한 행실을 보고 하늘에 계신 너희 아버지께 영광을 돌리게 하라. 내가 율법이나 선지자를 폐하러 온 줄로 생각하지 말라. 폐하러 온 것이 아니요 완전하게 하려 함이라. 진실로 너희에게 이르노니 천지가 없어지기 전에는 율법의 일점일획도 결코 없어지지 아니하고 다 이루리라. 그러므로 누구든지 이 계명 중의 지극히 작은 것 하나라도 버리고 또 그같이 사람을 가르치는 자는 천국에서 지극히 작다 일컬음을 받을 것이요 누구든지 이를 행하며 가르치는 자는 천국에서 크다 일컬음을 받으리라. 내가 너희에게 이르노니 너희 의가 서기관과 바리새인보다 더 낫지 못하면 결코 천국에 들어가지 못하리라.

저는 지금까지 서기관과 바리새인보다 더 의롭게 계명을 지키며 믿는 자를 아직 만나질 못했습니다. 바리새인들은 예수님을 믿지 않고 율법만 지키는 자들이지만 성도들은 예수님 안에서 계명을 지켜야 하는 자들입니다. 성경말씀은 신화가 아니라 하나님의 아들들에게 이루어져야 할 하나님의 약속의 말씀과 성령으로 거듭나서 하나님의 아들이 되고자 하는 자들에게 이루어져야 만이 하나님의 창조의 계획이 이루어지는 것입니다.

결국에 하나님은 사람들이 믿음으로 그리스도화가 되게 하기 위하여 이 땅에 메시아를 보내셨고 주님께서 나의 죄를 대속해주시기 위하여 십자가를 지셨으니 나에게도 죽기까지 순종할 믿음을 주시라고 간구하게 하십니다. 그러므로 에덴에서 죽은 내 영혼이 생명권인 그리스도 안으로 다시 들어갈 수가 있게 되는 것입니다.

롬 6:23 **죄의 삯은 사망이요 하나님의 은사는 그리스도 예수 우리 주 안에 있는 영생이니라.**
히 9:22 **율법을 따라 거의 모든 물건이 피로써 정결하게 되나니 피흘림이 없은즉 사함이 없느니라.**
갈 3:13 **그리스도께서 우리를 위하여 저주를 받은바 되사 율법의 저주에서 우리를 속량하셨으니 기록된바 나무에 달린 자마다 저주 아래에 있는 자라 하였음이라.**

하나님의 법을 어기고 죄를 지은 사람은 분명하게 피를 흘리고 죽어야 되는 것인데 이 죄인들을 구원하시기 위해서 죄 없으신 예수 그리스도께서 죄인을 대신해서 십자가를 져 주시고 모든 저주까지 담당해 주신 것입니다. 주님께서 십자가를 지신 의미와 깊은 뜻을 이 세 성경구절을 통하여 정확하게 심비에 새기게 해달라고 간구하셔야 합니다. 이 말씀에 대한 믿음도 죄인인 내가 할 수 있는 것이 아니고 주 성령님의 인도와 도우심으로 가능한 일이며 기도가 없이 사람의 생각으로는 보아도 보지 못하고 깨닫지 못하는 것입니다.

30

깨닫는 자도 없고

이 세상은 마귀권이라서 주님께서 강권적으로 도와주시지 않으시면 성경 말씀을 눈으로 읽어도 아무런 이해가 되지 않습니다. 사람의 마음속에 세상의 것으로 가득 채워져 있어서 오로지 보이는 세상 복을 받는다는 말에만 관심이 있고 하나님의 뜻이 무엇인지 어떻게 해야 거듭나는지에 대하여는 관심이 전혀 없으니 이 세상을 지으신 하나님의 목적에는 거리가 멀어서 하나님과 원수로 살다가 끝이 나는 것입니다.

롬 3:10-12 **기록된바 의인은 없나니 하나도 없으며, 깨닫는 자도 없고 하나님을 찾는 자도 없고, 다 치우쳐 함께 무익하게 되고 선을 행하는 자는 없나니 하나도 없도다.**

하나님의 율법을 지키려고 하는 사람들이 그렇게도 많은데 의인은 한 사람도 없다고 하시며 하나님을 아는 자도, 하나님을 찾는 자도 없고 선을 행하는 자도 없다고 말씀하고 계십니다. 그러므로 예수 그리스도께서 오셔서 죄인들을 대신해서 죽으셨고 이를 믿는 자들을 구원하여 주셨습니다. 그러나 믿음으로 하나님의 아들이 된 자가 적다고 말씀하셨습니다.

눅 12:32-34 적은 무리여 무서워 말라. 너희 아버지께서 그 나라를 너희에게 주시기를 기뻐하시느니라. 너희 소유를 팔아 구제하여 낡아지지 아니하는 배낭을 만들라. 곧 하늘에 둔 바 다함이 없는 보물이니 거기는 도둑도 가까이 하는 일이 없고 좀도 먹는 일이 없느니라. 너희 보물 있는 곳에는 너희 마음도 있으리라.

그렇지요. 사람이 자신의 전부를 투자한 곳에 마음이 있는 것이지요. 자신의 전부를 걸지 않는 곳에는 그만큼 관심 밖일 수밖에 없는 것은 당연한 이치임을 모든 사람들이 알고 있습니다. 그러므로 보물을 이 땅에 쌓아두지 말고 하늘나라에 쌓아두어야 하늘나라에 관심을 갖게 된다는 말씀입니다.

눅 16:13 집 하인이 두 주인을 섬길 수 없나니 혹 이를 미워하고 저를 사랑하거나 혹 이를 중히 여기고 저를 경히 여길 것임이니라. 너희는 하나님과 재물을 겸하여 섬길 수 없느니라.
고전 10:21 너희가 주의 잔과 귀신의 잔을 겸하여 마시지 못하고 주의 식탁과 귀신의 식탁에 겸하여 참여하지 못하리라.

사람이 두 주인을 섬길 수 없으니 이 땅에서 내 삶의 전부를 걸어 하나님의 아들이 될 것인지 아니면 마귀의 종으로 살다가 지옥으로 갈 것인지 선택하라고 말씀을 하십니다. 중간에서 한발은 세상 것에 두고 또 하나는 하나님 편에 둬서는 안 된다고 말씀하십니다.

눅 14:33-35 이와 같이 너희 중의 누구든지 자기의 모든 소유를 버리지 아니하면 능히 내 제자가 되지 못하리라. 소금이 좋은 것이나 소금도 만일 그 맛을 잃으면 무엇으로 짜게 하리요. 땅에도, 거름에도 쓸 데 없어 내버리느니라. 들을 귀가 있는 자는 들을지어다 하시니라.

눅 14:14-15 내 이름으로 무엇이든지 내게 구하면 내가 행하리라. 너희가 나를 사랑하면 나의 계명을 지키리라.

눅 15:7-10 너희가 내 안에 거하고 내 말이 너희 안에 거하면 무엇이든지 원하는 대로 구하라. 그리하면 이루리라. 너희가 열매를 많이 맺으면 내 아버지께서 영광을 받으실 것이요 너희는 내 제자가 되리라. 아버지께서 나를 사랑하신 것 같이 나도 너희를 사랑하였으니 나의 사랑 안에 거하라. 내가 아버지의 계명을 지켜 그의 사랑 안에 거하는 것 같이 너희도 내 계명을 지키면 내 사랑 안에 거하리라.

세상의 재물을 부인하지 못하면 하나님의 아들은 절대로 될 수가 없다는 말씀입니다. 사람의 힘으로 세상과 재물과 자기 자신을 부인하고 소금처럼 자기 자신을 죽이면서 맛을 내라고 하십니다. 그러나 이렇게 사는 것은 참으로 어려운 일이지요. 그래서 주님께서 십자가를 져 주셨고 예수 그리스도의 이름으로 기도하라고 말씀하셨습니다. 죽기까지 순종할 믿음이 없으니 그 믿음이 없음을 회개하고 그 믿음을 갖도록 예수 그리스도 이름으로 구하라고 하시지 않습니까? 그리고 하나님의 사랑 안으로 들어와서 사랑의 계명을 지키라고 하십니다.

렘 29:12-13 너희가 내게 부르짖으며 내게 와서 기도하면 내가 너희들의 기도를 들을 것이요, 너희가 전심으로 나를 찾고 찾으면 나를 만나리라.

잠 8:17 나를 사랑하는 자들이 나의 사랑을 입으며 나를 간절히 찾는 자가 나를 만날 것이니라.

눅 18:6-8 주께서 또 이르시되 불의한 재판장이 말한 것을 들으라. 하물며 하나님께서 그 밤낮 부르짖는 택하신 자들의 원한을 풀어 주지 않겠느냐? 그들에게 오래 참으시겠느냐? 내가 너희에게 이르노니 속히 그 원한을 풀어 주시리라. 그러나 인자가 올 때에 세상에서 믿음을 보겠느냐 하시니라.

하나님을 두려워하지 않고 사람을 무시하는 불의한 재판장이 밤을 새워 문을 두드렸던 한 과부의 원한을 들어줬던 것처럼 하나님께서 밤낮 부르짖는 택하신 자들의 원한을 풀어주시겠다고 말씀하십니다. 쉬지 말고 간구하라고 하심은 세상 것이 아닌 그 나라의 의를 구하라고 하신 것을 명심하십시오. 하나님의 아들이 되기를 원하는 자가 하나님 앞에 무릎 꿇고 기도하지 않는 것이 있을 수나 있으며 자식을 지옥에 보내지 않고 싶은 사람이 무릎 꿇어 기도하지 않는 것은 자식을 사랑한다는 말이 다 거짓말입니다. 아니면 주님의 능력을 믿지 않거나 지옥과 천국을 믿지 못하게 하는 마귀의 종으로 아직 잡혀 있는 것입니다.

저는 제일 먼저 두 딸과 애들 아빠가 구원을 받지 못할까봐서 나는 죽기까지 순종할 믿음을 주시고 이 세 사람을 구원해 주신다는 약속을 주시라고 매일 새벽과 일과를 끝내고 저녁마다 하루에 두 번씩 약속을 주실 때까지 간구해서 약속을 받았습니다. 그런데 당신의 신앙은 지금 어떠신지 확인해 보셔야 하지 않을까요?

성경에는 비유의 말씀들이 많이 기록되어 있습니다. 이 비유의 말씀을 마지막 때에는 하나님을 찾고 찾는 자들에게는 전부를 열어서 알려주시겠다고 약속을 하셨는데 말씀을 알게 해주시라고 간절히 기도하는 자들에게 모든 비밀을 열어주신다는 것입니다.

요 16:25 이것을 비유로 너희에게 일렀거니와 때가 이르면 다시는 비유로 너희에게 이르지 않고 아버지에 대한 것을 밝히 이르리라.

우리가 알아야 할 것은 성경에 하나님의 뜻을 아무리 쉽게 기록을 하였어도 기도하고 간구하지 않으면 그 사람에게 이해를 할 수 있도록 눈을 열어주시지 않습니다. 마음을 열어서 깨닫게 해주시는 분은 주 성령님이시니 사람의 힘으로는 보기는 보아도 이해를 못하고 깨닫지도 못한다는 말씀입니다.

행 28:26 일렀으되 이 백성에게 가서 말하기를 너희가 듣기는 들어도 도무지 깨닫지 못하며 보기는 보아도 도무지 알지 못하는도다.
사 44:18 그들이 알지도 못하고 깨닫지도 못함은 그들의 눈이 가려서 보지 못하며 그들의 마음이 어두워져서 깨닫지 못함이니라.
고전 2:14 육에 속한 사람은 하나님의 성령의 일들을 받지 아니하나니 이는 그것들이 그에게는 어리석게 보임이요, 또 그는 그것들을 알 수도 없나니 그러한 일은 영적으로 분별되기 때문이라.
2:15 신령한 자는 모든 것을 판단하나 자기는 아무에게도 판단을 받지 아니하느니라.
전 8:17 또 내가 하나님의 모든 행사를 살펴보니 해 아래에서 행해지는 일을 사람이 능히 알아낼 수 없도다. 사람이 아무리 애써 알아보려고 할지라도 능히 알지 못하나니 비록 지혜자가 아노라 할지라도 능히 알아내지 못하리로다.
딤전 1:7 율법의 선생이 되려 하나 자기가 말하는 것이나 자기가 확중하는 것도 깨닫지 못하는도다.

사 6:9 여호와께서 이르시되 가서 이 백성에게 이르기를 너희가 듣기는 들어도 깨닫지 못할 것이요 보기는 보아도 알지 못하리라 하여.

눅 9:45 그들이 이 말씀을 알지 못하니 이는 그들로 깨닫지 못하게 숨긴 바 되었음이라. 또 그들은 이 말씀을 묻기도 두려워하더라.

이렇게 여러 성경구절들을 기록한 이유가 있습니다. 거의 모든 사람들이 자기가 보지 못한 것을 인정하기 싫어하고, 알지도 못하면서도 안다고 거짓말을 하기 때문입니다. 모르는 것을 모른다고 인정을 해야 되고 보지 못한 것을 보지 못했다고 인정해야 보게 해주시라고 기도할 수 있는 것입니다. 그 인정을 못하는 것은 악한 것에게 잡혀서 지배를 받고 있기 때문인 것입니다. 이렇게 솔직하고 진실하게 인정을 하지 않으면 간절한 기도를 드릴 수 없으며 간절한 기도 없이는 주님께서 열어주시지 않는다는 말씀입니다.

사 43:8 눈이 있어도 보지 못하고 귀가 있어도 듣지 못하는 백성을 이끌어 내라.

사 43:10-15 나 여호와가 말하노라. 너희는 나의 증인, 나의 종으로 택함을 입었나니 이는 너희가 나를 알고 믿으며 내가 그인 줄 깨닫게 하려 함이라. 나의 전에 지음을 받은 신이 없었느니라. 나의 후에도 없으리라. 나 곧 나는 여호와라. 나 외에 구원자가 없느니라. 내가 알려 주었으며 구원하였으며 보였고 너희 중에 다른 신이 없었나니 그러므로 너희는 나의 증인이요 나는 하나님이니라. 여호와의 말씀이니라. 과연 태초로부터 나는 그이니 내 손에서 건질 자가 없도다. 내가 행하리니 누가 막으리요? 너희의 구속자요 이스라엘의 거룩한 이 여호와가 말하노라. 너희를 위하여 내가 바벨론에 사람을 보내어 모든 갈대아 사람에게 자기들이 연락하던 배를 타고 도망하여 내려가게 하리라. 나는 여호와 너희의 거룩한 이요 이스라엘의 창조자요 너희의 왕이니라.

이 말씀이 믿는 자에게 레마의 말씀으로 인정이 되어야 아멘과 예가 되고 하나님의 아들이 되는 것입니다. 자기 자신의 마음 깊은 곳에서 오로지 주님은 자신의 왕으로 믿어질 때 심령 깊은 곳까지 보고 계신다는 것이 인정이 되며 자기 자신의 행동과 생각까지 주관해주시라고 간구할 수가 있기 때문입니다.

하나님의 아들이 된 사람은 자신의 삶 전부를 온전히 주님께서 주관해 주실 것을 믿고 간구하고 맡겨드리기를 소원하게 되는 것입니다. 그리고 내가 만난 주님은 참사랑이시고 인격적이시며 의로우심의 자체이시며 나의 삶 전부를 맡겨드릴 수 있고 더 이상 바랄 것이 없는 복 중에 가장 큰 복이라고 말을 할 수가 있습니다.

자신이 하나님께 붙들림을 받는 사람은 참으로 행복한 사람입니다. 왜냐하면 내가 에덴동산에서 잃어버렸던 영생을 다시 하나님의 품으로 들어가 얻은 것이며 하나님의 은혜로 이 땅에서부터 천국이 이루어졌으니 악한 자가 만지지도 못하고 지금부터 영원까지 하나님의 품안에 거하게 되는데 그보다 더 큰 복이 어디에 있겠습니까?.

롬 4:5-8 일을 아니할지라도 경건하지 아니한 자를 의롭다 하시는 이를 믿는 자에게는 그의 믿음을 의로 여기시나니, 일한 것이 없이 하나님께 의로 여기심을 받는 사람의 행복에 대하여 다윗이 말한 바, 불법이 사함을 받고 죄가 가리어짐을 받는 사람들은 복이 있고, 주께서 그 죄를 인정하지 아니하실 사람은 복이 있도다 함과 같으니라.

이 말씀을 통해서 도전을 받고 하나님의 아들이 되는 것에 목표를 두신다면 하나님 앞에 응답을 주실 때까지 믿음을 갖고 간절히 기도해야 합니다. 거의 많은 성도들의 삶이 하나님께서 원하시는 삶이 아니고 자기 자신이 생각한대로 하나님을 섬기는 것은 육신의 방법이요 종교생활을 하는 것으로써 하나님과 전혀 상관없는 삶인 줄을 알아야 하는 것입니다.

31

사람의 의지와 하나님의 뜻

하나님께서 원하시는 방법으로 주님을 섬기지 않고 사람이 스스로 하는 행동은 하나님께서 받지 않으신다는 말씀입니다. 오로지 주 성령님의 역사를 통해서 행하는 것이 아니고서는 받지를 않으신다는 말씀을 드립니다. 그런데 이런 말씀을 해도 자기 자신이 한 것을 믿음이라고 주장하고 싶은 것이 인간의 죄성임을 다시 말씀을 드립니다.

롬 7:19-20 내가 원하는바 선은 행하지 아니하고 도리어 원하지 아니하는바 악을 행하는도다. 만일 내가 원하지 아니하는 그것을 하면 이를 행하는 자는 내가 아니요 내 속에 거하는 죄니라.
요 5:41 나는 사람에게서 영광을 취하지 아니하노라.

그렇지요. 하나님께서는 믿음으로 거듭나서 하나님의 자녀가 된 왕권을 회복하여 성령님의 능력으로 영광을 돌리는 것만 받으신다는 것입니다. 사람이 가지고 있는 지혜와 지식은 결국 마귀의 종살이 습관이니 더러운 것이라고 하시는 것이지요. 사람의 힘으로는 하나님을 섬길 수도 하나님을 기쁘게도 못한다는 말씀입니다. 사람은 하나님께서 에덴동산을 주셨어도 하나님의 말씀을 거역했던 것을 잊어서는 아니 된다는 말씀입니다.

여러 번 말씀을 드린 것처럼 거룩하신 성령님의 역사가 아니면 하나님께서는 사람의 뜻으로 행한 것을 받지 않으신다는 말씀입니다. 그러므로 예수님께서는 하나님의 뜻을 이루어 드리기 위해서 인간의 모습으로 오셔서 십자가를 져 주셨고 그리고 보혜사 성령님을 보내주셔서 온전히 하나님을 찾는 자들 안에 들어오시고 인도하여 주심으로 하나님이 기뻐하시는 일을 하게 하시는 것입니다. 만일 주님이 이 땅에 오셔서 십자가를 지시고 돌아가시지 않았으면 사람들의 죄를 사하실 수도 없고 거룩한 아들로 낳으실 수도 없습니다.

요 3:6-7 육으로 난 것은 육이요 영으로 난 것은 영이니, 내가 네게 거듭나야 하겠다 하는 말을 놀랍게 여기지 말라.

저도 거듭나기 전에는 제가 하는 것이 진정한 믿음인줄 알았었지요. 그런데 어느 날 주님께서 모두 하나도 없이 허물어 버리고 다시 지으라고 하신 것입니다. 그때까지 정말 열심히 최선을 다해서 하나님을 섬긴다고 했는데 말입니다. 그렇게 했었기에 하나님의 말씀을 알아듣는 것은 인정을 하지만 제가 가지고 있는 제 생각은 하나님께서 받지를 않으신다는 것입니다.

그 당시에 나를 위해 죽어주신 주님을 위해서는 첫째가 주님의 일이라는 마음으로 주일을 지키지 못하는 백화점에서 신우회를 조직하여 아무런 조건 없이 진심을 다해 전도와 봉사로 헌신을 한 것입니다. 그때 당시의 제 마음은 만약에 주님께서 저를 위해 십자가를 지시고 돌아가시지 않았으면 아마도 영혼 구원을 위해 온 힘을 다 했을 거라는 생각에 죽기까지 순종할 믿음을 주시라고 간구하면서 최선을 다하는 삶을 살았습니다.

지금은 그때에 비하면 나이가 들어서 문제가 되지만 그 당시는 백화점에 근무하면서 시동생들과 친정의 팔촌과 조카에 우리 아이 둘에 여덟 명의 가족을 거느리고 직장 다니는 시누이 도시락까지 싸면서 아침을 먹여서 모두들 출근을 시키고 나도 출근을 하는 데도 불편하다 생각을 못하였지요. 오로지 가족 구원을 위해서 주님께서는 십자가도 지신 것을 생각하면서 아멘과 예만 하려고 했습니다.

그때의 삶에 비하면 지금은 완전 호강하는 나날이지요.

그런데 왜 이 말씀을 드리느냐 하면 지금 생각해도 그 당시 삶을 다시는 살 수 없을 만큼 사람의 힘으로는 아주 대단한 열심이었고 무보수에 헌신하는 삶이었는데 하나님께서는 저를 통한 영광은 하나도 받지 않으신 것이었습니다. 주님께서 온전히 주관하신 것이 아니라 주님의 도우심도 있지만 제가 온 힘을 다해서 했으니까 말입니다. 그렇게 열심히 했는데 그것은 아니라며 모두 쓸어버리고 다시 지으라고 하신 것입니다. 주님의 말씀이 제가 가지고 있는 노력으로의 행함은 바른 믿음이 아니라는 것이었습니다.

집에 들어오는 수입이 적어서 생활이 어려울 때에도 하나님의 것은 도적질하면 안 된다고 생각이 나서 빚을 내다가 십일조를 드릴 만큼 하나님의 법을 지키고 싶은 열정이었습니다. 그 당시에는 사실 무거운 지도 몰랐습니다.

그런데 주님께서 그 무거운 짐을 내려놓으라는 말씀을 하신 것입니다. 지금에 와서 생각을 해보면 하나님께서는 육신의 아버지보다 사랑하심이 많으신데 가난한 자식이 생활비가 부족하다고 빚을 내서 십일조를 드리니 얼마나 애타시고 마음이 아프셨을까 하는 생각이 듭니다. 만약에 제 딸들이 빚을 내어다가 나를 준다면 저는 딸이 고마운 것이 아니고 제 마음이 너무도 무거워서 받을 수가 없을 것 같습니다. 그런데 하나님께서는 말씀으로 천지를 지으신 분이신데 당신을 사랑하는 아이의 것을 빼앗을 분이 아니라 복주시기를 원하시는 분이지요.

> 마 7:11 **너희가 악한 자라도 좋은 것으로 자식에게 줄 줄 알거든 하물며 하늘에 계신 너희 아버지께서 구하는 자에게 좋은 것으로 주시지 않겠느냐?**
> 마 23:9 **땅에 있는 자를 아버지라 하지 말라. 너희의 아버지는 한 분이시니 곧 하늘에 계신이시니라.**

그때 당시 나의 믿음은 그 수준이었지요. 제가 좋아한 것을 드리면 좋아하실 줄 알았었고 저의 마음은 하나님의 법을 지킨다는 마음에 든든했으니까요. 그 어린 믿음에서는 그것도 믿음이었습니다. 왜냐하면 살아계신 하나님이 믿어졌고 주님께서 크게는 온 인류를 위해 십자가를 지셨지만 작게는 나를 위해 십자가를 져주심이 믿어졌기 때문입니다. 하나님의 마음을 알고 나서 생각을 해보면 그때에 저는 사울이었습니다. 하나님께서는 저보고 사울에서 바울이 되라고 하신 것이었습니다.

> 마 11:28-30 **수고하고 무거운 짐 진 자들아 다 내게로 오라. 내가 너희를 쉬게 하리라. 나는 마음이 온유하고 겸손하니 나의 멍에를 메고 내게 배우라. 그리하면 너희 마음이 쉼을 얻으리니 이는 내 멍에는 쉽고 내 짐은 가벼움이라 하시니라.**

저는 육으로 할 수만 있는 일이라면 율법으로 온 힘을 다해서 하나님의 말씀을 지키기 위해 열심을 다 했는데 그때마다 어려움을 얼마나 당했는지 너무도 힘이 들었습니다. 율법으로 말씀을 이루려고 하니 귀신들의 역사가 얼마나 심했는지 모릅니다. 지금은 주님의 도우심이 없이는 움직이려고 하지 않을 만큼 기도가 없이는 움직이지를 않습니다.

그러나 하나님의 말씀을 율법대로 지키려고 애를 썼을 때 주 성령님께서 율법을 벗겨주셔야 만이 깃털처럼 가벼운 진리의 삶으로 바뀔 수가 있었습니다. 율법으로 열심히 행해보지 않는 사람은 하나님의 참 사랑을 만날 수가 없습니다.

여기에서 쉽게 넘어가서는 안 되는 것이 바로 율법대로 하나님 말씀을 온 힘을 다해서 지키려고 한 사람만이 율법이 얼마나 무겁고 힘든지를 알게 되고 이를 안 사람만이 깃털처럼 가벼운 주님의 진리의 가벼움을 알게 되며 주님께서 십자가를 지신 목적도 깨달게 됩니다. 주 성령님께서 저에게 어느 날 율법으로 온힘을 다해서 하나님의 말씀을 순종해 보려고 애를 쓰고 또 애쓴 자들만이 진리에 도달할 수 있다고 말씀하셨습니다.

육으로 말씀을 지켜보려고 할 때마다 마귀의 졸개들인 귀신들이 어찌나 역사를 하는지 힘들었습니다. 도무지 일점일획도 지킬 수 없을 때에 얼마나 기도를 하게 되며 하나님 말씀을 지킬 수 없는 자신은 죄인 중의 괴수임을 알게 될 때 그때에 목숨을 주님께 맡기고 말씀을 이루게 도와주시라고 간구하게 되겠지요. 하나님의 택하심을 입은 사람은 결국에 말씀을 지키려고 애를 쓰고 또 애쓰는 사람이지 그냥 교회만을 다니는 정도는 아니다라는 말씀을 드립니다.

막 12:30 **네 마음을 다하고 목숨을 다하고 뜻을 다하고 힘을 다하여 주 너의 하나님을 사랑하라 하신 것이요.**

고전 10:31 **그런즉 너희가 먹든지 마시든지 무엇을 하든지 다 하나**

님의 영광을 위하여 하라.

빌 1:20 나의 간절한 기대와 소망을 따라 아무 일에든지 부끄러워하지 아니하고 지금도 전과 같이 온전히 담대하여 살든지 죽든지 내 몸에서 그리스도가 존귀하게 되게 하려 하나니.

살전 5:10 예수께서 우리를 위하여 죽으사 우리로 하여금 깨어있든지 자든지 자기와 함께 살게 하려 하셨느니라.

롬 14:23 의심하고 먹는 자는 정죄되었나니 이는 믿음을 따라 하지 아니하였기 때문이라. 믿음을 따라 하지 아니하는 것은 다 죄니라.

위에 있는 본문의 모든 말씀을 풀어드리면 하나님을 알고 하나님의 아들이 될 사람은 삶 전부가 주님의 뜻을 이루기를 목적으로 살아가는 사람이라야 한다는 말씀입니다. 하나님께서는 너희는 먹든지 마시든지 살든지 죽든지 자든지 깨든지 하나님의 뜻인 믿음으로 하지 않는 것이 다 죄라는 말씀입니다.

그리하는 사람을 하나님께서는 찾고 찾으신다는 것입니다. 그렇게 하나님의 뜻대로 살려고 애쓰는 사람들을 위해서 하나님께서는 독생자를 내어 주신 것입니다. 그냥 믿습니다 하는 사람들을 데려가려고 하신 것이 아닙니다.

딤전 6:14 우리 주 예수 그리스도께서 나타나실 때까지 흠도 없고 책망 받을 것도 없이 이 명령을 지키라.

벧후 3:14 그러므로 사랑하는 자들아 너희가 이것을 바라보나니 주 앞에서 점도 없고 흠도 없이 평강 가운데서 나타나기를 힘쓰라.

하나님께서는 세상 끝에 알곡 추수 계획을 세우셨으니 주님께서는 택한 자들에게 찾아오셔서 신부단장을 하라고 하시는 것입니다.

살전 5:4 **형제들아 너희는 어둠에 있지 아니하매 그 날이 도둑 같이 너희에게 임하지 못하리니.**

벧후 3:10 **그러나 주의 날이 도둑 같이 오리니 그 날에는 하늘이 큰 소리로 떠나가고 물질이 뜨거운 불에 풀어지고 땅과 그 중에 있는 모든 일이 드러나리로다.**

계 3:3 **그러므로 네가 어떻게 받았으며 어떻게 들었는지 생각하고 지켜 회개하라. 만일 일깨지 아니하면 내가 도둑 같이 이르리니 어느 때에 네게 이를는지 네가 알지 못하리라.**

계 16:15 **보라 내가 도둑 같이 오리니 누구든지 깨어 자기 옷을 지켜 벌거벗고 다니지 아니하며 자기의 부끄러움을 보이지 아니하는 자는 복이 있도다.**

눈에 보이는 세상을 사랑하는 사람들에게 주님은 도둑 같이 오신다고 하신 것입니다. 이렇게 말씀을 드렸어도 세상을 사랑하는 사람들의 눈에는 이 말씀이 안 보일 것입니다. 사람들은 자기 자신이 좋아하는 것 외에는 보이는 것이 없습니다.

예를 들면 돈을 사랑하는 사람은 돈의 노예가 되어 오로지 돈을 쫓아가고 정치에 관심이 있는 사람은 정치에 온전히 올인을 하듯이 자기 자신의 모든 생각이나 욕심을 내려놓기 전에는 눈에 보이지 않는 하나님에 대해 전혀 관심이 없습니다. 실제로 교회 다니는 많은 사람들이 하나님을 만나고 하늘의 복을 구하기 위한 것이 아니라 이 땅의 복을 얻기 위해서 나가고 있으니 이런 사람들은 결국에 하나님의 목적이 아니라는 말씀입니다.

롬 3:10-12 **기록된바 의인은 없나니 하나도 없으며, 깨닫는 자도 없고 하나님을 찾는 자도 없고, 다 치우쳐 함께 무익하게 되고 선을 행하는 자는 없나니 하나도 없도다.**

하나님께서는 세상 것에 목적을 가진 자들을 만나 주시지 않는다는 말씀입니다. 하나님께서는 하나님을 찾고 찾는 자를 만나주시는 것을 잊어서는 안 됩니다.

잠 8:17 **나를 사랑하는 자들이 나의 사랑을 입으며 나를 간절히 찾는 자가 나를 만날 것이니라.**

하나님께서는 땅에 것을 구하는 자들을 이방인들이라 말씀하시는 것을 아는 사람이 땅에 것을 부인하게 해달라고 간절하게 기도할 때 하나님의 사랑의 법에 도달하게 되는 것입니다.
또 절대 잊어서는 안 되는 것은 한두 번 기도해서는 안 되고 자기 자신과 세상을 부인하고 하나님 제일주의가 될 때까지, 자기 자신의 모습이 하나님의 것으로 충만할 때까지 기도하는 자들만이 하나님의 나라를 들어갈 수가 있습니다.

막 12:33 **또 마음을 다하고 지혜를 다하고 힘을 다하여 하나님을 사랑하는 것과 또 이웃을 자기 자신과 같이 사랑하는 것이 전체로 드리는 모든 번제물과 기타 제물보다 나으니이다.**

온 마음을 다하여 하나님을 사랑하지 않고 이웃을 자기 몸처럼 사랑하지 않는 자들은 하나님께서 주시고자 하는 나라를 얻을 수가 없습니다. 그러므로 하나님께서는 하나님을 찾는 자가 하나도 없다고 말씀을 하시는 것입니다.
저는 간혹 이런 말을 성도들에게 합니다.
우리 하나님께서는 장미꽃이 사시사철 피는 밭을 주시기를 원하시는데 사람들은 장미꽃 한 송이를 달라고 날마다 기도를 합니다. 하나님의 목적은 사시사철 피는 장미꽃 밭을 구하는 자들의 기도를 들어주시려고 기다리고 계신다는 것입니다.

눅 18:7 **하물며 하나님께서 그 밤낮 부르짖는 택하신 자들의 원한을 풀어 주지 아니하시겠느냐? 그들에게 오래 참으시겠느냐?**

문제는 기도하는 자의 마음이 하나님의 뜻과 하나가 되어 변개함이 없을 믿음이 되었을 때에 하나님과 한 몸이 될 수가 있는 것입니다. 하나님께서는 그런 믿음의 사람들을 도우시고 성장시키고 열매를 맺게 하십니다..

하나님과 한 몸을 이루는 신앙생활은 최고 수준의 도로써 성경 말씀의 전체가 신앙인의 고백이 되었을 때에 비로소 주님이 내 안에 내가 주님 안에 계심을 거듭남이라고 하는 것입니다. 교회를 다니는 사람들이 거의 예수님이 하나님의 아들이요 구주시오 주님이라고 신앙고백을 하고 있으며 거듭났다고 말하지만 성경 말씀대로 순종하는 사람이 얼마나 됩니까? 마지막 시대에 알곡 신자가 여호수아와 갈렙 정도로 귀하다는 말씀입니다.

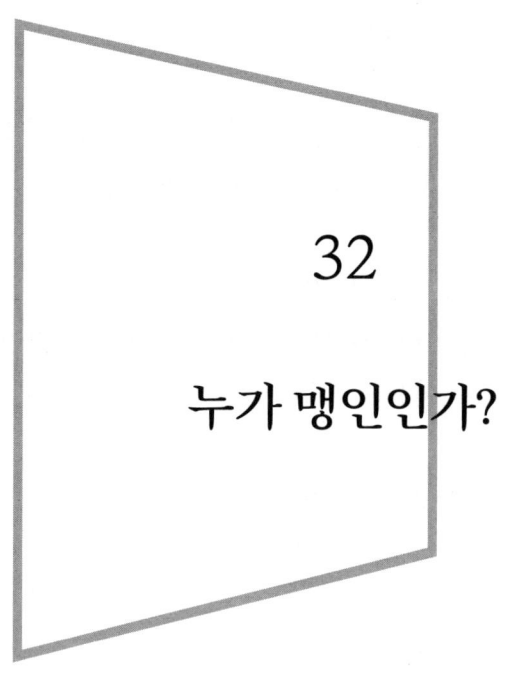

32

누가 맹인인가?

어떤 사람이 당신에게 믿음이 좋고 거듭난 사람이라고 말을 해 준다고 당신은 기뻐할 일이 아닙니다. 믿음이 좋다고 인정한다든지 거듭났다고 말하는 것은 사람이 할 수 없고 하나님만이 하실 수 있는 일입니다.

어떤 사람이 거듭나지도 않은 사람을 거듭났다고 말로 칭찬을 했을 때 그 사람의 말로 한 칭찬을 믿게 된다면 당신은 그 착각으로 인하여 거듭남에 이르지 못하게 될 수도 있다는 것입니다. 당신은 그 말에 속아서 구원에 이르지 못하고 마는 것입니다.

약 1:16-18 **내 사랑하는 형제들아 속지 말라. 온갖 좋은 은사와 온전한 선물이 다 위로부터 빛들의 아버지께로부터 내려오나니 그는 변함도 없으시고 회전하는 그림자도 없으시니라. 그가 그 피조물 중에 우리로 한 첫 열매가 되게 하시려고 자기의 뜻을 따라 진리의**

말씀으로 우리를 낳으셨느니라.

하나님의 아들은 성경말씀을 온전히 믿음으로 말씀 전부가 자기 자신의 고백이 되어야 합니다.

갈 3:1 **어리석도다. 갈라디아 사람들아 예수 그리스도께서 십자가에 못 박히신 것이 너희 눈앞에 밝히 보이거늘 누가 너희를 꾀더냐?**
갈 5:7 **너희가 달음질을 잘 하더니 누가 너희를 막아 진리를 순종하지 못하게 하더냐?**

그러므로 사람의 힘으로나 능력으로는 하나님 안에 들어가지 못하니 오직 예수님을 믿음으로만이 들어갈 수 있다는 말씀입니다. 그에 대한 답은 주님께서 나를 위해 죽어주셨으니 나도 죽기까지 순종할 믿음이 없음을 회개하고 죽기까지 순종하고 싶은 믿음을 주시라고 간구하고 기도하면 결국에 구원을 얻게 되는 것입니다.

그런데 그 기도가 진정성이 있어야 한다는 말씀입니다. 입으로만 주여 주여 하는 것이 아니라 마음에서 삶 전부를 걸고 전심으로 기도해야 한다는 말씀입니다. 대부분의 모든 사람들은 이 땅에서 복을 받고 눈에 보이는 세상 것을 원하며 눈에 보이지 않는 하나님의 나라를 위해서 목숨을 걸고 간절히 기도하는 사람이 많지 않다는 사실입니다.

참으로 답답한 것은 목숨을 주님께 맡길 수 있는 믿음만 되면 잃어버린 에덴동산이 회복되어 영원한 하나님의 아들이 되고 하나님의 뜻에 따라 만물이 복종하는 하나님 아들의 삶을 살게 됩니다. 아직 하나님의 아들이 안 된 사람들은 이 땅에 것에 매여 있는 삶을 살고 있으며 영적으로 세상 임금에게 잡혀있기 때문에 하나님을 사모할 생각을 전혀 할 수 조차도 없는 것입니다. 대부분의 사람들은 신앙생활의 목적이 무엇인지 조차도 모르고 교회를 다니고 있는 것입니다.

신앙생활은 에덴동산에서 마귀에게 속아서 잃어버린 왕권을 찾기 위함이고 마귀의 종살이를 하던 탕자가 아버지의 집으로 돌아오는 것이 신앙생활인데 대부분 믿는다고 하는 사람들이 복 받는다는 말에 속아서 그냥 교회를 다니고 있으니 참으로 답답한 일이 아닐 수 없습니다.

눅 6:39 **또 비유로 말씀하시되 맹인이 맹인을 인도할 수 있느냐? 둘이 다 구덩이에 빠지지 아니하겠느냐?**

본문 말씀의 의미를 깊이 생각해 보면 성령으로 거듭나지 못하고 천국을 소유하지 못하고 하나님의 아들이 되어보지 못한 사람이 구원을 말하는 것이 맹인이라는 말 아닙니까?

마 23:13 **화 있을진저 외식하는 서기관들과 바리새인들이여 너희는 천국 문을 사람들 앞에서 닫고 너희도 들어가지 않고 들어가려 하는 자도 들어가지 못하게 하는도다.**
23:15 **화 있을진저 외식하는 서기관들과 바리새인들이여 너희는 교인 한 사람을 얻기 위하여 바다와 육지를 두루 다니다가 생기면 너희보다 배나 더 지옥 자식이 되게 하는도다.**
마 23:33 **뱀들아 독사의 새끼들아 너희가 어떻게 지옥의 판결을 피하겠느냐?**

복음시대 즉 은혜와 진리시대에는 구약의 제사법이 폐하여졌고 친히 예수님께서 단번에 화목제물이 되셨으므로 성도 자신들도 산

제물이 되어 예수 이름으로 영적예배를 드리게 된 것입니다.

롬 12:1-2 **그러므로 형제들아 내가 하나님의 모든 자비하심으로 너희를 권하노니 너희 몸을 하나님이 기뻐하시는 거룩한 산 제물로 드리라. 이는 너희가 드릴 영적 예배니라. 너희는 이 세대를 본받지 말고 오직 마음을 새롭게 함으로 변화를 받아 하나님의 선하시고 기뻐하시고 온전하신 뜻이 무엇인지 분별하도록 하라.**

복음시대에는 예수님께서 온 인류를 구원하시기 위해 십자가를 지셨으니 예수님을 내 구주로 영접하고 죄를 회개하면 오른편 강도가 낙원에 갔던 것처럼 구원을 받아서 무저갱이나 음부로 가지 않고 낙원에 갑니다.

요 20:29 **예수께서 이르시되 너는 나를 본 고로 믿느냐? 보지 않고 믿는 자들은 복 되도다 하시니라.**

이 말씀은 이 세상에서 육체가 죽기 전, 살아 있는 동안에 예수님을 못 봤을지라도 마음으로 믿고 입으로 시인하면 구원을 받습니다. 예수님을 마음에 영접하고 믿으면 하나님의 아들이 되게 하신다는 약속입니다. 내 아들이라고 약속을 받은 자만이 하나님께서 계신 열두 진주 문안에 들어간다는 말씀입니다. 그리고 이 땅에 살아 있는 동안에 나의 육체의 소욕이 완전하게 죽어야 그리스도께서 내 안에 사시는 것입니다(갈 2:20 참조). 그리스도 예수의 사람은 육체와 함께 정욕과 탐심을 십자가에 못 박았다고 말씀하십니다(갈 5:24 참조). 또 악은 어떤 모양이라도 버리라고 말씀합니다(살전 5:22 참조).

주님께서 이 세상에 오신 것은 하나님을 믿고 찾는 자들을 구원하시려고 오셔서 십자가를 지셨고 또한 그들을 신부단장 시켜서 천국에 데리고 가시기 위해서 십자가의 고난을 받아 대속해 주셨는데 이 세상 것이 목적이 되어 주를 위해 변화될 생각이 없는 영혼들은 천국에 갈 수 없습니다.

계 6:9-11 **다섯째 인을 떼실 때에 내가 보니 하나님의 말씀과 그들이 가진 증거로 말미암아 죽임을 당한 영혼들이 제단 아래에 있어, 큰 소리로 불러 이르되 거룩하고 참되신 대 주재여 땅에 거하는 자들을 심판하여 우리 피를 갚아 주지 아니하시기를 어느 때까지 하시려 하나이까 하니, 각각 그들에게 흰 두루마기를 주시며 이르시되 아직 잠시 동안 쉬되 그들의 동무 종들과 형제들도 자기처럼 죽임을 당하여 그 수가 차기까지 하라 하시더라.**

이 말씀은 순교자들의 영혼이 땅에 있는 자들을 심판하여 달라고 호소하는 모습인데 순교자의 수가 차기까지 기다리라는 말씀이며 흰 두루마기는 구원과 상급이 있음을 보장하는 징표입니다.

계 22:13-14 **나는 알파와 오메가요 처음과 마지막이요 시작과 마침이라. 자기 두루마기를 빠는 자들은 복이 있으니 이는 그들이 생명나무에 나아가며 문들을 통하여 성에 들어갈 권세를 받으려 함이로다.**
잠 8:32-36 **아들들아 이제 내게 들으라. 내 도를 지키는 자가 복이 있느니라. 훈계를 들어서 지혜를 얻으라. 그것을 버리지 말라. 누구든지 내게 들으며 날마다 내 문 곁에서 기다리며 문설주 옆에서 기다리는 자는 복이 있나, 대저 나를 얻는 자는 생명을 얻고 여호와께 은총을 얻을 것임이니라. 그러나 나를 잃는 자는 자기의 영혼을 해하는 자라. 나를 미워하는 자는 사망을 사랑하느니라.**

은혜와 진리시대는 이 세대를 본받지 말고 그리스도를 믿음으로 구원받은 사람들을 주님께서 아버지의 아들로 만들어 주셨으니 목숨을 주님께 맡겨드릴 믿음을 주시라고 날마다 간구하고 기도하면서 예수님의 십자가 공로로 성령 안에서 영과 진리로 영적인 예배를 드리라고 말씀하십니다.

요 4:23-24 **아버지께 참되게 예배하는 자들은 영과 진리로 예배할 때가 오나니 곧 이 때라. 아버지께서는 자기에게 이렇게 예배하는 자들을 찾으시느니라. 하나님은 영이시니 예배하는 자가 영과 진리로 예배할지니라.**
요 17:17 **그들을 진리로 거룩하게 하옵소서. 아버지의 말씀은 진리니이다.**
요 17:19 **또 그들을 위하여 내가 나를 거룩하게 하오니 이는 그들도 진리로 거룩함을 얻게 하려 함이니이다.**

하나님께서는 거룩한 아들을 얻기를 원하셔서 이 세상을 창조하셨는데 하나님의 거룩한 아들은 악을 버리고 선으로 승리 한 자입니다. 그러므로 메시아가 오셔서 십자가를 지시고 승리하셔서 마귀의 일을 멸하시고 하나님을 찾고 찾는 자들에게 주님께서 신부단장을 시키십니다. 그리고 전심으로 기도와 간구를 쉬지 않고 하면서 성령으로 충만하게 된 자들이 하나님의 거룩한 아들이 되는 것입니다. 하나님의 아들이 되지 않은 자는 천국엘 갈 수가 없고 저주를 받는다는 것입니다.

마 6:24 **한 사람이 두 주인을 섬기지 못할 것이니 혹 이를 미워하고 저를 사랑하거나 혹 이를 중히 여기고 저를 경히 여김이라. 너희가 하나님과 재물을 겸하여 섬기지 못하느니라.**

눅 16:13 **집 하인이 두 주인을 섬길 수 없나니 혹 이를 미워하고 저를 사랑하거나 혹 이를 중히 여기고 저를 경히 여길 것임이니라 너희는 하나님과 재물을 겸하여 섬길 수 없느니라.**

고전 10:21 **너희가 주의 잔과 귀신의 잔을 겸하여 마시지 못하고 주의 식탁과 귀신의 식탁에 겸하여 참여하지 못하리라.**

이 세상에 태어나면 두 가지 중에 하나를 선택해야 하는 권리가 주워지는 것입니다. 하나는 내 마음대로 이 세상 것을 선택하든지 아니면 선하신 하나님의 아들이 되기 위해 그리스도를 따르든지 둘 중의 하나를 선택해야 한다는 사실입니다. 그러나 세상에서 하나님의 법에 순종하지 않는 사람은 이 세상이 임금인 마귀에게 속한 자가 되어 마귀를 따라 지옥을 가는 것은 당연한 것입니다. 한 사람이 두 주인을 섬길 수 없기 때문입니다.

33

수고하고 무거운 짐 진 자들아

마 11:28-30 수고하고 무거운 짐 진 자들아 다 내게로 오라. 내가 너희를 쉬게 하리라. 나는 마음이 온유하고 겸손하니 나의 멍에를 메고 내게 배우라. 그리하면 너희 마음이 쉼을 얻으리니, 이는 내 멍에는 쉽고 내 짐은 가벼움이라 하시니라.

모든 사람들에게는 죄에 대한 짐과 의롭게 살려고 하는 율법에 대한 짐이 있고 세상일에 대한 짐이 있습니다. 저도 그리스도 안에 들어가기 전에는 마음속에 선악에 대한 짐과 자녀들을 양육해야 되는 짐이 있었고 아이들이 장성하여 직장을 나가게 되니 그때부터는 나의 노후는 어떻게 할 것인가 하는 짐이 무겁게 느껴졌습니다. 그뿐만이 아니었지요. 하나님의 말씀을 지키고 행하여 보려고 하니 그 또한 얼마나 무겁고 힘이 들었는지 모릅니다.

그런데 그리스도 안에 들어가니 무거웠던 짐이 벗겨져서 어찌나

가벼운지 참으로 세상에 태어나서 처음으로 느껴보는 가벼움과 평안을 누리고 살고 있습니다.

그러나 본문 말씀대로 가벼움을 경험하려면 예수님을 믿으면서 말씀을 지키려고 애를 써보지 못한 사람은 그리스도 안에 들어갈 수 없다는 사실입니다. 왜냐하면 하나님의 뜻을 이루어 드리는 것이 소원이 된 사람만을 하나님께서 찾고 찾으시기 때문입니다. 하나님께서는 사람이 육체를 입었으므로 이 땅에 것이 있어야 한다는 것을 먼저 아시고 계시는데 사람들은 하나님을 찾지 않고 땅에 것만을 찾고 있기 때문에 그리스도 안으로 들어 갈 수 없어서 무거운 짐을 내려놓지 못하며 쉼을 얻지 못하는 것입니다.

마 6:33 그런즉 너희는 먼저 그의 나라와 그의 의를 구하라 그리하면 이 모든 것을 너희에게 더하시리라.

눅 11:11-13 너희 중에 아버지 된 자로서 누가 아들이 생선을 달라 하는데 생선 대신에 뱀을 주며, 알을 달라 하는데 전갈을 주겠느냐? 너희가 악할지라도 좋은 것을 자식에게 줄 줄 알거든 하물며 너희 하늘 아버지께서 구하는 자에게 성령을 주시지 않겠느냐 하시니라.

이 말씀은 그의 나라와 그의 의인 하나님의 뜻을 구하는 자들에게 모든 것을 다 알아서 주신다는 것임을 절대 잊지 마셔야 합니다. 하나님 아버지께 구하고 찾고 문을 두드리는 자에게 성령을 주시겠다고 말씀하셨습니다(눅 11:13 참조).

히 4:10 이미 그의 안식에 들어간 자는 하나님이 자기의 일을 쉬심과 같이 그도 자기의 일을 쉬느니라.

잠 8:17 나를 사랑하는 자들이 나의 사랑을 입으며 나를 간절히 찾는 자가 나를 만날 것이니라.

요삼 1:2 **사랑하는 자여 네 영혼이 잘됨 같이 네가 범사에 잘되고 강건하기를 내가 간구하노라.**

영혼이 잘됨은 믿음이 좋은 사람을 의미한다는 것을 모두 알고 있을 것입니다. 다른 말로 표현하면 예수 그리스도를 믿고 성령 안에서 사는 하나님의 아들로서 에덴동산이 회복한 사람이라는 말씀입니다. 그러므로 하나님 안에 들어간 사람은 자기 자신을 스스로 책임질 일이 없고 성령님께서 인도하시는 대로 아멘과 예로 순종만 하면 되는 것입니다.

마 5:20 **내가 너희에게 이르노니 너희 의가 서기관과 바리새인보다 더 낫지 못하면 결코 천국에 들어가지 못하리라.**

마 7:21 **나더러 주여 주여 하는 자마다 다 천국에 들어갈 것이 아니요 다만 하늘에 계신 내 아버지의 뜻대로 행하는 자라야 들어가리라.**

입으로만 주여 주여 하고 아버지의 뜻대로 행하지 않는 자들은 천국에 들어가지 못한다는 말씀이며 행함이 없는 믿음은 죽은 믿음이라고 말씀하십니다(약 2:17 참조).

사람이 누군가를 존경하고 사랑하게 되면 그 사람을 위해서 무언가를 그를 위해 그 사람의 일을 도와주려고 하는 것은 당연한 일이지요. 그런데 돈 몇 푼 내고서 주님을 사랑한다고 말을 한다면 얼마나 우스운 일인지 한번 생각해 봅시다.

예를 들자면 어느 날 호랑이와 소가 서로 사랑해서 주위의 모든 반대를 무릎 쓰고 결혼을 했다고 하네요. 그 둘은 너무도 사랑해서 호랑이는 소를 위해 호랑이가 제일 좋아하는 부드럽고 좋은 고기를 잡아서 사랑하는 소에게 가져다 준 것입니다. 또 소는 소가 제일 좋아하는 연하고 부드러운 풀을 뜯어서 호랑이를 위해 가져다주는 것입니다. 이런 일을 보고 어떤 마음이 될까요?

사람들이 제일 좋아하는 것은 돈이지요. 모든 대부분의 성도들이 헌금을 좀 해놓고 하나님을 사랑하는 줄로 착각들을 하는데 행함이 없는 믿음은 죽은 믿음입니다.

행함의 첫 번째는 주님께서 당신을 위해 십자가를 지셨다는 것을 믿는다면 당신이 주님 뜻대로 살기 위해서 죽기까지 순종하는 믿음이 있어야 합니다. 이것이 주님께 대한 첫사랑의 회복이 되는 것입니다. 너의 처음 사랑을 회복하라고 기록이 되어 있지만 실제로는 첫사랑을 회복하지 못한 자는 그리스도 안에 못 들어간다는 말씀입니다.

계 2:4-5 그러나 너를 책망할 것이 있나니 너의 처음 사랑을 버렸느니라. 그러므로 어디서 떨어졌는지를 생각하고 회개하여 처음 행위를 가지라. 만일 그리하지 아니하고 회개하지 아니하면 내가 네게 가서 네 촛대를 그 자리에서 옮기리라.

사람들은 처음 사랑이라 하니까 예수님을 영접한 그때로 착각들을 하는데 실은 사람들이 먼저 주님을 사랑한 것이 아니고 하나님께서 독생자 예수 그리스도를 먼저 보내셔서 대속해 주신 사랑이 첫사랑의 기준이 되어서 주님을 그와 같이 사랑하라는 것입니다. 하나님의 아들이 되려면 그리스도를 구주로 믿고 성령으로 다시 태어나서 이 세상에서 목숨을 주님께 맡겨 드려야 된다는 말씀이지요.

딤후 2:4 군사로 다니는 자는 자기 생활에 얽매이는 자가 하나도 없나니 이는 군사로 모집한 자를 기쁘게 하려 함이라.

그러나 목숨을 주님께 맡겨진 사람은 독생자 예수께서 원하시는 뜻에 순종하기 위하여 현세의 집과 형제자매와 부모나 자기 자신의 소유를 내려놓은 자가 그리스도의 군사요 예수님의 제자가 된다는 말씀입니다.

롬 8:29 **하나님이 미리 아신 자들을 또한 그 아들의 형상을 본받게 하기 위하여 미리 정하셨으니 이는 그로 많은 형제 중에서 맏아들이 되게 하려 하심이니라.**
롬 8:14 **무릇 하나님의 영으로 인도함을 받는 사람은 곧 하나님의 아들이라.**

하나님의 아들이라 인정을 받은 사람은 어떻게 하면 성령의 인도를 받아서 하나님께서 내게 허락하신 사명을 감당할까 하고 고심하는 자로써 이 세상 것에 매이거나 육체의 욕심이 전혀 없는 자라는 것입니다.

막 12:33 **또 마음을 다하고 지혜를 다하고 힘을 다하여 하나님을 사랑하는 것과 또 이웃을 자기 자신과 같이 사랑하는 것이 전체로 드리는 모든 번제물과 기타 제물보다 나으니이다.**
마 7:21 **나더러 주여 주여 하는 자마다 다 천국에 들어갈 것이 아니요 다만 하늘에 계신 내 아버지의 뜻대로 행하는 자라야 들어가리라.**

그 어떤 말을 해도 자기 개인의 계획이나 생각이 전혀 없이 오로지 하나님의 뜻을 이루는 것이 소원이 되어야 합니다. 그렇게 될 때에 하나님의 뜻을 이루게 됩니다. 이 모든 것이 성령으로 되는 것이지 사람의 힘으로나 능으로 되는 것이 아님을 명심해야 한다는 말씀입니다(슥 4:6 참조).

아담과 하와는 에덴동산에서 선악과를 먹고 하나님 말씀을 어긴 죄로 인하여 하나님을 떠난 탕자가 되었듯이 오늘날에 믿는 자는 하나님께 자신을 굴복시킬 것인지 아니면 아담처럼 마귀의 것에 굴복당할 것인지 오늘도 선택해야만 합니다.

오늘날 생명과를 선택하고 하나님의 아들이 되어서 잃어버린 에덴의 왕권을 회복해야 합니다. 그러기 위하여 자기 자신의 생각을 부인하고 하나님의 뜻을 깨달아 하나님의 품안으로 돌아가기 위한 삶을 살아야 생명과를 선택한 것입니다. 눈으로 보이는 이 세상의 방법과 자기 자신의 경험과 욕심을 위해 살아가는 사람들은 오늘도 선악과를 선택한 육신에 속한 사람들입니다.

> 롬 8:5-7 육신을 따르는 자는 육신의 일을, 영을 따르는 자는 영의 일을 생각하나니, 육신의 생각은 사망이요 영의 생각은 생명과 평안이니라. 육신의 생각은 하나님과 원수가 되나니 이는 하나님의 법에 굴복하지 아니할 뿐 아니라 할 수도 없음이라.
> 롬 9:8 곧 육신의 자녀가 하나님의 자녀가 아니요 오직 약속의 자녀가 씨로 여기심을 받느니라.
> 롬 13:14 오직 주 예수 그리스도로 옷 입고 정욕을 위하여 육신의 일을 도모하지 말라.
> 골 3:22 종들아 모든 일에 육신의 상전들에게 순종하되 사람을 기쁘게 하는 자와 같이 눈가림만 하지 말고 오직 주를 두려워하여 성실한 마음으로 하라.
> 히 12:9 또 우리 육신의 아버지가 우리를 징계하여도 공경하였거든 하물며 모든 영의 아버지께 더욱 복종하며 살려 하지 않겠느냐?
> 요일 2:16 이는 세상에 있는 모든 것이 육신의 정욕과 안목의 정욕과 이생의 자랑이니 다 아버지께로부터 온 것이 아니요 세상으로부터 온 것이라.

정확하게 말씀을 드리면 첫 사람 아담은 선과 악을 통과하기 이전의 사람으로서 마귀에게 미혹당한 사람이었지만 하나님의 거룩한 아들들은 악을 모양이라도 버리기 위하여 예수님의 이름으로 평생을 마귀와 싸워서 이겨야 한다는 말씀입니다.

육천여 년 전에 아버지의 집을 나온 탕자 아담의 후손인 죄인을 위해 주님께서 십자가를 지셨고 이 진리시대에 태어난 우리에게 아버지의 집으로 돌아가는 축복을 허락하신 것입니다.

히 4:7-10 오랜 후에 다윗의 글에 다시 어느 날을 정하여 오늘이라고 미리 이같이 일렀으되 오늘 너희가 그의 음성을 듣거든 너희 마음을 완고하게 하지 말라 하였나니, 만일 여호수아가 그들에게 안식을 주었더라면 그 후에 다른 날을 말씀하지 아니하셨으리라. 그런즉 안식할 때가 하나님의 백성에게 남아 있도다. 이미 그의 안식에 들어간 자는 하나님이 자기의 일을 쉬심과 같이 그도 자기의 일을 쉬느니라.

요 14:6 예수께서 이르시되 내가 곧 길이요 진리요 생명이니 나로 말미암지 않고는 아버지께로 올 자가 없느니라.

하나님의 능력은 사람이 생각하는 수준이 아니라는 것을 잊지 마십시오. 그리스도 안에 들어가기까지가 정말 환도 뼈가 위골되도록 기도하고 간구하여 믿음으로 거듭남에 이르면 그때부터는 평생을 주님 뜻대로 살게 해주시라고 간구해 놓은 기도 때문에 아멘과 예로 순종만 하면 되는 것입니다.

사람이 거듭나지 않고서는 하나님의 마음을 도무지 알 수가 없다는 말씀입니다. 문제는 교회를 열심히 다니는 많은 성도들이 자기 자신은 거듭났을 거라고 착각들을 하고 있다는 것입니다. 자기 자신이 거듭나지 못한 것을 알고자 한다면 자기 자신이 그리스도화 또는 바울화가 되어 있는지, 좋은 열매, 성령의 열매가 있는지 확인해 보시면 알 수 있는 것입니다.

> 마 7:20 **이러므로 그들의 열매로 그들을 알리라.**
> 갈 5:22-23 **성령의 열매는 사랑과 희락과 화평과 오래 참음과 자비와 양선과 충성과 온유와 절제니 이 같은 것을 금지할 법이 없느니라.**

네가 입으로 예수를 주로 시인하며 그분의 부활을 믿는 자는 구원을 받으리라는 이 말씀은 열매가 풍성한 온전한 믿음을 의미하는 것입니다.

> 롬 10:9 **네가 만일 네 입으로 예수를 주로 시인하며 또 하나님께서 그를 죽은 자 가운데서 살리신 것을 네 마음에 믿으면 구원을 받으리라.**

성도들이 예수님을 주님이시라고 입으로 시인하는 말도 온 마음을 다하는지 일부인지 그것을 주님께서 아신다는 것입니다. 저는 주님을 처음 만났을 때 주님을 위해 죽어드릴 마음이 없어서 너무도 죄송해서 4년을 꼬박 울면서 회개를 했습니다. 저에게 죽기까지 순종할 믿음을 도와주시라고 간구했는데 주님께서 스데반 집사가 순교했다는 말씀을 주시며 주님께서 도와주시겠다는 약속을 주셨습니다. 그때부터는 세상 것이 아닌 하나님의 뜻에 아멘과 예가 되게 해주시라고 간구하기 시작을 하며 오늘도 목숨이라도 바치라고 하시면 순종하기를 원합니다.

이 고백을 하는 것은 하나님의 일이 저에게 제1순위가 되게 해주시라는 고백입니다. 온 마음을 다해서 주님을 제 마음속에서 1순위로 섬기고 순종해드리고 싶은 마음뿐입니다.

롬 10:10 **사람이 마음으로 믿어 의에 이르고 입으로 시인하여 구원에 이르느니라.**

롬 15:6 **한 마음과 한 입으로 하나님 곧 우리 주 예수 그리스도의 아버지께 영광을 돌리게 하려 하노라.**

막 12:33 **또 마음을 다하고 지혜를 다하고 힘을 다하여 하나님을 사랑하는 것과 또 이웃을 자기 자신과 같이 사랑하는 것이 전체로 드리는 모든 번제물과 기타 제물보다 나으니이다.**

그러다 보니 하나님께서 내게 맡겨준 자들에게 나의 삶 전부를 걸고 내 몸처럼 사랑하게 되더라는 것입니다. 나의 소원은 하나님의 뜻이 내게서 이루어지기를 바라는 마음으로 바뀌어서 큰일이든지 작은 일이든지 하나님 아버지께서 오늘 내게 허락하신 만큼 순종하면서 말씀에 아멘과 예가 되었습니다.

이 일이 이 세대에서 일어나는 것이 추수하는 작업입니다. 계속 말씀을 드리지만 주님께서 십자가에서 대속해 주심은 믿는 자가 목숨을 주님께 맡겨드리게 하려고 십자가를 져 주신 것입니다. 그러므로 목숨을 주님께 맡겨드릴 때에 주님께서 그 사람을 온전히 주관하시고 신부단장을 시켜주시는 것입니다. 목숨을 주님께 맡겨드리는 것은 에덴에서 영이 죽은 우리가 마귀 권에서 태어난 것처럼 이제는 우리가 마귀 권에서 죽고 생명권인 그리스도 안에서 태어나게 하려고 십자가를 져 주신 것입니다.

히 13:8 **예수 그리스도는 어제나 오늘이나 영원토록 동일하시니라.**

예수 그리스도는 이 땅에 공생에 동안 계실 때나 지금 이 은혜와 진리시대나 동일하게 살아서 이 우주 안에 편만하신데 성도 대부분은 주님이 이천년 전에 죽으셨다가 부활하셔서 천국에만 계신 분으로 생각하고 있다는 것이 안타깝습니다. 주님께서는 이 지구상 어디라도 주님을 찾는 자들과 함께 하십니다. 문제는 믿음이 있다고 하는 성도들이 주님을 찾지도 않을 뿐 아니라 자신의 행동이나 생각까지 주님께서 모두 보고 계신다는 것과 성부 성자 성령님께서 성도의 마음속에 들어오셔서 함께 계시다는 사실을 생각하지도 않고 자기 맘대로 행동을 하고 있는 것을 보면 주님의 심판이 두려울 뿐입니다. 예수님을 믿은 자에게 보혜사 성령님이 오셔서 믿는 자와 영원토록 함께 하신다는 약속을 믿는 자가 하나님의 아들이 되는 것입니다.

> 요 14:20 그 날에는 내가 아버지 안에, 너희가 내 안에, 내가 너희 안에 있는 것을 알리라.
> 고후 13:5 너희는 믿음 안에 있는가 너희 자신을 시험하고 너희 자신을 확증하라. 예수 그리스도께서 너희 안에 계신 줄을 너희가 스스로 알지 못하느냐? 그렇지 않으면 너희는 버림받은 자니라.

하나님의 성령은 사람들의 마음 깊은 곳까지 모든 것을 아신 다고 믿는다면 마음속에 있는 욕심이나 악함을 회개하고 고백하고 주님께 고쳐달라고 간구하여 새사람을 입어야 함에도 불구하고 성령님께서 자기 자신의 마음 깊은 곳까지 보고 계심을 알지 못하니 자기의 생각대로 육으로 사는 것입니다.

> 고전 2:10-11 오직 하나님이 성령으로 이것을 우리에게 보이셨으니 성령은 모든 것 곧 하나님의 깊은 것까지도 통달하시느니라. 사람의 일을 사람의 속에 있는 영 외에 누가 알리요! 이와 같이 하나님의 일도 하나님의 영 외에는 아무도 알지 못하느니라.

사람의 한계는 마귀의 종살이 습관으로 인하여 하나님을 믿는다고 해도 하나님의 성령께서 내 마음의 깊은 곳까지 보고 계신다는 것을 믿지 못하면 자신의 생각을 포기할 수 없으며 주님의 영을 인정하지 못하니 결국은 육에서 거듭나지를 못한다는 말씀입니다. 거듭남이 무엇입니까? 다시 하나님의 아들로 태어나는 것이며, 그리스도 안에 들어가서 사는 것이 거듭남입니다. 그리스도 안에 들어가기 위해서는 죄를 회개하고 주님으로부터 죄 사함을 받아야만 합니다.

이렇게 하나님으로부터 약속을 받지 못한 자는 하나님의 아들로 아직 거듭나지 못했다는 말씀입니다.

요 1:12-13 영접하는 자 곧 그 이름을 믿는 자들에게는 하나님의 자녀가 되는 권세를 주셨으니, 이는 혈통으로나 육정으로나 사람의 뜻으로 나지 아니하고 오직 하나님께로부터 난 자들이니라.

이 말씀의 약속처럼 이 글을 읽는 사람들이 하나님의 참 아들들이 되셨으면 하는 바램입니다.

이천년 전에 이스라엘에서 공생애를 사셨던 예수님이 오늘날 내 안에 계신 보혜사 성령님으로 오셔서 내가 기도하고 간구할 때마다 모든 기도를 들어 주시고 삶 가운데 나를 주관해주시며 인도해주시는데 나는 주님을 얼마만큼 인정하고 믿어 드리는가를 생각해 보니 가슴이 먹먹했습니다.

한해가 가고 날짜가 가면 믿음이 더 커져서 주님을 더욱더 많이 사랑하고 나의 삶에서 말씀대로 순종하면서 동행해 주심을 감사하며 살아가기를 원합니다. 저의 마음은 이렇고 성도들의 마음은 어떠한지 이 대목에서 한번 확인해 보심이 좋을 듯합니다.

지금 예루살렘에 예수님이 계신다고 하면 만나보려고 무슨 수를 써서라도 달려갈 성도들이 참 많을 것 같은데 예수 그리스도께서 당신의 마음 문 밖에서 오늘도 들어오시기 위해 날이 새도록 마음의 문을 두드리고 계시는데 당신은 예수 그리스도를 언제까지 밖에 세워 두실 것인지 한번 생각해 보는 시간이 되셨으면 합니다.

계 3:20 **볼지어다. 내가 문 밖에 서서 두드리노니 누구든지 내 음성을 듣고 문을 열면 내가 그에게로 들어가 그와 더불어 먹고 그는 나와 더불어 먹으리라.**
행 1:8 **오직 성령이 너희에게 임하시면 너희가 권능을 받고 예루살렘과 온 유대와 사마리아와 땅 끝까지 이르러 내 증인이 되리라 하시니라.**

그렇지요 예수님의 이름이 땅 끝까지 전파되면 주님께서는 추수 작업을 시작하시는데 그 시기가 예수님께서 구름타고 이 땅에 다시 오실 때 혼인잔치를 하시겠다는 것입니다.

요 2:1-10 **사흘째 되던 날 갈릴리 가나에 혼례가 있어 예수의 어머니도 거기 계시고, 예수와 그 제자들도 혼례에 청함을 받았더니, 포도주가 떨어진지라. 예수의 어머니가 예수에게 이르되 저들에게 포도주가 없다 하니, 예수께서 이르시되 여자여 나와 무슨 상관이 있나이까? 내 때가 아직 이르지 아니하였나이다. 그의 어머니가 하인들에게 이르되 너희에게 무슨 말씀을 하시든지 그대로 하라 하니라. 거기에 유대인의 정결 예식을 따라 두세 통 드는 돌항아리 여섯이 놓였는지라. 예수께서 그들에게 이르시되 항아리에 물을 채우라 하신즉 아귀까지 채우니, 이제는 떠서 연회장에게 갖다 주라 하시매 갖다 주었더니, 연회장은 물로 된 포도주를 맛보고도 어디서 났는지 알지 못하되 물 떠온 하인들은 알더라. 연회장이 신랑을 불러, 말하되 사람마다 먼저 좋은 포도주를 내고 취한 후에 낮**

은 것을 내거늘 그대는 지금까지 좋은 포도주를 두었도다 하니라.

이 말씀은 마지막 때 예수님과 함께 거하는 곳에서는 맹물 같은 인생들을 가장 맛있는 포도주가 되게 하시겠다는 약속 즉 죄인들을 새 사람으로 변화시켜서 의인이 되게 하시겠다는 의미의 말씀입니다.

시 119:103 주의 말씀의 맛이 내게 어찌 그리 단지요? 내 입에 꿀보다 더 다니이다.
시 19:10-11 금 곧 많은 순금보다 더 사모할 것이며 꿀과 송이 꿀보다 더 달도다. 또 주의 종이 이것으로 경고를 받고 이것을 지킴으로 상이 크니이다.
잠 24:13-14 내 아들아 꿀을 먹으라. 이것이 좋으니라. 송이꿀을 먹으라. 이것이 네 입에 다니라. 지혜가 네 영혼에게 이와 같은 줄을 알라. 이것을 얻으면 정녕히 네 장래가 있겠고 네 소망이 끊어지지 아니하리라.

저에게도 이 진리의 말씀을 열어주시고 말씀을 많은 순금보다 더 사모하게 하시고 신부단장을 시키시기 위하여 육을 죽이라고 하시며 연단을 받는 중에도 송이 꿀 같은 진리의 말씀들이 얼마나 행복했던지 육신의 모든 것을 내려놓을 수가 있었습니다.

34

깨어있으라

마 24:42 그러므로 깨어있으라. 어느 날에 너희 주가 임할는지 너희가 알지 못함이니라.

마 24:43 너희도 아는 바니 만일 집 주인이 도둑이 어느 시각에 올 줄을 알았더라면 깨어있어 그 집을 뚫지 못하게 하였으리라.

살전 5:2 주의 날이 밤에 도둑 같이 이를 줄을 너희 자신이 자세히 알기 때문이라.

살전 5:4 형제들아 너희는 어둠에 있지 아니하매 그 날이 도둑 같이 너희에게 임하지 못하리니.

계 16:15 보라 내가 도둑 같이 오리니 누구든지 깨어 자기 옷을 지켜 벌거벗고 다니지 아니하며 자기의 부끄러움을 보이지 아니하는 자는 복이 있도다.

혼인잔치는 하나님을 찾고 찾는 자 들 곧 세상의 모든 것 보다 하나님의 뜻대로 살고 싶어서 주님의 인도를 원하고 간구하는 사람들을 주 성령님께서 개개인을 만나서 직접 주관해주시고 교육하시며 인도하시는데 세상의 욕심과 계획과 습관을 모두 내려놓게 하시며 그리스도화를 시켜주시는 일이 신부단장입니다. 하지만 신부단장을 안 한 세상 것이 목적인 사람에게는 주님께서 도둑같이 아무도 모르게 오신다는 것입니다.

이 말씀들을 보면 주님을 찾지 않는 사람들에게는 그들이 모르게 오신다는 말씀이십니다. 하나님 앞에 깨어있으라 하시는데 깨어있다는 것은 세상 것보다 하나님의 뜻을 더 소중하게 여기고 날마다 쉬지 말고 기도하면서 하나님의 뜻에 목숨을 맡기는 신앙생활입니다. 죽기까지 순종할 믿음이 없음을 깨닫고 죄송해서 우는 자가 깨어있는 신앙인의 시작입니다. 땅에 것을 찾는 것이 믿음이라고 기도하는 자는 이방인이라고 말씀하십니다.

마 6:31-32 그러므로 염려하여 이르기를 무엇을 먹을까 무엇을 마실까 무엇을 입을까 하지 말라. 이는 다 이방인들이 구하는 것이라 너희 하늘 아버지께서 이 모든 것이 너희에게 있어야 할 줄을 아시느니라.

믿는다고 하면서 이 땅에 것이 목적인 자는 하나님께서 보시기에 이방인일 뿐이라는 말씀입니다. 그러므로 깨어서 세상을 사랑함을 회개하고 그의 나라와 그의 의를 구하며 하나님의 뜻을 알기를 간구하라는 말씀입니다.

마 25:13 그런즉 깨어있으라. 너희는 그 날과 그 때를 알지 못하느니라.

막 13:33-37 주의하라 깨어있으라. 그 때가 언제인지 알지 못함이라. 가령 사람이 집을 떠나 타국으로 갈 때에 그 종들에게 권한을 주어 각각 사무를 맡기며 문지기에게 깨어있으라 명함과 같으니, 그러므로 깨어있으라. 집 주인이 언제 올는지 혹 저물 때일는지, 밤중일는지, 닭 울 때일는지, 새벽일는지 너희가 알지 못함이라. 그가 홀연히 와서 너희가 자는 것을 보지 않도록 하라. 깨어있으라. 내가 너희에게 하는 이 말은 모든 사람에게 하는 말이니라 하시니라.
눅 21:36 이러므로 너희는 장차 올 이 모든 일을 능히 피하고 인자 앞에 서도록 항상 기도하며 깨어있으라 하시니라.
골 4:2 기도를 계속하고 기도에 감사함으로 깨어있으라.

정말 주님께서 천국을 가게 될 사람들을 사울을 바울로 변화시키셨듯이 신부단장을 시키시고 계신다는 것입니다. 지금 신부단장을 하지 못하면 구름타고 오실 주님을 만날 수 없으며 신부단장을 마친 사람들만이 주님을 만나게 될 것입니다.

눅 12:36 너희는 마치 그 주인이 혼인집에서 돌아와 문을 두드리면 곧 열어주려고 기다리는 사람과 같이 되라.
잠 16:9 사람이 마음으로 자기의 길을 계획할지라도 그의 걸음을 인도하시는 이는 여호와시니라.
히 11:13 이 사람들은 다 믿음을 따라 죽었으며 약속을 받지 못하였으되 그것들을 멀리서 보고 환영하며 또 땅에서는 외국인과 나그네임을 증언하였으니

이 시대에 저를 태어나게 하셔서 이 진리의 말씀을 주심도 감사하고 남은 삶도 이 땅에 것에 매이지 않고 저 또한 나그네로 천국을 위한 삶을 살다가 사명을 마치는 날 주님의 부름받기를 원합니다.

이런 마음으로 살아갈 수 있다는 것이 얼마나 자유하고 평안한지 하나님께 너무도 감사할 뿐입니다.

예전에 나의 가야할 길을 모르고 아버지의 마음을 모를 때에 얼마나 답답하고 나의 삶이 무거웠던지 그때를 생각하면 지금은 성령 안에서 이 진리의 말씀은 깃털처럼 가볍다고 말씀을 드립니다. 지금은 오로지 하나님께서 내게 원하시는 뜻을 깨달아 주님의 뜻에 죽기까지 순종할 마음을 주시라고 아멘과 예를 하고자 하는 마음뿐이고 원함도 바램도 부족함이 없으니 이 진리의 말씀을 전해드리고 싶습니다.

> 엡 6:19-20 **또 나를 위하여 구할 것은 내게 말씀을 주사 나로 입을 열어 복음의 비밀을 담대히 알리게 하옵소서 할 것이니, 이 일을 위하여 내가 쇠사슬에 매인 사신이 된 것은 나로 이 일에 당연히 할 말을 담대히 하게 하려 하심이라.**

지금 이 시대는 구약의 율법시대도 아니요 예수 이름이 땅 끝까지 전파되어 예수님 이름을 모르는 나라가 없을 정도로 예수이름을 전파하는 은혜시대이면서 마지막 알곡 추수 때를 맞이하였습니다. 이 추수 때에는 그리스도 안에 들어가서 성령님의 인도를 받으면서 성령 안에서 이렇게 가벼움과 자유로움을 고백하고 있습니다.

> 히 4:10 **이미 그의 안식에 들어간 자는 하나님이 자기의 일을 쉬심과 같이 그도 자기의 일을 쉬느니라.**

그리스도 안에서는 주님께서 허락하시는 일이 아니고는 내가 나서서 할 일이 없으니 그저 평안입니다. 그리스도 안에 들어간 자는 몸이 아직 살아있으나 육신의 계획이나 이 땅에 삶에서 이미 죽은 자로써 하나님께서 허락한 일이 아닌 것에는 전혀 관심이 없는 사람입니다. 에덴동산에서 영이 죽으나 성령으로 거듭 난자는 그리스도 안에 들어가 버렸으니 이 세상의 육신의 삶에서 떠난 사람으로 세상에 매이거나 율법에 종노릇에서 벗어난 사람입니다.

롬 7:4 그러므로 내 형제들아 너희도 그리스도의 몸으로 말미암아 율법에 대하여 죽임을 당하였으니 이는 다른 이 곧 죽은 자 가운데서 살아나신 이에게 가서 우리가 하나님을 위하여 열매를 맺게 하려 함이라.

그리스도 안에 들어가면 다시는 정죄함도 없을 뿐 아니라 죄와 사망의 법에서 해방된 사람으로 다시는 이 세상 법에 매이지 않게 됩니다. 그리스도인들은 그 육체와 함께 정욕과 탐심을 십자가에 못 박았으므로 죄에 대하여 죽은 자가 되었음을 믿어야 합니다(갈 5:24 참조)

롬 8:1-2 그러므로 이제 그리스도 예수 안에 있는 자에게는 결코 정죄함이 없나니, 이는 그리스도 안에 있는 생명의 성령의 법이 죄와 사망의 법에서 너를 해방하였음이라.
롬 6:4 그러므로 우리가 그의 죽으심과 합하여 세례를 받음으로 그와 함께 장사되었나니 이는 아버지의 영광으로 말미암아 그리스도를 죽은 자 가운데서 살리심과 같이 우리로 또한 새 생명 가운데서 행하게 하려 함이라.
롬 6:8-11 만일 우리가 그리스도와 함께 죽었으면 또한 그와 함께 살 줄을 믿노니, 이는 그리스도께서 죽은 자 가운데서 살아나셨으매 다시 죽지 아니하시고 사망이 다시 그를 주장하지 못할 줄을 앎이로라. 그가 죽으심은 죄에 대하여 단번에 죽으심이요 그가 살아계심은 하나님께 대하여 살아계심이니, 이와 같이 너희도 너희 자신을 죄에 대하여는 죽은 자요 그리스도 예수 안에서 하나님께 대하여는 살아 있는 자로 여길지어다.

롬 6:23 죄의 삯은 사망이요 하나님의 은사는 그리스도 예수 우리 주 안에 있는 영생이니라.

롬 8:11 예수를 죽은 자 가운데서 살리신 이의 영이 너희 안에 거하시면 그리스도 예수를 죽은 자 가운데서 살리신 이가 너희 안에 거하시는 그의 영으로 말미암아 너희 죽을 몸도 살리시리라.

이 세상 것에 미련을 버리지 못하고 세상 것이 목적인 사람은 그 어떠한 말씀으로도 변화되지 못하는 것을 알게 되었지요. 주님의 제자 중에 그렇게 많은 표적과 기사를 보고도 변하지 못한 가룟 유다처럼 말입니다. 이스라엘의 출애굽 백성 중에서 여호수아와 갈렙 외에는 가나안 땅엘 들어간 사람이 없었던 것을 기억한다면 천국에 선택받은 사람이 그렇게 많지 않다는 하나님의 말씀입니다.

문제는 하나님의 뜻대로 순종하고 싶어서 진정으로 하나님의 뜻을 찾는 자가 그리 많지가 않습니다. 자신의 생각과 욕심을 내려놓으려고 기도하는 자와 하나님의 뜻을 알고 싶어서 간구하는 사람도 너무도 적다는 말씀입니다.

롬 8:5-8 육신을 따르는 자는 육신의 일을, 영을 따르는 자는 영의 일을 생각하나니, 육신의 생각은 사망이요 영의 생각은 생명과 평안이니라. 육신의 생각은 하나님과 원수가 되나니 이는 하나님의 법에 굴복하지 아니할 뿐 아니라 할 수도 없음이라. 육신에 있는 자들은 하나님을 기쁘시게 할 수 없느니라.

이 세상에서 살면서 육신의 것을 내려놓는다는 것이 얼마나 어려운지를 모르는 것은 아니지만 살아계신 주님을 경험했고 말씀을 믿는다면 자기 자신의 계획과 생각을 버리기 위해서 기도를 하는 것이 당연한 신앙생활인데 왜 십자가의 대속을 통해서 거듭나는 일에는 관심이 없고 썩어서 없어질 땅에 것만 집착을 하는 것은 세상 임금의 손아귀에서 붙들려 있기 때문입니다.

마 6:31-32 그러므로 염려하여 이르기를 무엇을 먹을까 무엇을 마실까 무엇을 입을까 하지 말라. 이는 다 이방인들이 구하는 것이라 너희 하늘 아버지께서 이 모든 것이 너희에게 있어야 할 줄을 아시느니라.

이 세상의 육신을 입은 사람이라서 이 세상 것을 주시지 않는다면 하나님을 따라가지 않을지도 모릅니다. 그런데 하나님께서는 전지전능하신 능력으로 과거도 아시고 미래도 아시는 하나님으로서 사람의 생각과 마음의 모든 것을 알고 계시는데 믿음으로 사는 사람들에게 어찌 좋은 것으로 주시지 않겠는지요?.

이 세상을 지으신 목적이 하나님의 거룩한 아들을 얻기 위하여 만물을 창조하신 분이 하나님의 뜻에 순종하는 사람들에게 이 땅에서 필요한 것을 주시는 것입니다.

**마 6:33 그런즉 너희는 먼저 그의 나라와 그의 의를 구하라 그리하면 이 모든 것을 너희에게 더하시리라.
마 7:11 너희가 악한 자라도 좋은 것으로 자식에게 줄 줄 알거든 하물며 하늘에 계신 너희 아버지께서 구하는 자에게 좋은 것으로 주시지 않겠느냐?
롬 8:32 자기 아들을 아끼지 아니하시고 우리 모든 사람을 위하여 내주신 이가 어찌 그 아들과 함께 모든 것을 우리에게 주시지 아니**

하겠느냐?

하나님께서 성도들의 믿음을 도와주시는데 이 세상에 살면서 어려운 문제들을 해결해주시고 약한 몸을 고쳐주시고 모든 것들을 주관해 주심으로 성도들의 믿음이 커가는 것입니다.

인간에게 하나님의 능력과 믿음을 주시고자 하는데 육체를 입은 인간에게 무엇으로 역사를 하실 때 믿음이 되겠는지요. 그런데 문제는 믿는다고 하는 사람들이 하나님께서 주시고자 하는 천국을 꿈꾸는 것이 아니라 오로지 이 땅에 것이 목적이니 하나님의 계획과는 무관한 종교생활을 하고 있으니 이방인의 삶을 살고 있으며 적그리스도의 삶을 사는 것입니다.

요일 2:18 **아이들아 지금은 마지막 때라. 적그리스도가 오리라는 말을 너희가 들은 것과 같이 지금도 많은 적그리스도가 일어났으니 그러므로 우리가 마지막 때인 줄 아노라.**

예수를 믿는다고 하면서 주님께서 원하시는 삶을 살고자 하자 아니하고 또 그 길을 가기 위해서 세상 것들을 버리지 아니하고 이 땅에 것이 목적인 자는 곧 예수를 부인하는 적그리스도와 같은 자들입니다. 이 세상에서의 영적전쟁은 나 자신과의 싸움이요 죄와의 싸움이요 원수 악한 마귀와의 싸움입니다. 그만큼 육신을 입은 사람에게 육신의 것이 차지하는 비중이 크고 마음으로 내려놓기가 그렇게 힘이 들지만 세상 것과 하나님의 것을 겸하여 가지고 갈 수가 없는 것이기에 주 성령님의 도우심이 없이는 불가능한 일이라는 것입니다.

히 12:5-10 **또 아들들에게 권하는 것 같이 너희에게 권면하신 말씀**

도 잊었도다. 일렀으되 내 아들아 주의 징계하심을 경히 여기지 말며 그에게 꾸지람을 받을 때에 낙심하지 말라. 주께서 그 사랑하시는 자를 징계하시고 그가 받아들이시는 아들마다 채찍질하심이라 하였으니, 너희가 참음은 징계를 받기 위함이라. 하나님이 아들과 같이 너희를 대우하시나니 어찌 아버지가 징계하지 않는 아들이 있으리요. 징계는 다 받는 것이거늘 너희에게 없으면 사생자요 친아들이 아니니라. 또 우리 육신의 아버지가 우리를 징계하여도 공경하였거든 하물며 모든 영의 아버지께 더욱 복종하며 살려 하지 않겠느냐? 그들은 잠시 자기의 뜻대로 우리를 징계하였거니와 오직 하나님은 우리의 유익을 위하여 그의 거룩하심에 참여하게 하시느니라.

하나님의 아들이 되기 위해서는 땅에 것을 내려놓지 못하면 그 욕심으로 인하여 징계를 받게 되는데 그 또한 하나님의 크신 사랑이란 것입니다. 사람들의 생각은 자기 자신의 신앙이 옳은 신앙이라고 생각을 하는데 사람의 생각은 늘 하나님과 반대가 되는 생각을 하고 있더라는 것입니다. 진정한 신앙은 나의 생각을 모두 내려놓고 제로가 되는 시점이 영적 세계로 들어가는 시작의 문이라고 아시면 됩니다. 그 영적 세계로 들어가기가 얼마나 어려운지 목숨을 맡겨드리게 해달라고 날마다 간구했는데도 이십년이 걸렸습니다. 사람의 생각이 얼마나 많던지 머리카락 수만큼이나 많아서 육신의 습관과 생각을 빼는데 수십 년이 걸리는 것이었습니다. 그 이십년 동안 문제가 있을 때마다 무엇을 깨닫기 원하시냐고 여쭈어 볼 때 마다 빼야할 육의 습관과 육신의 생각을 알려주시는 것입니다.

신부단장을 시키시는 과정의 경험을 말씀드리는 것입니다. 죽기까지 순종할 믿음을 주시라고 간절히 기도한지 칠년 만에 주님께서 두 번째 만나주신 이후에 사건들입니다. 그때 당시 얼마나 최선을 다해서 하나님의 뜻이라면 아멘과 예가 되기 위해 성경에 기록된 모든 것을 다 지켜드리고 싶어서 할 수만 있으면 순종하려고 노력을 했지요.

그러면 그럴수록 내 스스로 하나님의 말씀을 지킬 수가 없다는 것을 깨닫게 되었습니다. 문제가 터지고 모든 매사가 내 힘으로 될 수 없는 한계를 경험하면서 하나님의 말씀은 일점일획도 사람의 힘으로 지키거나 행할 수가 없음을 깨닫게 된 것입니다.

롬 7:15-23 내가 행하는 것을 내가 알지 못하노니 곧 내가 원하는 것은 행하지 아니하고 도리어 미워하는 것을 행함이라. 만일 내가 원하지 아니하는 그것을 행하면 내가 이로써 율법이 선한 것을 시인하노니, 이제는 그것을 행하는 자가 내가 아니요 내 속에 거하는 죄니라. 내 속 곧 내 육신에 선한 것이 거하지 아니하는 줄을 아노니 원함은 내게 있으나 선을 행하는 것은 없노라. 내가 원하는 바 선은 행하지 아니하고 도리어 원하지 아니하는바 악을 행하는도다. 만일 내가 원하지 아니하는 그것을 하면 이를 행하는 자는 내가 아니요 내 속에 거하는 죄니라. 그러므로 내가 한 법을 깨달았노니 곧 선을 행하기 원하는 나에게 악이 함께 있는 것이로다. 내 속사람으로는 하나님의 법을 즐거워하되, 내 지체 속에서 한 다른 법이 내 마음의 법과 싸워 내 지체 속에 있는 죄의 법으로 나를 사로잡는 것을 보는도다.

하나님의 말씀을 지키려고 하면 할수록 더 깊은 수렁으로 빠져 들어가는 느낌처럼 문제와 사건이 터지면서 선을 행하고자 하는 나에게 악이 역사하는 것입니다. 사람의 힘으로는 아무리 애를 써도 하나님의 말씀을 도무지 지키거나 행할 수 없다는 것을 온전히 인정하게 된 것입니다. 문제는 가족들을 통해서 더 어려움이 오는 것이었습니다.

　나의 한계를 느낄 그때에 주님께서 나의 사명을 말씀해 주신 것입니다. 그리고 지금까지 지키고 행했던 모든 신앙생활의 방법을 쓸어버리고 다시 지으라고 하신 것입니다. 결국 내 생각과 경험을 내려놓게 해주시라고 목숨을 맡기고 기도할 수 있기까지가 그렇게 어렵게 온 것이었습니다.

　성령님께서 저에게 말씀하신 것은 바울처럼 말씀을 지키려고 전부를 걸고 열심을 내지 않는 자는 택함을 받을 수 없다는 말씀을 해주셨습니다.

　성도들이 하나님의 뜻을 이루어 보려고 아무리 애를 쓴다고 해도 그리스도 안에 들어가서 주님의 강권적인 주관이 아니고서는 결국 바울 선생께서 바울이 되기 전에 사울의 행동일 뿐이라는 말씀입니다.

　성도들의 생각에는 적어도 나는 성령님의 인도를 받고 있으니 현재 나의 신앙생활은 사울이 아니고 바울일 거라고 생각들을 하겠지만 자기 자신의 삶과 행함이 바울화가 되어있지 않았다면 아직 사울입니다. 이 말씀은 성도들의 기를 죽이려고 하는 것이 아니고 정확하게 진단을 하고 알고 있어야 주님께 도와주시라고 기도하고 간구할 것이 아닙니까?

　자기 자신의 신앙을 진단하지 못하게 하는 것은 이 세상이 마귀에게 속한 것이기 때문임을 잊으시면 안 되는 것입니다.

　당신의 신앙을 진단해드리기 위하여 한 예를 들자면 저는 혼자 교회에서 철야기도를 하다가 하늘에서 원형의 빛이 내려와서 머리에서 발끝까지 계속 씻어주시고 난 후에, 딱딱한 신발도 신을 수 없어서 스펀지 슬리퍼를 신고 살았던 나의 골다공증이 깨끗하게 치료가 되었고 그때에 처음으로 주님께서 저의 죄를 대속해주시기 위하여 십자가를 져주셨음이 믿어졌습니다.

그때 저는 처음으로 살아계신 주님께서 지금도 찾고 찾는 자들에게 만나주시고 병든 몸도 고쳐주시고 공생애 동안 이스라엘에 계신 주님처럼 성령으로 계신 주님도 전지전능하신 주님이심을 알게 되었습니다.

히 13:8 **예수 그리스도는 어제나 오늘이나 영원토록 동일하시니라.**

주님께서 십자가를 지시고 부활하셔서 승리하셨기에 보혜사 성령으로 전 세계 어디서라도 주님을 찾고 찾는 자를 만나주시고 목숨을 주님께 맡긴 자들을 그리스도 안에 들어가게 하십니다. 예수님께서 육을 입고 살아계실 때보다 더욱 큰일도 행할 것이라고 말씀하셨는데(요 14:12 참조) 성도들은 주님께서 성경속의 기록된 능력으로만 인정을 하고 있으니 주님의 살아계신 능력의 그리스도를 전혀 모르는 사람들이라는 말씀입니다.

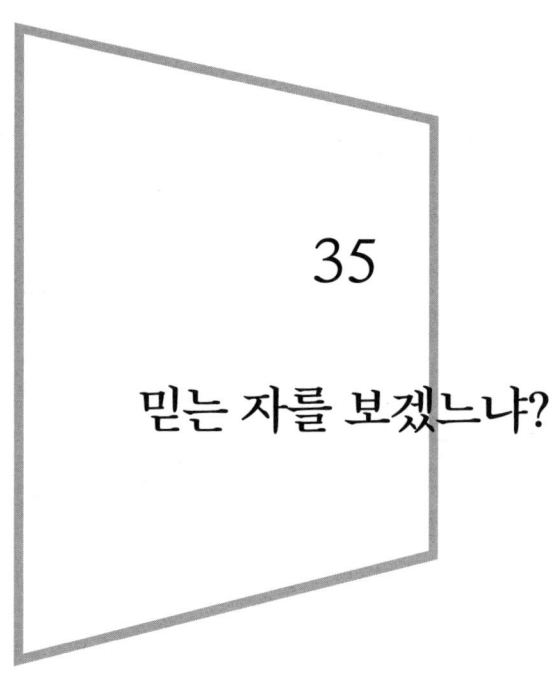

35

믿는 자를 보겠느냐?

마 22:14 청함을 받은 자는 많되 택함을 입은 자는 적으니라.
마 24:11-14 거짓 선지자들이 많이 일어나 많은 사람을 미혹하겠으며 불법이 성하므로 많은 사람의 사랑이 식어지리라. 그러나 끝 날까지 견디는 자는 구원을 얻으리라. 이 천국 복음이 모든 민족에게 증언되기 위하여 온 세상에 전파되리니 그제야 끝이 오리라.
눅 18:8b 그러나 인자가 올 때에 세상에서 믿음을 보겠느냐 하시니라.

인자가 올 때에 세상에서 믿음을 보겠느냐? 마지막 때에 하나님의 아들들은 아주 적다고 하시는 것입니다. 말세가 시작되었기에 난리와 난리의 소문이 들리고 민족이 민족을, 나라가 나라를 대적하겠고 곳곳에 기근과 지진이 있으리니 이 모든 것은 재난의 시작이라고 하십니다. 마지막 때에 적그리스도가 일어나고 불법이 성하고 사랑이 식어진다고 하셨습니다.

이 마지막 때인 진리시대에는 목숨을 주님께 맡기지 못하면 혼인잔치에 택함을 받지 못할 것입니다. 자기 자신의 삶 전부를 주님께 맡겨드리면 주 성령님께서 직접 그 사람을 온전히 지키시고 강권하여 심령을 새롭게 하시고 새사람이 되게 하십니다.

딤후 2:4 군사로 다니는 자는 자기 생활에 얽매이는 자가 하나도 없나니 이는 군사로 모집한 자를 기쁘게 하려 함이라.
엡 4:24 하나님을 따라 의와 진리의 거룩함으로 지으심을 받은 새 사람을 입으라.

새사람을 입는다는 것은 성도들이 성령 안에서 그리스도화가 되라는 것이지 입으로만 주여 주여 하라는 것이 아닙니다. 하나님께 택함을 입고 신부단장을 한 사람은 점도 없고 흠도 없는 사람이라고 인정을 받은 사람이 되어야 하고 생각과 마음 자체가 옛사람의 내가 아님을 자신이 인정할 수 있게 되는데 나 자신을 온전히 주님께 맡기면 주 성령님께서 새롭게 변화를 시키시는 것입니다.

고후 5:17 그런즉 누구든지 그리스도 안에 있으면 새로운 피조물이라. 이전 것은 지나갔으니 보라 새 것이 되었도다.
골 3:10 새 사람을 입었으니 이는 자기를 창조하신 이의 형상을 따라 지식에까지 새롭게 하심을 입은 자니라.
롬 6:16 너희 자신을 종으로 내주어 누구에게 순종하든지 그 순종함을 받는 자의 종이 되는 줄을 너희가 알지 못하느냐? 혹은 죄의 종으로 사망에 이르고 혹은 순종의 종으로 의에 이르느니라.
롬 8:15 너희는 다시 무서워하는 종의 영을 받지 아니하고 양자의 영을 받았으므로 우리가 아빠 아버지라고 부르짖느니라.
요 1:12 영접하는 자 곧 그를 믿는 자들에게는 하나님의 자녀가 되는 권세를 주셨으니.

예수 그리스도를 믿고 영접한 사람들만이 실제로는 하나님을 아버지라고 부를 자격을 부여받은 것입니다. 이 세상에 태어난 사람은 이 세상을 선택하든지 아니면 하나님을 선택하든지 해야 합니다. 이 세상을 선택한 자들은 죄의 종이 되어 사망에 이를 것이고 하나님을 선택한 자들은 독생자 예수님을 믿으므로 아버지의 자녀로 다시 태어나게 해주십니다. 또 나 자신을 주님께 맡겨드리기 위해 간구하고 말씀대로 순종하는 자가 되면 혼인잔체에 참여하게 해주십니다.

잠 8:17 **나를 사랑하는 자들이 나의 사랑을 입으며 나를 간절히 찾는 자가 나를 만날 것이니라.**

주님께서는 그 누구를 억지로 부르시거나 찾으시는 분이 아니라 주님을 사랑하고 찾고 찾는 자를 만나주시는 분으로서 하나님을 모른다 하는 사람이 없도록 땅 끝까지 복음이 전파되고 있습니다. 세계 모든 나라에 복음이 전파되면 알곡과 쭉정이를 가르시는 추수가 시작이 되어 신부단장을 시키시고 계시는 것입니다.

눅 12:35-36 **허리에 띠를 띠고 등불을 켜고 서 있으라. 너희는 마치 그 주인이 혼인집에서 돌아와 문을 두드리면 곧 열어 주려고 기다리는 사람과 같이 되라.**
요 10:3 **문지기는 그를 위하여 문을 열고 양은 그의 음성을 듣나니 그가 자기 양의 이름을 각각 불러 인도하여 내느니라.**
계 3:20 **볼지어다 내가 문 밖에 서서 두드리노니 누구든지 내 음성을 듣고 문을 열면 내가 그에게로 들어가 그와 더불어 먹고 그는 나와 더불어 먹으리라.**

그러니까 제가 주님을 만나서 신부단장이 시작되면서 바울을 인도하셨듯이 주관을 하시는데 모든 것을 주관하시고 인도하시며 제가 가지고 있었던 육신의 습관을 하나부터 전부를 빼내어 주시라고 간구하게 하시는데 머리카락 숫자만큼이나 육의 습관과 생각이 많았는데 목숨이 주님께 맡겨지고 나니 개인적인 내 계획은 두 번째이고 주님만이 첫째가 되었습니다. 육신의 정욕을 뽑아주시라고 목숨을 걸고 예수 그리스도의 이름으로 기도하라고 말씀하시는 겁니다.

그 기도를 얼마간 하다가 도와주시지 않으시면 저는 이렇게 살 수밖에 없습니다. 그렇게 기도를 하고 나면 어느 날 육적인 습관들은 흔적도 없이 빼주셨습니다. 그런데 이렇게 되기까지는 자기 자신의 죄가 먹과 같이 검고 주홍같이 붉다는 것을 인정하고 회개할 때 주님께서 만나주시는 것입니다.

마지막 때에 주님의 택함을 받아서 신부단장을 하도록 인도를 받는 사람은 그리스도 안에 들어가게 됨으로 이 땅에 것에 매일 필요가 전혀 없고 다시는 세상 임금인 마귀가 주장을 못하게 되고 주님께서 먹이시고 이끄시니 믿음의 분량만큼 에덴이 회복이 되는 것입니다.

요일 5:18 **하나님께로부터 난 자는 다 범죄하지 아니하는 줄을 우리가 아노라. 하나님께로부터 나신 자가 그를 지키시매 악한 자가 그를 만지지도 못하느니라.**

요 14:20 **그 날에는 내가 아버지 안에, 너희가 내 안에, 내가 너희 안에 있는 것을 너희가 알리라.**

요 17:21 **아버지여, 아버지께서 내 안에, 내가 아버지 안에 있는 것 같이 그들도 다 하나가 되어 우리 안에 있게 하사 세상으로 아버지께서 나를 보내신 것을 믿게 하옵소서.**

거듭남이란 아담과 하와 같은 죄인들이 잃어버린 에덴을 회복하고 아버지의 품안으로 다시 들어가는 일입니다. 이 땅에서 태어난 인생들은 하나님이 아니면 마귀 둘 중의 하나를 택하지 않으면 안 되는데 지혜로운 자는 영원히 살아계신 하나님 안으로 들어가는 것에 전부를 걸어야 하지 않겠습니까? 하나님 안으로 들어가지 아니하면 영생이 없음을 명심해야 합니다. 그리고 거듭난 성도가 성령 충만함이 지속되면 죄를 범하지 않고 성령 안에서 승리의 삶을 살게 되는 것입니다. 그 어떤 말을 한다고 해도 지금까지 어떻게 살아왔든지 간에 그리스도 안에 들어가는 일에 목숨을 걸지 않고서는 들어갈 수가 없었다는 말씀을 드립니다.

롬 1:28 **또한 그들이 마음에 하나님 두기를 싫어하매 하나님께서 그들을 그 상실한 마음대로 내버려두사 합당하지 못한 일을 하게 하셨으니.**

육신을 입고 살아온 모든 사람들의 삶이 마귀의 종살이 습관으로 사람들 눈에 아무리 의롭고 선해 보인다 해도 마귀의 종일뿐 하나님 보시기에 선이 아니라고 하시면 선이 아닌 것입니다.
이 땅의 모든 사람들은 결국 마귀의 종살이 습관으로 눈에 보이는 이 땅에 것을 보이지 않는 하나님보다 더 사랑하고 돈의 노예가 되어 죽을 수밖에 없는 죄인들입니다. 이런 죄인들을 위하여 십자가를 져 주셨는데도 그 구원을 원하지 않고 눈에 보이는 세상 것에 온전히 마음을 빼앗긴 사람을 어찌 죄가 없다고 할 수가 있겠습니까?.

고후 4:18 **우리가 주목하는 것은 보이는 것이 아니요 보이지 않는 것이니 보이는 것은 잠깐이요 보이지 않는 것은 영원함이라.**
골 1:16 **만물이 그에게서 창조되되 하늘과 땅에서 보이는 것들과 보**

이지 않는 것들과 혹은 왕권들이나 주권들이나 통치자들이나 권세들이나 만물이 다 그로 말미암고 그를 위하여 창조되었고.

어찌 되었든 간에 하나님의 창조의 목적은 하나님의 거룩한 아들을 얻는 일인데 하나님의 목적을 위해 거듭나기 위해 삶 전부를 건자는 선에 속한 자이고 하나님을 거역한 자는 하나님의 집에 들어갈 수가 없는데 그 선택은 자기 자신이 하는 것이지 억지로 시키시는 일은 없습니다.

다만 하나님께 온 마음을 다하고 하나님을 사랑하는 자의 기도와 간구를 하나님은 알고 계시지요. 하나님께서는 사람의 깊은 마음까지 감찰하시고 사람의 마음을 아시는지라 하나님을 찾고 찾는 자들에게 믿음을 주시는데 그 사람이 가장 좋아하는 것으로 응답을 주시더란 것입니다. 이 땅에 것을 달라고 하지도 않았는데 때를 따라 모든 것을 알아서 주시는 하나님을 경험하고 있는데 그 약속의 말씀을 이루시는 하나님께 다만 감사를 드립니다.

마 6:8 그러므로 그들을 본받지 말라 구하기 전에 너희에게 있어야 할 것을 하나님 너희 아버지께서 아시느니라.
마 6:32 이는 다 이방인들이 구하는 것이라 너희 하늘 아버지께서 이 모든 것이 너희에게 있어야 할 줄을 아시느니라.
눅 12:30 이 모든 것은 세상 백성들이 구하는 것이라 너희 아버지께서는 이런 것이 너희에게 있어야 할 것을 아시느니라.

이렇게 모든 것을 알아서 해주시는 주님께 이 땅에 것만을 구하는 것이 기도인줄을 아는 사람에게는 믿음이 있다는 말을 할 수가 없겠지요? 하나님을 능력의 주님으로 믿어진 사람이라면 이 땅에 것이 목적이 아닌 하나님을 알게 해달라고 간구하겠지요.

계 22:18-19 **내가 이 두루마리의 예언의 말씀을 듣는 모든 사람에게 증언하노니 만일 누구든지 이것들 외에 더하면 하나님이 이 두루마리에 기록된 재앙들을 그에게 더하실 것이요, 만일 누구든지 이 두루마리의 예언의 말씀에서 제하여 버리면 하나님이 이 두루마리에 기록된 생명나무와 및 거룩한 성에 참여함을 제하여 버리시리라.**

하나님의 말씀은 일점일획이라도 빼거나 더해서는 절대 안 된다는 말씀입니다. 가톨릭교회가 자기들의 교리에 맞추기 위해서 십계명을 가감하듯이 목사님들도 신학의 노선에 따라서 성경을 잘못 해석해서 잘못 가르치는 부분이 있다는 것입니다. 성경에 기록된 예언이나 방언이나 병 고침과 같은 신령한 성령의 은사를 부정하는 교리를 가르치는 교단과 신학교가 있다는 것입니다. 그리고 성도들이 이 세상을 살아가다 보면 실수하고 넘어지고 죄를 범하였을 때에 자기 변명으로 합리화시키는 경우에 아전인수로 자기에게 해로우면 빼고 이로우면 보태는 경우가 있다는 것입니다. 예수님은 바리새인들의 외식하는 신앙을 책망하시고 저주까지 하셨습니다.

하나님께서는 창조이후 육천여 년이란 시간을 두고 죄인들의 구원을 위해서 선지자들을 통하여 계명과 예언의 말씀과 그리스도의 복음을 가르치고 전파하였는데 이 구원의 메시지를 대수롭지 않게 생각하는 사람들은 하나님의 아들이 될 수가 없습니다. 그 어떤 아름다운 말이 아니면 강한 표현을 해서라도 그 영혼을 구원하지 못하게 되면 아무런 의미가 없다는 말씀입니다.

성경은 오로지 죄인들이 예수 그리스도를 통하여 하나님의 아들이 되는 설명서인데 대부분의 사람들 모두가 그 일에는 관심이 없고 오로지 눈에 보이는 이 땅에 것에 마음을 빼앗겨서 자기 자신의 자존심이나 명예, 재물에 전부를 걸고 있으니 세상임금에게 잡혀 있는 까닭인 것입니다.

롬 1:23-24 **썩어지지 아니하는 하나님의 영광을 썩어질 사람과 새와 짐승과 기어다니는 동물 모양의 우상으로 바꾸었느니라. 그러므로 하나님께서 그들을 마음의 정욕대로 더러움에 내버려 두사 그들의 몸을 서로 욕되게 하게 하셨으니.**

성도 자신이 세상에서 돌이킬 의지가 없이는 그 누구도 그 사람을 세상 임금의 손에서 벗어나게 할 수가 없습니다.

요일 2:15 **이 세상이나 세상에 있는 것들을 사랑하지 말라. 누구든지 세상을 사랑하면 아버지의 사랑이 그 안에 있지 아니하니.**

우리 성도들을 주께로 인도하면서 성도들이 추구하는 것을 지켜보면서 인간의 한계를 느끼는 것은 이십여 년을 사랑하는 맘으로 키워서 사람이 할 수 있는 것은 모두 해주었는데 그들 속에는 오로지 이 세상 것으로 가득 차있는 것을 보면서 인간의 한계를 느끼게 되고 자기 자신의 영혼 구원 문제에 대하여 저렇게도 관심이 없을까 하는 참담함을 느끼게 합니다.

진리의 말씀을 날마다 가르치고 섬겨주고 먹여주고 아무리 해도 나를 이용해 먹는 도구로만 생각을 하고 내 품에서 떨어져 나가는 것을 보고서야 아 저 사람은 더 이상 가망이 없구나 하는 것을 알게 되었지요.

이 대목에서 인간의 한계를 말씀을 드리자면 이 세상 임금인 사탄이 얼마나 철저한 계획으로 구원의 길을 막던지 사람들의 생각을 완전하게 잡고 있습니다. 저는 2021년 3월부터 진리의 말씀을 전하기 시작을 하였는데 아직도 자기 자신의 영혼의 구원을 위해 삶 전부를 주님께 맡겨드리는 소원이 된 성도가 없음을 보고 진실로 하나님을 찾는 자가 없음을 알게 되었습니다.

롬 3:10-18 **기록된바 의인은 없나니 하나도 없으며, 깨닫는 자도 없고 하나님을 찾는 자도 없고, 다 치우쳐 함께 무익하게 되고 선을 행하는 자는 없나니 하나도 없도다. 그들의 목구멍은 열린 무덤이요 그 혀로는 속임을 일삼으며 그 입술에는 독사의 독이 있고, 그 입에는 저주와 악독이 가득하고, 그 발은 피 흘리는 데 빠른지라. 파멸과 고생이 그 길에 있어, 평강의 길을 알지 못하였고, 그들의 눈앞에 하나님을 두려워함이 없느니라 함과 같으니라.**

팔년을 꼬박 하루도 쉬지 않고 아침마다 진리의 말씀을 가르쳤는데 지식으로는 이 말씀보다 더한 말씀이 없다고 그리 말을 하면서 눈에 보이는 것과 자기 자신의 자존심을 하나님보다 더 크게 여기고 육적 자아를 내려놓지 못한 성도들을 보면서 사람의 힘으로는 하나님의 아들이 된다는 것 자체가 불가능함을 인정할 수밖에 없었습니다.

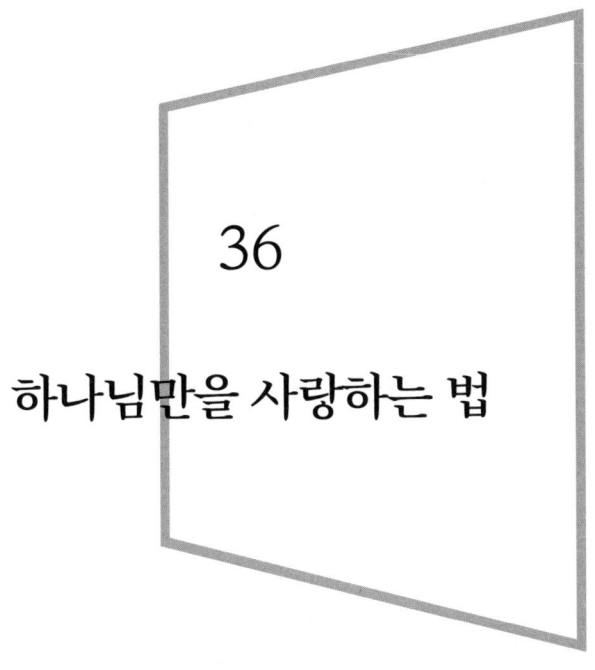

36

하나님만을 사랑하는 법

하나님의 아들이 되는 조건은 이 세상에서 하나님 제일주의가 되어야하며 자녀들의 구원을 위해서도 목숨을 주님께 맡길 수 있어야 만이 가능한 일입니다. 그런데 이십여 년이 넘도록 진리의 복음을 배운 성도들이 아직도 자기 자신들을 주님께 맡겨드리는 마음이 없음을 보면서 낙심하지 않고 나 자신을 위로합니다. 이 일이 아니면 내가 무엇을 할 것인가 하는 마음으로 오늘도 주님 앞에 나의 사명에 충실하게 순종해드리고 싶은 마음뿐, 아끼고 사랑하는 성도들에게서 하나님께서 원하시는 믿음의 새순이 돋아나기를 간절히 바랄뿐입니다. 이 말씀을 드리는 것은 사람의 능으로나 힘으로는 자신을 주님께 맡겨드릴 수도 없다는 말씀을 드리는 것입니다.

슥 6:12 **말하여 이르기를 만군의 여호와께서 이같이 말씀하시되 보라. 싹이라 이름하는 사람이 자기 곳에서 돋아나서 여호와의 전을**

건축하리라.

슥 6:15 먼 데 사람들이 와서 여호와의 전을 건축하리니 만군의 여호와께서 나를 너희에게 보내신 줄을 너희가 알리라. 너희가 만일 너희의 하나님 여호와의 말씀을 들을진대 이같이 되리라.

결국 목숨을 주님께 맡긴 성도들의 숫자가 차는 것이 하나님께서 계획하신 예루살렘 성전 회복인데 그렇게 가르쳐도 자기 자신의 자존심 하나를 내려놓지 못한 사람이 어떻게 하나님의 아들이 될 수 있겠는지요?

다시 말씀을 드리지만 목숨을 주님께 맡겨드릴 믿음이 없음을 회개하고 죽기까지 순종할 믿음을 주시라고 간구하는 기도의 양이 찰 때까지, 야곱이 얍복 강 나루터에서 환도 뼈가 위골 되듯이 씨름한 것처럼 기도를 쉬지 않아야 한다는 말씀입니다.

눅 18:5-7 이 과부가 나를 번거롭게 하니 내가 그 원한을 풀어 주리라. 그렇지 않으면 늘 와서 나를 괴롭게 하리라 하였느니라. 주께서 또 이르시되 불의한 재판장이 말한 것을 들으라. 하물며 하나님께서 그 밤낮 부르짖는 택하신 자들의 원한을 풀어 주지 아니하시겠느냐? 그들에게 오래 참으시겠느냐?

은혜와 진리시대에 성도들은 하나님의 품속으로 들어가 하나님의 아들이 되기 위해서, 영생 구원을 위해서, 성령 충만을 위해서 주님보다 이 세상 것을 더 사랑하지 않고 주님을 제일주의로 모시고 주님께 죽기까지 순종할 믿음을 주시라고 밤낮없이 쉬지 말고 믿음으로 기도하라는 것입니다.

요일 2:15 이 세상이나 세상에 있는 것들을 사랑하지 말라 누구든지

세상을 사랑하면 아버지의 사랑이 그 안에 있지 아니하니.

믿는 사람들 중에 세상 것을 사랑하지 않는 사람을 아직 본적이 없습니다. 세상 것을 사람의 힘으로는 내려놓을 수가 아예 없기에 주님께 새롭게 태어나게 해주시라고 목숨을 주님께 맡겨드리는 것입니다. 진실로 하나님을 믿고 하나님을 사랑하는 사람이 자기 자신의 목숨을 주님께 맡겨드리면 주님 안에 들어가서 완전한 보호를 받을 수 있는데 자신을 주님께 맡기지도 못한 사람이 하나님을 사랑한다는 말은 모두 거짓말이며 그 말에 자기 자신이 주님을 사랑한다고 착각을 하고 있는 것입니다.

요 14:24 나를 사랑하지 아니하는 자는 내 말을 지키지 아니하나니 너희가 듣는 말은 내 말이 아니요 나를 보내신 아버지의 말씀이니라.
롬 9:25 호세아의 글에도 이르기를 내가 내 백성 아닌 자를 내 백성이라, 사랑하지 아니한 자를 사랑한 자라 부르리라.
고전 16:22 만일 누구든지 주를 사랑하지 아니하면 저주를 받을지어다. 우리 주여 오시옵소서.
고후 11:11 어떠한 까닭이냐 내가 너희를 사랑하지 아니함이냐 하나님이 아시느니라.
딤전 3:3 술을 즐기지 아니하며 구타하지 아니하며 오직 관용하며 다투지 아니하며 돈을 사랑하지 아니하며.
히 13:5 돈을 사랑하지 말고 있는 바를 족한 줄로 알라. 그가 친히 말씀하시기를 내가 결코 너희를 버리지 아니하고 너희를 떠나지 아니하리라 하셨느니라.
요일 3:10 이러므로 하나님의 자녀들과 마귀의 자녀들이 드러나나니 무릇 의를 행하지 아니하는 자나 또는 그 형제를 사랑하지 아니하는 자는 하나님께 속하지 아니하니라.

요일 3:14 우리는 형제를 사랑함으로 사망에서 옮겨 생명으로 들어간 줄을 알거니와 사랑하지 아니하는 자는 사망에 머물러 있느니라.
요일 3:18 자녀들아 우리가 말과 혀로만 사랑하지 말고 행함과 진실함으로 하자.
요일 4:8 사랑하지 아니하는 자는 하나님을 알지 못하나니 이는 하나님은 사랑이심이라.
요일 4:20 누구든지 하나님을 사랑하노라 하고 그 형제를 미워하면 이는 거짓말하는 자니 보는 바 그 형제를 사랑하지 아니하는 자는 보지 못하는바 하나님을 사랑할 수 없느니라.

교회를 다니는 사람들은 자기 자신들이 주님을 사랑한다고 대부분이 착각을 하고 있는 것 같습니다. 사람의 힘으로는 주님을 사랑할 수도 없고 하나님의 말씀을 일점일획도 지킬 수도 없습니다.

왜냐하면 사탄이 성도들로 하여금 주님을 사랑하고 있는 줄로 착각까지 하게 만드는 일을 하고 있는 것입니다.

저도 처음 믿을 때에는 교회에 나가서 주님을 사랑합니다. 라고 하는 말로 기도를 시작하였습니다. 그러나 그 말이 내가 진짜 주님을 사랑하는 줄 알았습니다. 어린아이의 믿음이니까 그럴 수도 있습니다. 그러나 나중에 생각해보니 지극히 부족하고 작은 믿음이었음을 깨닫게 되었습니다. 그리고 때때로 사랑한다는 고백이 진실이 아닌 착각을 하는 줄 몰랐어요. 만약에 주님을 사랑한다면 적어도 죽기까지 순종하고 싶은 마음이 된 사람이라야 주님 뜻대로 살게 해주시라고 고백할 수가 있는데 마음은 주님의 뜻대로 순종할 마음이 하나도 없으면서 입으로만 주님 뜻대로 살게 해주시라고 고백을 하였습니다. 이는 주님을 속이고 거짓말을 하는 것이었음을 알게 되었습니다.

요 8:44 **너희는 너희 아비 마귀에게서 났으니 너희 아비의 욕심대로 너희도 행하고자 하느니라. 그는 처음부터 살인한 자요 진리가 그 속에 없으므로 진리에 서지 못하고 거짓을 말할 때마다 제 것으로 말하나니 이는 그가 거짓말쟁이요 거짓의 아비가 되었음이라.**

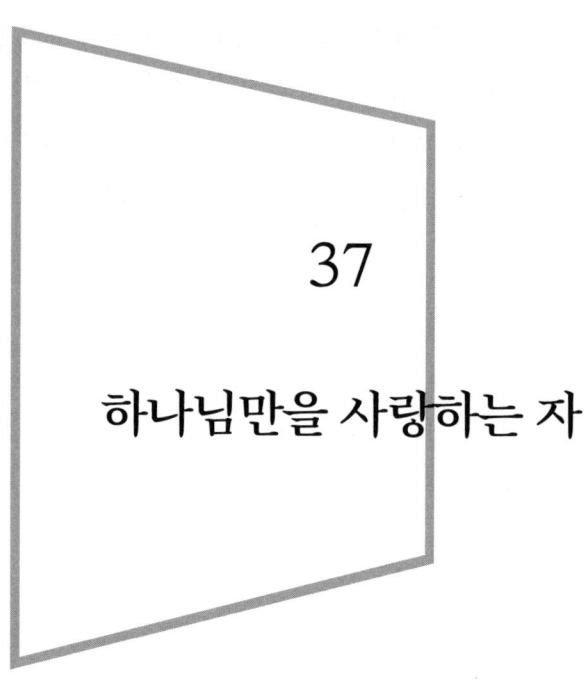

37

하나님만을 사랑하는 자

사람이 처음부터 하나님께 거짓말을 해야 되겠다고 생각을 하고 거짓말을 한 것이 아니라 하나님께 잘 보이려고 시작한 고백이 자기 자신을 착각하게 만들어서 결국에 하나님을 사랑할 수 없게 만드는 것입니다.

성도가 처음부터 주님, 저는 주님을 사랑할 줄을 모르고 하나님을 믿지도 못하는 사람입니다. 또한 저는 눈에 보이는 세상을 사랑하고 하나님보다 돈을 더 사랑하고 자녀를 하나님보다 더 사랑합니다. 하나님께서는 전지전능하시다고 하시니 저에게 믿음을 주셔서 하나님을 알게 해주시고 하나님을 사랑할 수 있는 마음을 갖도록 도와주십시오.

이렇게 아직 주님을 사랑하지 않음을 고백하고 사랑하게 해달라고 간구하는 것이 진심이고 거짓말이 아닌데 처음부터 주님에 대하여 아무 것도 모르면서 주님을 사랑합니다. 라고 고백을 한다면 결국 자기 자신의 고백으로 인하여 주님을 사랑한 줄로 착각을 해서 온전하신 하나님을 만나지 못하는 것입니다. 어떻게 보면 사람에게도 사랑한다는 고백을 쉽게 하지 못하는데 눈에 보이지 않는 하나님을 이렇게 쉽게 사랑한다고 거짓말을 하는 것입니다.

마 2:6-8 어떤 서기관들이 거기 앉아서 마음에 생각하기를 이 사람이 어찌 이렇게 말하는가? 신성 모독이로다. 오직 하나님 한 분 외에는 누가 능히 죄를 사하겠느냐? 그들이 속으로 이렇게 생각하는 줄을 예수께서 곧 중심에 아시고 이르시되 어찌하여 이것을 마음에 생각하느냐?

히 4:12-13 하나님의 말씀은 살아 있고 활력이 있어 좌우에 날선 어떤 검보다도 예리하여 혼과 영과 및 관절과 골수를 찔러 쪼개기까지 하며 또 마음의 생각과 뜻을 판단하나니, 지으신 것이 하나도 그 앞에 나타나지 않음이 없고 우리의 결산을 받으실 이의 눈앞에 만물이 벌거벗은 것 같이 드러나느니라.

살전 2:4 사람을 기쁘게 하려 함이 아니요 오직 우리 마음을 감찰하시는 하나님을 기쁘시게 하려 함이라.

사람의 마음을 우리보다 훨씬 더욱 잘 아시는 주님의 눈에 보이지 않는다고 생각하니 부담 없이 거짓말을 하고 있는 것 같습니다. 저도 주님을 만나고 나서야 그 모든 것이 거짓말이었음을 알게 되었지요. 그때부터 주님을 사랑한다는 것은 나를 위해 십자가를 져주신 주님 앞에 죽기까지 순종하는 것이 주님을 사랑하는 것이라는 것을 알게 되었지요. 그러고 나서 저는 주님보다 돈을 더 좋아하고 자녀를 더 사랑하며 죽기까지 순종할 믿음이 없음을 회개하고 순종할 믿음을 주시라고 간구하기 시작을 했습니다.

주님께서 제 마음 깊은 곳까지 모두 알고 계신 것을 알게 됨으로 다시는 주님께 있는 그대로의 고백을 하며 진실해지기 시작을 한 것입니다. 사람의 힘으로는 말씀 한 구절도 지킬 수가 없음을 아셔야 하며 주님의 강권적인 도와주심만이 신앙의 길을 갈 수가 있는 것임을 명심해야합니다.

전 9:4-5 모든 산 자들 중에 들어 있는 자에게는 누구나 소망이 있음은 산 개가 죽은 사자보다 낫기 때문이니라. 산 자들은 죽을 줄을 알되 죽은 자들은 아무 것도 모르며 그들이 다시는 상을 받지 못하는 것은 그들의 이름이 잊어버린바 됨이니라.

이 말씀의 참 의미를 되새겨보면 개와 사자를 어찌 비교가 될 수가 없는 것은 사람의 보기에 사자의 그 위엄 있는 자태와 용맹스러운 모습에 개를 비교하면 정말 비교가 안될 만큼 초라한 상황이 바로 떠오릅니다. 이 의미는 세상에서 사자처럼 용맹해 보이고 권력과 명예를 모두 가지고 있어도 하나님을 모르고 이 세상 것을 위해 살다가 돌아간 자는 가장 비참한 곳으로 가서 이를 갈고 슬피 울고 있기 때문에 살아있는 개가 낫다는 것입니다.

마 13:50 풀무 불에 던져 넣으리니 거기서 울며 이를 갈리라.
마 22:13 임금이 사환들에게 말하되 그 손발을 묶어 바깥 어두운 데에 내던지라. 거기서 슬피 울며 이를 갈게 되리라 하니라.
마 24:51 엄히 때리고 외식하는 자가 받는 벌에 처하리니 거기서 슬피 울며 이를 갈리라.
마 25:30 이 무익한 종을 바깥 어두운 데로 내 쫓으라. 거기서 슬피 울며 이를 갈리라 하니라.

이 본문 말씀을 보면 이 땅에서의 삶이 결코 전부가 아니라는 말씀입니다. 아버지의 뜻대로 행하지 않은 자들의 결국이 슬피 울며 이를 갈게 된다는 심판의 경종임을 알아야 합니다. 성경의 모든 비유는 결국에 하나님의 아들이 되기 위해 삶 전부를 하나님께 드려야 한다고 하시는 말씀입니다.

눅 16:13 집 하인이 두 주인을 섬길 수 없나니 혹 이를 미워하고 저를 사랑하거나 혹 이를 중히 여기고 저를 경히 여길 것임이니라. 너희는 하나님과 재물을 겸하여 섬길 수 없느니라.

이 세상 것과 하나님의 것을 겸하여 섬길 수 없다는 말씀이십니다. 신앙이란 신의 성품에 참여하기 위하여 사탄과 죄와 자기 자신과의 싸움에서 승리하려고 영적 전쟁을 하는 것입니다. 그것도 온 마음을 다해 마음속에 주님의 뜻 하나만 남기기 위해 나의 생각과 나의 계획을 버리고 하나님의 뜻이 내게서 이루어지기를 소망하면서 오로지 주님 한분으로 만족하기를 원하는 사람을 신앙인이라고 할 수가 있고 나머지는 모두 종교인이라고 말을 해야 합니다.

종교의 의미는 으뜸 종자에 가르칠 교자로서 어떤 신이나 교주의 교리를 가르치는 것을 말하지만 기독교는 유일신 하나님만을 섬기는 것으로서 일반 종교와 구별하고 있습니다. 기독교인 중에서 종교인이라고 말하는 의미는 인본주의적이고 윤리 도덕적인 차원에서 세상과 접목하며 타협하고 세상에서 잘 사는 것이 목적인 사람을 지칭합니다. 그러나 하나님 중심적으로 성령님의 뜻을 따라 영적으로 신앙생활 하는 사람들을 신앙인이라고 말하고 있으며 기독교인들 중에 대부분은 신앙인이 아니고 종교인이라고 말을 합니다.

막 12:33 또 마음을 다하고 지혜를 다하고 힘을 다하여 하나님을 사랑하는 것과 또 이웃을 자기 자신과 같이 사랑하는 것이 전체로 드

37. 하나님만을 사랑하는 자

리는 모든 번제물과 기타 제물보다 나으니이다.

자기 자신을 하나님께 온전히 순종하는 사람, 하나님께서 맡겨준 성도를 자기 몸처럼 사랑하는 사람, 하나님 앞에 아멘과 예가 되는 사람이 하나님의 아들인 것입니다. 하나님께서는 사람을 외모로 보시지 않고 그 중심을 보고 계시며 이 땅에서 당신의 자녀를 종교인과 신앙인을 완전하게 구별하셔서 신앙인을 장성한 아들로 만드시고 신부단장을 시키시는 것입니다.

요 7:24 외모로 판단하지 말고 공의롭게 판단하라 하시니라.
롬 2:11 이는 하나님께서 외모로 사람을 취하지 아니하심이라.
벧전 1:17 외모로 보시지 않고 각 사람의 행위대로 심판하시는 이를 너희가 아버지라 부른즉 너희가 나그네로 있을 때를 두려움으로 지내라.
벧전 3:3 너희의 단장은 머리를 꾸미고 금을 차고 아름다운 옷을 입는 외모로 하지 말고.

수천 번 수만 번을 말해도 이 시대는 그리스도화가 되어야 온전한 하나님의 아들이 되는 것입니다. 하나님의 계획은 추수의 시기를 이 시대에 정해 두셨으니 구원을 얻기를 원하는 사람은 30배, 60배, 100배 성령의 열매를 맺어야 합니다.

하나님께 택함을 입은 사람은 세상에서 잘 되는 일이 없는 것 같고 고난이 많고 모든 것이 막히는 것 같은데 진실하고 겸손하며 교회 안에서도 남들이 하기 싫어하는 일을 말없이 봉사 충성하는 가장 모범적인 신앙인입니다. 실은 고난이 없이는 기도를 하지 않을 뿐 아니라 천국을 소망하지 않는다는 것이 현실입니다.

롬 5:3-4 **다만 이뿐 아니라 우리가 환난 중에도 즐거워하나니 이는 환난은 인내를, 인내는 연단을, 연단은 소망을 이루는 줄 앎이로다.**
히 5:14 **단단한 음식은 장성한 자의 것이니 그들은 지각을 사용함으로 연단을 받아 선악을 분별하는 자들이니라.**

이 세상에서 경건하게 사는 자는 고난이 많다고 말씀하셨으므로 고난 없이 평탄한 삶을 사는 사람은 결코 천국을 소유할 수가 없다는 것을 의미하기도 합니다. 하나님의 택함을 받은 사람은 그 고난을 극복할 힘이 있음과 동시에 결국에 승리를 할 수 밖에 없는 것은 주님께서 그 사람과 동행하시기 때문입니다. 고난이 없이는 기도의 필요성을 느끼지 못하고 주님을 찾을 이유도 없기 때문입니다. 문제는 하나님의 택함을 입은 자를 세상 임금인 마귀가 시험과 유혹을 하지만 그는 쉬지 않는 기도로 깨어있으므로 능히 이기고도 남는다는 것입니다.

어떤 불의 시험을 통과한 사람은 단단한 식물을 먹을 수 있는 사람이 되어 하나님의 기쁨이 되며 성령 충만한 사람이 되는 것입니다. 실제로 흔들리지 않는 신앙은 연단을 통해서 얻어지는 것으로서 그런 연단의 과정을 통과한 사람을 신부단장을 한 신앙인이라고 말을 할 수가 있는 것입니다.

벧전 1:7 **너희 믿음의 확실함은 불로 연단하여도 없어질 금보다 더 귀하여 예수 그리스도께서 나타나실 때에 칭찬과 영광과 존귀를 얻게 할 것이니라.**
벧전 4:12-13 **사랑하는 자들아 너희를 연단하려고 오는 불 시험을 이상한 일 당하는 것 같이 이상히 여기지 말고 오히려 너희가 그리스도의 고난에 참여하는 것으로 즐거워하라.**
계 3:18 **내가 너를 권하노니 내게서 불로 연단한 금을 사서 부요하**

게 하고 흰 옷을 사서 입어 벌거벗은 수치를 보이지 않게 하고 안약을 사서 눈에 발라 보게 하라.

신앙생활에 있어서 가장 중요한 것이 삶에 문제가 생기고 고난이 겹칠 때에 그 때가 하나님 앞에 마음과 몸으로 무릎을 꿇을 수가 있었습니다. 평안할 때는 주님 앞에 간절함이 있을 수가 없고 어려운 문제들이 생기고 고난으로 힘이 들면 들수록 주님을 온전히 의지하게 되는 것입니다. 깨어있는 성도는 이 풍랑으로 인연하여서 주님께 더 가까이 갈 수 있는 계기를 삼게 되고 모든 고난은 그리스도 안에 들어가는 능력으로 바뀔 수 있습니다. 하나님을 온전히 의지하는 자는 일곱 번 넘어져도 다시 똑바로 일어서는 과정일 뿐 산을 넘고 물을 건널 때마다 믿음의 장성한 분량으로 성장하는 힘이 되게 하십니다.

그런데 그 여러 고난의 산을 넘고 나서 뒤를 돌아보니 그 모든 고난은 나를 얼마나 단단하게 하고 넓어지게 하며 깊어지게 하고 하나님의 마음과 주님의 마음을 알게 하셨는지를 알게 되었지요. 하나님께서 마귀가 있는 이곳에 인간을 만드신 이유를 알게 되었습니다. 사람의 힘으로는 사탄의 계략을 이길 수가 없습니다. 세상 임금인 마귀의 손아귀에서 벗어나는 방법은 오직 그리스도 안에 들어가는 일 외에는 없습니다.

예수 그리스도 안에 들어가는 것은 주님께서 나를 위해 죽어주셨으니 주님을 믿는 자라면 당연히 죽기까지 믿음으로 순종을 해야 합니다. 이 땅에서 하나님보다 세상 것을 크게 보이게 하는 세상 임금에게서 벗어나는 방법이 목숨을 주님께 맡겨버리면 마귀의 능력에서 벗어나서 주님 안으로 들어가는 것입니다.

참으로 놀라운 그 일이 그리 쉽지가 않더라는 말씀을 드립니다. 실제로 인간의 모든 생각과 삶을 통째로 육천여 년이라는 아주 긴 세월을 마귀의 종으로 살았으니 모든 정신, 생각, 습관, 계획, 모두가 마귀의 것이니 하나님 제일주의로 바꾸려면 예수님을 마음에 영접하고 성령으로 거듭나는 것입니다. 거듭난 성도들은 마귀의 세력과 영적 전쟁에서 이겨야 되는 것입니다.

엡 6:11-17 마귀의 간계를 능히 대적하기 위하여 하나님의 전신 갑주를 입으라. 우리의 씨름은 혈과 육을 상대하는 것이 아니요 통치자들과 권세들과 이 어둠의 세상 주관자들과 하늘에 있는 악의 영들을 상대함이라. 그러므로 하나님의 전신 갑주를 취하라. 이는 악한 날에 너희가 능히 대적하고 모든 일을 행한 후에 서기 위함이라. 그런즉 서서 진리로 너희 허리띠를 띠고 의의 호심경을 붙이고, 평안의 복음이 준비한 것으로 신을 신고, 모든 것 위에 믿음의 방패를 가지고 이로써 능히 악한 자의 모든 불화살을 소멸하고, 구원의 투구와 성령의 검 곧 하나님의 말씀을 가지라.

하나님 앞에 목숨을 맡겨진 사람은 주님께서 모든 것을 책임지시고 이기게 하십니다. 문제는 나 자신을 주님께 맡겨드리지 못한 것이 가장 큰 일이며 자신과의 싸움에서 자기의 생각을 부인해야 하는데 사람의 힘으로는 할 수가 없으니 기도 밖에는 유가 없습니다. 대부분의 사람들은 하나님의 아들이 된다는 것에 전혀 관심이 없습니다. 교회를 다니든지 목회를 하는 사람들까지도 하나님의 아들이 되지 못하면 어쩌지 하고 근심하는 사람이 없다는 것입니다.

오늘도 이 글을 쓰는 것은 단지 나의 사명이기에 하나님 앞에 순종하고 있을 뿐이고, 하나님의 아들은 하나님께서 택하셔서 하나님께서 낳으실 것이니 저는 오늘 가장 중요한 핵심을 천번 만번이라도 반복해서 거듭나고자 하는 성도의 손에 천국 열쇠를 쥐어주고 싶은 마음입니다.

막 4:28-29 **땅이 스스로 열매를 맺되 처음에는 싹이요 다음에는 이삭이요 그 다음에는 이삭에 충실한 곡식이라. 열매가 익으면 곧 낫을 대나니 이는 추수 때가 이르렀음이라.**

막 4:3-14 **들으라. 씨를 뿌리는 자가 뿌리러 나가서, 뿌릴새 더러는 길 가에 떨어지매 새들이 와서 먹어 버렸고, 더러는 흙이 얕은 돌밭에 떨어지매 흙이 깊지 아니하므로 곧 싹이 나오나, 해가 돋은 후에 타서 뿌리가 없으므로 말랐고, 더러는 가시떨기에 떨어지매 가시가 자라 기운을 막으므로 결실하지 못하였고, 더러는 좋은 땅에 떨어지매 자라 무성하여 결실하였으니 삼십 배나 육십 배나 백 배가 되었느니라 하시고, 또 이르시되 들을 귀 있는 자는 들으라 하시니라. 예수께서 홀로 계실 때에 함께 한 사람들이 열두 제자와 더불어 그 비유들에 대하여 물으니, 이르시되 하나님 나라의 비밀을 너희에게는 주었으나 외인에게는 모든 것을 비유로 하나니, 이는 그들로 보기는 보아도 알지 못하며 듣기는 들어도 깨닫지 못하게 하여 돌이켜 죄 사함을 얻지 못하게 하려 함이라 하시고, 또 이르시되 너희가 이 비유를 알지 못할진대 어떻게 모든 비유를 알겠느냐? 뿌리는 자는 말씀을 뿌리는 것이라.**

마가복음 4장은 그야말로 말씀을 씨 뿌리는 비유로 설명을 자세히 기록해 놓은 추수장입니다. 성경의 모든 비유는 이방인의 이야기가 아니라 믿는다고 하는 사람들이 깨어있지 못하고 세상을 사랑하고 세상과 짝하며 하나님보다 세상을 사랑한다고 책망하는 글이 대부분입니다.

이방인에 대한 이야기는 겨우 몇 구절이 안 되는데 거의 모든 성도들이 생각하기를 자기 자신의 이야기가 아니라 이방인의 대한 비유라고 생각을 하니 자기 자신은 전혀 변화될 수가 없다는 말씀입니다. 이방인의 대해 하나님은 관심도 없으시고 말씀도 없으시며 당신의 아들들 외에는 말씀을 하지 않으신다는 것을 명심하십시오.

마 10:5 예수께서 이 열둘을 내보내시며 명하여 이르시되 이방인의 길로도 가지 말고 사마리아인의 고을에도 들어가지 말고.
벧전 4:3 너희가 음란과 정욕과 술 취함과 방탕과 향락과 무법한 우상 숭배를 하여 이방인의 뜻을 따라 행한 것은 지나간 때로 족하도다.

성경에는 이방인이 하나님을 찾지 않음에 대하여 관심이 없으시지만 하나님은 그들도 구원을 받아야 될 대상임으로 사도 바울을 이방인을 구원하기 위한 그릇으로 택하셨습니다.
구약에는 남 유다의 르호보암과 북이스라엘의 여로보암, 샛별과 계명성, 신약에는 양과 염소로 구분하지만 모든 믿는 자가 비슷하나 결국에 하나님의 아들은 점도 없고 흠도 없이 그리스도화가 되어야만이 신부단장을 한 하나님의 아들이 될 수 있습니다.

마 5:20 내가 너희에게 이르노니 너희 의가 서기관과 바리새인보다 더 낫지 못하면 결코 천국에 들어가지 못하리라.
벧후 3:14 그러므로 사랑하는 자들아 너희가 이것을 바라보나니 주 앞에서 점도 없고 흠도 없이 평강 가운데서 나타나기를 힘쓰라.
마 22:37 예수께서 이르시되 네 마음을 다하고 목숨을 다하고 뜻을 다하여 주 너의 하나님을 사랑하라 하셨으니.

이 말씀대로 행하는 자가 되면 하나님의 아들이 될 수가 있겠지요. 그런데 이런 사람은 사람의 힘으로나 능력으로는 아예 불가능한 일이지만 성령의 강권적인 능력으로는 가능한 일입니다. 주님께서는 하나님의 참 아들이 되기 위해서 삶 전부를 맡기지 않는 자들에게는 관심이 전혀 없으시기에 말씀을 하시지 않는 것입니다.

사탄의 역사도 거듭남을 방해하고 알곡 신자 되는 일을 방해하기 위해 천사의 탈을 쓰고 찾아와서 믿는 자들을 속인다는 것을 알아야 합니다. 그러므로 주님께서는 우리들에게 속지 말라고 다시 말씀을 하시는 비유가 양과 염소입니다. 사람들의 눈으로는 그 사람이 양인지 염소인지 분간할 수가 없지만 주 성령님께서는 그 사람을 정확하게 알고 계시며 양인 신앙인도 주님을 정확하게 알고 있다는 것입니다. 그리고 바리새인과 사두개인의 누룩을 조심하라는 말씀에도 유념해야 합니다.

**도둑같이 오시는
주님을 만나려면**

펴낸날 1판 1쇄 2024년 5월 31일

지은이 임영임
펴낸이 이환호
펴낸곳 도서출판 예찬사
디자인 박지영

등록 1979. 1. 16 제 2018-000103호
주소 경기도 고양시 덕양구 중앙로 557번길 8-9
      엠앤지프라자 407-2호
전화 02-798-0147-8
팩시밀리 031-979-0145, 02-798-0145
블로그 blog. naver.com/yechansa
이메일 octo0691@naver.com

ISBN 978-89-7439-520-9 03230

*저자와 협약하여 인지를 생략합니다.
좋은 책은 좋은 사람을 만듭니다.
예찬사는 기독교 출판 실천윤리강령을 준수합니다.